प्रस्तावना

इस किताब का हर एक लेख मेरे जीवन के अनुभवों और विचारों से पिरोया गया है। यह विभिन्न महत्वपूर्ण विषयों का बखान खुद में समाहित किए हुए है, जिसमें हमारे भारत देश की विराट संस्कृति, अतुल्य विरासत, प्रेरणा, समाज, शिक्षा, व्यापार और राजनीति से जुड़े मेरे अनुभवों का मंथन शामिल है

अतुल मलिकराम

विशेष आभार

श्री सच्चिदानंद साईंनाथ महाराज और माता-पिता के आशीर्वाद से यह किताब अपने पाँचवें संस्करण में प्रवेश कर चुकी है। सुरभि चौरसिया, पवन त्रिपाठी, रोहित सिंह, श्रद्धा चक्रवर्ती, इकबाल पटेल और अशोक दुबे जी के सहयोग के बिना इस किताब का पूर्ण हो पाना लगभग असंभव ही था। साथ ही, टीम अतुल की मेहनत से इस किताब का हर एक पन्ना समर्पण और प्रेरणा का जयघोष करता है। ऐसे मेरे जीवन के सभी विशेष जनों का दिल की गहराइयों से आभार..

जेल के उन विचाराधीन बेगुनाह कैदियों को समर्पित

जिन्हें समाज में बेवजह अपराधी घोषित कर दिया जाता है.

लेखक परिचय

अतुल मलिकराम एक भारतीय राजनीतिक रणनीतिकार, पीआर कंसल्टेंट, लेखक, समाजसेवी और एंगर मैनेजमेंट एक्सपर्ट हैं। सन् 1969 में मध्य प्रदेश के ग्वालियर में एक बिज़नेस क्लास परिवार में जन्में अतुल मलिकराम ने सन् 1999 में एक पीआर पेशेवर के रूप में अपना करियर शुरू किया और वर्ष 2006 में पीआर 24x7 की नींव रखी। पिछले कुछ वर्षों में भारतीय राजनीतिक पृष्ठभूमि, खासकर मध्य प्रदेश, राजस्थान, छत्तीसगढ़ और उत्तर प्रदेश जैसे हिंदी भाषी राज्यों में, उन्होंने अपनी अलग छवि विकसित की है। मध्य प्रदेश में सिंधिया खेमे के बीजेपी में शामिल होने से लेकर, विधानसभा चुनावों में छत्तीसगढ़ और राजस्थान में कांग्रेस के कमान संभालने तथा हाल ही में संपन्न हुए 2024 के लोकसभा चुनाव में बीजेपी (एनडीए) के 294 सीटें लाने जैसी उनकी कुछ भविष्यवाणियाँ एक दम सटीक बैठी हैं।

अतुल मलिकराम एक जाने-माने लेखक हैं, जिनकी किताबें- 'दिल से', 'गल्लां दिल दी', 'दिल विल' और 'दिल दश्त' काफी लोकप्रिय हैं। एंगर मैनेजमेंट एक्सपर्ट के रूप में उन्होंने इंदौर शहर में देश के पहले एंगर मैनेजमेंट कैफे 'भड़ास' की शुरुआत की।

उनके द्वारा स्थापित सामाजिक संस्था 'बीइंग रेस्पॉन्सिबल' के तहत निःस्वार्थ भाव से चार प्रमुख पहल की जा रही हैं। पूर्णतः निःशुल्क इन पहलों में केयर फॉर एल्डर्स, तेल-मालिश, दाना-पानी और नंगे-पैर शामिल हैं। बुजुर्गों के प्रति सामाजिक नजरिए को एक सकारात्मक दिशा देने के उद्देश्य से इंदौर शहर में संस्था के तहत तीन डे केयर सेंटर्स संचालित हो रहे हैं। इनमें से पहला डे केयर सेंटर अपार सफलता के साथ ग्यारह वर्ष पूर्ण कर चुका है। तेल-मालिश के अंतर्गत शहर के बुजुर्गों को जोड़ों आदि के दर्द से राहत दिलाने हेतु मालिश की सुविधा दी जाती है। 'बेजुबान हैं तो क्या हुआ, प्यास उन्हें भी लगती है' थीम पर दाना-पानी पहल के अंतर्गत गर्मी में प्यास से तड़पते पक्षियों के लिए मिट्टी के सकोरे और ज्वार-बाजरे का निःशुल्क वितरण किया जाता है। वहीं, पहल नंगे-पैर मासूम चेहरों पर खुशियाँ बिखेरने का सार्थक माध्यम बन चुकी है। इसके अंतर्गत बच्चों और महिलाओं को चिलचिलाती धूप के प्रकोप से बचाने के लिए चप्पलों का निःशुल्क वितरण किया जाता है।

भारत के बेहतर भविष्य के सृजन की योजनाओं के अनुरूप भारत सरकार द्वारा चलाए जा रहे सतत विकास लक्ष्यों में भी अतुल सराहनीय योगदान दे रहे हैं।

#2030काभारत अभियान के माध्यम से देश में शून्य गरीबी और शून्य भुखमरी लाने, गुणवत्तापूर्ण शिक्षा प्रदान करने, जेल की व्यवस्थाओं में सुधार करने, सज़ा पूरी होने के बाद कैदियों को पुनः आम जीवन जीने के लिए प्रेरित करने और समाज द्वारा उन्हें फिर से आम नागरिक के रूप में स्वीकार करने जैसे प्रयास शामिल हैं। 'मोची भाई' और 'गन्ने का रस' पहलों के अंतर्गत मोचियों और गन्ने के रस के विक्रेताओं को खुद की पहचान दिलाने के लिए स्टैन्डीज़ और बैनर्स का वितरण किया जाता है।

समाज में परिवर्तन लाने में उत्कृष्ट भूमिका निभाने के लिए उन्हें, प्रतिष्ठित गॉडफ्रे फिलिप्स रेड एंड व्हाइट गोल्ड अवॉर्ड से सम्मानित किया जा चुका है

Email: amg24x7@gmail.com
Mobile: +91-9755020247
W: @amg24x7

अनुक्रमणिका

क्रम संख्या	विवरण	पृष्ठ संख्या

3. शिक्षा और प्रेरणा

4. व्यवसाय

कक्षा के दिल की

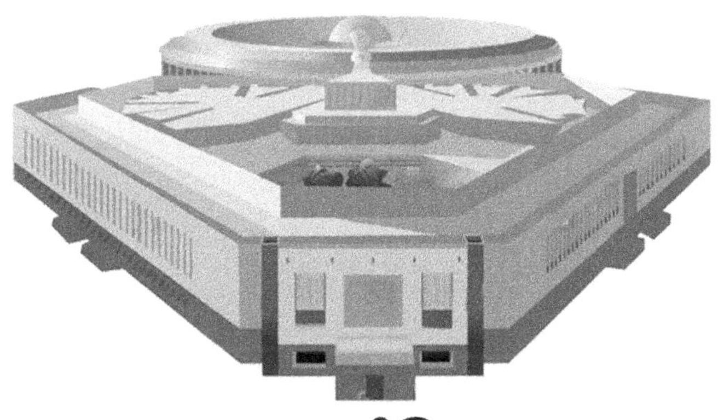

राजनीति

Now Available on

Flipkart 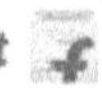 notionpress.com

भारत के भविष्य को आकार देने में
युवाओं की भूमिका को कम नहीं आँका जा सकता

01

भारत के भविष्य को आकार देने में युवाओं की भूमिका को कम नहीं आँका जा सकता

भारत को अधिक प्रगतिशील और समृद्ध भविष्य की दिशा की ओर अग्रसर करने में युवा शक्ति अहम्

भारत के पूर्व राष्ट्रपति ए.पी.जे. अब्दुल कलाम का भारत के विकास में अभूतपूर्व योगदान रहा। यही उनकी ख्याति है कि उन्हें 'भारत के मिसाइल मैन' के रूप में जाना जाता है। उन्होंने एक बार कहा था, "मेरा संदेश, विशेष रूप से युवा लोगों के लिए है कि वे कुछ अलग तरीके से सोचें, कुछ नया करने का प्रयत्न करें, हमेशा अपना रास्ता खुद बनाएँ और असंभव को हासिल करें।"

एक राष्ट्र जो ऊर्जा और गतिशीलता से परिपूर्ण है, उसमें युवा पीढ़ी भविष्य की आशा को प्रतिष्ठित करती है। उनके पास ऐसा मजबूत साधन है, जो भारत के भीतर मौजूद विशाल संभावनाओं को उजागर करता है और हमें वर्ष 2047 तक हमारे सपनों के भारत के लिए हमारे दृष्टिकोण को साकार करने के लिए प्रेरित करता है। अपने अटूट जुनून और आकांक्षाओं से प्रेरित, युवा पीढ़ी में महत्वपूर्ण बदलाव लाने की अपार क्षमता निहित है। उनमें हमारे राष्ट्र के भाग्य को अधिक प्रगतिशील और समृद्ध भविष्य की दिशा की ओर अग्रसर करने की शक्ति है।

इसमें कोई संदेह नहीं है कि भारत के युवाओं के पास देश की प्रगति और विकास की कुँजी है। अपने नए दृष्टिकोण, नवीन विचारों और असीमित ऊर्जा के साथ, वे समाज के हर पहलू में सकारात्मक बदलाव लाने की शक्ति रखते हैं। भारत के भविष्य को आकार देने में युवाओं की भूमिका को कम नहीं आँका जा सकता।

भारत की गतिशील विकास को बढ़ावा देने की क्षमता

जनसंख्या अनुमान पर तकनीकी समूह की रिपोर्ट, जिसका गठन स्वास्थ्य एवं परिवार कल्याण मंत्रालय द्वारा किया गया है, यह स्पष्ट करती है कि वर्ष 2021 में, 16 से 29 वर्ष के आयु समूह में युवा जनसंख्या का 27.2% हिस्सा शामिल था, जिसे लेकर उम्मीद है कि यह वर्ष 2036 तक घटकर 22.7% हो जाएगी, लेकिन फिर भी 345 मिलियन की पूर्ण संख्या में अभी-भी यह आँकड़ा बहुत बड़ा है।

भारत की 50% से अधिक जनसंख्या 25 वर्ष से कम आयु की है और 65% से अधिक जनसंख्या 35 वर्ष से कम आयु की है। ऐसे में, हमारे समाज का यह गतिशील खंड रचनात्मकता, नवाचार और सुदृढ़ता के साथ ही अप्रयुक्त क्षमता के व्यापक स्रोत के रूप में खुद को स्थापित कर चुका है। युवाओं की यह व्यापक संख्या न सिर्फ विकास और प्रगति का अवसर प्रदान करती है, बल्कि हमारे राष्ट्र की जीवंतता और जीवन शक्ति का प्रतीक भी है। इस जनसांख्यिकीय लाभ के माध्यम से टेक्नोलॉजी और आंत्रप्रेन्योरशिप से लेकर शिक्षा और सामाजिक विकास तक विभिन्न क्षेत्रों में क्राँतिकारी बदलाव अपेक्षित हैं। यह एक जनसांख्यिकीय लाभांश है, जिस पर यदि बुद्धिमानी से ध्यान दिया जाए, तो यह वैश्विक मंच पर भारत की निरंतर प्रगति में महत्वपूर्ण योगदान दे सकता है।

राष्ट्र की आवाज- युवा

इस बात पर ध्यान देना भी महत्वपूर्ण है कि युवा सिर्फ प्रगति के प्राप्तकर्ता ही नहीं हैं, बल्कि वे इसके लिए सक्रिय भागीदार हैं, जो प्रत्यक्ष रूप से उन्हें प्रभावित करने वाले मुद्दों पर बहुमूल्य अंतर्दृष्टि और दृष्टिकोण प्रदान कर सकते हैं। देश को चाहिए कि स्थानीय समुदायों से लेकर राष्ट्रीय नीतियों तक, सभी स्तरों पर निर्णय लेने की प्रक्रियाओं में उनके मत को सुने।

किसी भी राष्ट्र में युवाओं को सबसे आशाजनक और गतिशील मानव संसाधन के रूप में माना जाता है, जो जनसांख्यिकीय की संरचना में ही नहीं, बल्कि समाज के सामाजिक पहलू में भी महत्वपूर्ण भूमिका निभाते हैं। सतत विकास के 2030 एजेंडा में भी युवाओं की क्षमता को प्रोत्साहित करने की अनिवार्यता का बखान है, जहाँ सतत विकास लक्ष्यों का एक महत्वपूर्ण हिस्सा प्रत्यक्ष या अप्रत्यक्ष रूप से युवाओं को शामिल करता है, और उनके सशक्तिकरण, भागीदारी और कल्याण पर जोर देता है। सतत विकास लक्ष्यों को हासिल करने में युवा एक बड़ी प्रेरक शक्ति हैं, जो सामाजिक परिवर्तन, आर्थिक उन्नति और तकनीकी नवाचार के लिए महत्वपूर्ण उत्प्रेरक के रूप में कार्य करते हैं। चाहे वह मौजूदा समय में जलवायु कार्रवाई की वकालत करना हो, असमानताओं को संबोधित करना हो या फिर लैंगिक असमानता को जड़ से समाप्त करना हो, युवा पीढ़ी सक्रिय रूप से सतत विकास लक्ष्यों (एसडीजी) के लिए कार्रवाई के दशक को उपलब्धि की ओर ले जाने में महत्वपूर्ण योगदान दे रही है।

डिजिटल युवा: समाज में बदलाव लाने और भारत की सफलता के उत्प्रेरक

02

डिजिटल युवा: समाज में बदलाव लाने और भारत की सफलता के उत्प्रेरक

इस डिजिटल युग में, देश के युवा इन्फॉर्मेशन और टेक्नोलॉजी तक अभूतपूर्व पहुँच स्थापित कर चुके हैं, जो देश की प्रगति के लिए सबसे मजबूत घटकों में से एक है। डिजिटल परिदृश्य को नेविगेट करने में उनकी कुशलता समाज में सकारात्मक बदलाव लाने के लिए एक शक्तिशाली उत्प्रेरक के रूप में काम कर सकती है। सोशल मीडिया के प्रभाव के माध्यम से, वे अपनी आवाज़ को जनसांख्यिकीय तक पहुँचाने, महत्वपूर्ण मामलों पर प्रकाश डालने और एक सामान्य उद्देश्य के लिए समुदायों को एकजुट करने की क्षमता रखते हैं। युवाओं में सार्थक बातचीत शुरू करने, स्थापित मानदंडों पर सवाल उठाने और समाज में दूरगामी बदलाव लाने की क्षमता होती है।

युवा शक्ति: चुनौतीपूर्ण मानदंड, सामूहिक कार्रवाई और नवाचार को बढ़ावा

आज की गतिशील और परस्पर जुड़ी दुनिया में, भारत देश के युवा देश की सफलता के लिए प्रेरक शक्ति बनने के लिए पूरी तरह तैयार हैं। सूचना तक अभूतपूर्व पहुँच और टेक्नोलॉजी तथा सोशल मीडिया प्लेटफॉर्म्स के माध्यम से वैश्विक रुझानों और महत्वपूर्ण मुद्दों के बारे में सूचित रहने की क्षमता के साथ, वे पहले से कहीं अधिक जागरूक और सक्रीय हैं। इस कनेक्टिविटी में भौगोलिक सीमाओं को पार करने की शक्ति है, जिससे उन्हें दुनिया भर के समान विचारधारा वाले व्यक्तियों के साथ तालमेल बिठाने और सामान्य लक्ष्यों की दिशा में सहयोग करने की अनुमति मिलती है। भारत के भविष्य को आकार देने में वे सक्रिय प्रतिभागियों की भूमिका निभा रहे हैं, ऐसे में वे भारत में सकारात्मक बदलाव लाने, राष्ट्र को प्रगति की ओर अग्रसर करने और समृद्धि लाने के लिए अपने ज्ञान और नेटवर्क का लाभ उठा सकते हैं। नवाचार, सामाजिक परिवर्तन और आर्थिक विकास को बढ़ावा देने की उनकी क्षमता डिजिटल युग में युवाओं की परिवर्तनकारी शक्ति के प्रमाण को दर्शाती है।

युवाओं के पास सबसे बड़ा लाभ यह है कि वे पारंपरिक मानदंडों को चुनौती देने और सबसे हटकर सोचने की इच्छा से परिपूर्ण होते हैं। वे गतिशीलता और उत्साह की भावना को प्रकार रखते हैं, जो न सिर्फ बाधाओं को तोड़ सकती है, बल्कि तमाम सीमाओं को पार भी कर सकती है।

चाहे वह आंत्रप्रेन्योरशिप, टेक्नोलॉजी, शिक्षा या फिर सामाजिक सक्रियता का क्षेत्र हो, भारत में बदलाव लाने के लिए युवा तेजी से आगे आ रहे हैं।

इसके अलावा, भारत में युवा आबादी की संख्या बेहद व्यापक है। इसका मतलब यह है कि जब गरीबी उन्मूलन, लैंगिक समानता, पर्यावरणीय स्थिरता और समावेशी विकास जैसी सामाजिक चुनौतियों का समाधान करने की बात आती है, तो यह साथ में सामूहिक कार्रवाई की अपार संभावनाएँ लेकर आती हैं। इस सामूहिक शक्ति का उपयोग करके, वे पूरे देश पर दूरगामी परिणामों वाले प्रभाव उत्पन्न कर सकते हैं।

तेजी से बदलते इस वैश्विक परिवेश में, आंत्रप्रेन्योरशिप और नवाचार ने खुद को आर्थिक विस्तार के मुख्य उत्प्रेरक के रूप में स्थापित किया है। युवा पीढ़ी में एक गतिशील स्टार्टअप इकोसिस्टम के विकास का नेतृत्व करने की क्षमता है, जो सिर्फ रोजगार के अवसर ही उत्पन्न नहीं करता है, बल्कि आर्थिक समावेशिता और तकनीकी प्रगति को भी बढ़ावा देता है। रचनात्मकता को बढ़ावा देने और उचित मार्गदर्शन प्रदान करने वाला वातावरण हमारे युवाओं के भीतर आंत्रप्रेन्योरशिप की सकारात्मक ऊर्जा का संचार करने में मदद कर सकता है। प्रतिष्ठित बिजनेस मैग्नेट रतन टाटा ने युवाओं से कहा है, "मैं युवाओं से उद्यमी बनने और नै नौकरियों के अवसर उत्पन्न करने में मदद करने का आग्रह करता हूँ।"

संक्षेप में कहें, तो भारत के युवा आशा और प्रगति की किरण हैं, जिनके पास उज्जवल भविष्य की कुंजी है। उनकी नवीन सोच, सकारात्मक बदलाव लाने के लिए अटूट उत्साह और वैश्विक विकास के साथ निर्बाध संबंध उन्हें हमारे देश की प्रगति के अभूतपूर्व उत्प्रेरकों के रूप में स्थापित करते हैं। यह हमारा दायित्व है कि हम उन्हें विकास के लिए आवश्यक उपकरण और अवसर प्रदान करके और ऐसे मंच बनाकर उनकी क्षमता को उजागर करें, जहाँ वे अपनी आवाज जनसांख्यिकीय तक कुशलता से पहुँचाने में सक्षम हो सकें और परिवर्तन को प्रभावित कर सके। ऐसा करके, हम सामूहिक रूप से एक अधिक मजबूत और लचीले भारत का निर्माण कर सकते हैं, जो वर्तमान में ही नहीं, बल्कि भविष्य की पीढ़ियों के लिए भी समृद्ध होने का मार्ग प्रशस्त करेगा। प्रगति और समृद्धि की ओर यात्रा एक सहयोगात्मक प्रयास है और हमारे युवाओं की भागीदारी यह सुनिश्चित करती है कि भारत निरंतर विकास, नवाचार और समावेशिता की ओर आगे बढ़ रहा है।

लोकतंत्र को आकार देने में
युवा मतदाताओं की भूमिका अहम्

03

लोकतंत्र को आकार देने में युवा मतदाताओं की भूमिका अहम्

भारत में युवा मतदाताओं की भूमिका का बहुत अधिक महत्व है, जो देश में उनकी व्यापक संख्या और लोकतंत्र को गहन रूप से प्रभावित करने की क्षमता से प्रेरित है। एक प्रमुख जनसांख्यिकीय के रूप में, युवा देश के भविष्य का प्रतिनिधित्व करने के साथ ही, चुनावी परिणामों, नीतियों और राजनीतिक परिदृश्य को आकार देने में सकारात्मक प्रभाव डालते हैं।

भारत के 18वें लोकसभा आम चुनावों में, उनकी भागीदारी सबसे अधिक मायने रखती है, खासकर उन मतदाताओं के लिए, जो पहली बार मतदान में शामिल होंगे। यह विचारधाराओं से परे जाने और सार्थक जुड़ाव के माध्यम से सक्रिय रूप से भविष्य को आकार देने का अवसर प्रदान करती है।

यदि हम इस वर्ष के विधानसभा चुनाव के बारे में बात करें, तो मध्य प्रदेश के 31 निर्वाचन क्षेत्रों में, 18-19 आयु वर्ग के युवा या पहली बार मतदान करने वाले मतदाता जीत के अंतर से आगे हैं, जो युवा जनसांख्यिकीय के संभावित प्रभाव को दर्शाता है। राजस्थान में, 132 सीटों पर 18-39 आयु वर्ग के मतदाताओं का बहुमत दर्ज किया गया, जो कुल मतदाताओं का 51% या अधिक है। वहीं, छत्तीसगढ़ में विधानसभा चुनाव में 18-22 आयु वर्ग के 18.68 लाख लोगों ने अपना पहला वोट डाला।

भारत में युवा मतदाताओं का महत्व क्यों अधिक है?

1. लोकतंत्र में युवा शक्ति

भारत की व्यापक युवा आबादी एक शक्तिशाली मतदान समूह का सृजन करती है। यह न सिर्फ चुनावी परिणामों को गहराई से प्रभावित करने, बल्कि देश की राजनीतिक दिशा को आकार देने में भी सक्षम है। मतदाताओं के एक निर्णायक वर्ग के रूप में, युवाओं की सामूहिक आवाज़ में देश के शासन का मार्गदर्शन करने की क्षमता होती है।

2. प्रगति का स्त्रोत

युवा की परिभाषा मात्र पर्यवेक्षक तक ही सीमित नहीं हैं; बल्कि वे परिवर्तन के ऐसे गतिशील एजेंट हैं, जो नए दृष्टिकोण और परिवर्तन की उत्सुकता को खुद में साथ लिए चलते हैं। यह नई विचारधाराओं के प्रति उनका खुलापन ही होता है, जो उन्हें राजनीतिक परिदृश्य में प्रगति के स्त्रोत के रूप में स्थापित करता है।

3. युवा केंद्रित मुद्दों का सम्बोधन

युवा शिक्षा, रोजगार और स्वास्थ्य देखभाल में अद्वितीय चुनौतियों का सामना करने के दौरान, बड़ी संख्या में मतदान करके नीतिगत प्राथमिकताओं को प्रभावित कर सकते हैं। उनकी भागीदारी राजनीतिक दलों पर युवा पीढ़ी के सामने आने वाले विशिष्ट मुद्दों को संबोधित करने का दबाव डालती है।

4. प्रतिनिधि लोकतंत्र को बढ़ावा

मतदाताओं के लिए जरुरी है कि वे युवाओं के कम मतदान के ऐतिहासिक रुझानों का मुकाबला करने के लिए अधिक प्रतिनिधि लोकतंत्र को बढ़ावा देने हेतु आवश्यक कदम उठाएँ। राजनीतिक दल युवा वोट की क्षमता को पहचानते हुए, प्रासंगिक मुद्दों पर ध्यान केंद्रित करते हैं और युवा मतदाताओं को आकर्षित करने के लिए उन्हें प्रोत्साहित करते हैं, और साथ ही उनकी चिंताओं को नीतिगत एजेंडे में शामिल करते हैं।

5. समावेशी नीतियों को आकार

युवाओं की भागीदारी अधिक समावेशी, प्रगतिशील और युवा-केंद्रित नीतियों के निर्माण में योगदान देती है। लोकतांत्रिक प्रक्रिया में शामिल होकर, युवा शासन को उनकी आकांक्षाओं के अनुरूप रुख देना सुनिश्चित करते हैं, जिससे युवा घटकों की बढ़ती जरूरतों के प्रति उत्तरदायी समाज का निर्माण होता है।

6. युवा क्षमता को प्रोत्साहन

एक मजबूत युवा द्वारा किया जाने वाला मतदान लोकतांत्रिक ताने-बाने और इस सिद्धांत को मजबूत करता है कि सरकार लोगों की इच्छा का प्रतिनिधित्व करती है, जो उनकी विविध आवश्यकताओं और माँगों के प्रति जवाबदेह है।

7. राजनीतिक सहभागिता को प्रोत्साहन

युवाओं के बीच राजनीतिक जागरूकता और भागीदारी को प्रोत्साहित किया जाना बेहद जरुरी है, ताकि युवा मतदान की पूरी क्षमता का उपयोग किया जा सके। मतदाता पंजीकरण प्रक्रियाओं में सुधार करना और एक ऐसा वातावरण तैयार करना भी आवश्यक है, जहाँ युवा देश के भविष्य को आकार देने में सक्रिय रूप से भाग लेने के लिए खुद को सशक्त महसूस करें।

8. युवा चिंताओं की स्वीकृति

राजनीतिक दलों और नीति निर्माताओं को युवाओं की चिंताओं को गंभीरता से लेने की बेहद जरुरत है। उन्हें चाहिए कि वे युवाओं के विशिष्ट मुद्दों और आकांक्षाओं को संबोधित करने की दिशा में सक्रिय रूप से काम करें। राष्ट्र की नियति को आकार देने में युवाओं की महत्वपूर्ण भूमिका को पहचानने के लिए यह स्वीकृति बेहद महत्वपूर्ण है।

युवा मतदाताओं की सक्रिय और सूचित भागीदारी सिर्फ लोकतंत्र की क्षमता का प्रमाण ही नहीं है, बल्कि एक जीवंत, समावेशी और दूरदर्शी भारत के सृजन के लिए प्रमुख स्त्रोत भी है। उनकी आवाज, विचार और आकांक्षाएँ राष्ट्र के पथ को आकार देती हैं, जो इसकी उभरती युवा आबादी की गतिशील जरूरतों के अनुरूप भविष्य सुनिश्चित करती हैं।

समावेशिता और प्रतिनिधित्व के आह्वान से ही राजनीति में सशक्त बन सकेंगे भारत के युवा

04

समावेशिता और प्रतिनिधित्व के आह्वान से ही राजनीति में सशक्त बन सकेंगे भारत के युवा

वास्तविक लोकतंत्र का आधार लोकप्रिय संप्रभुता को माना जाता है, जहाँ सरकार को स्वयं लोगों से शक्ति प्राप्त होती है। निर्वाचित अधिकारी तब तक ही अधिकार रखते हैं, जब तक वे नागरिकों की इच्छा और आकाँक्षाओं के अनुरूप होते हैं। यह सुनिश्चित करता है कि वास्तविक रूप से वे लोग सशक्त रहें, जो लोकतंत्र के हित में कार्य करते हैं। यह आवश्यक है कि समाज के प्रत्येक वर्ग को एक मजबूत और रचनात्मक राजनीतिक संवाद के माध्यम से अपनी चिंताओं और हितों को व्यक्त करने का अवसर मिले, ताकि लोकतंत्र के मूल्यों को बरकरार रखा जा सके। यह सिर्फ समावेशिता ही सुनिश्चित नहीं करता है, बल्कि एक संपन्न लोकतांत्रिक माहौल को भी बढ़ावा देता है, जहाँ विविध दृष्टिकोणों को सुना जाता है और उनका सम्मान किया जाता है।

भारत एक ऐसा देश है, जिसकी आबादी का एक बड़ा हिस्सा 25 वर्ष से कम उम्र का है, और उससे भी अधिक संख्या 35 वर्ष से कम आयु की है। यह देश का दुर्भाग्य ही है कि यहाँ के युवा नागरिकों और मुख्यधारा की राजनीति के साथ-साथ निर्णय लेने की प्रक्रियाओं के बीच अलगाव देखने को मिलता है। ऊर्जावान और महत्वाकांक्षी युवाओं की व्यापक आबादी की शक्ति होने के बावजूद, ये लोग अक्सर उन मामलों में खुद को नजरअंदाज पाते हैं, जो उन्हें प्रत्यक्ष रूप से प्रभावित करते हैं। यूएन यूथ2 की रिपोर्ट के अनुसार, लगभग एक-तिहाई लोकतंत्रों में, सांसदों के लिए पात्रता 25 वर्ष की उम्र से शुरू होती है और सिर्फ 1.6% सांसद ही इस उम्र से ताल्लुक रखते हैं।

जब हम भारतीय लोकतंत्र की वर्तमान स्थिति का विश्लेषण करते हैं, तो यह स्पष्ट हो जाता है कि छात्र संघ और युवा संगठन एक महत्वपूर्ण मंच प्रदान करते हैं, जिसके जरिए इसमें युवाओं को शामिल किया जाता है, लेकिन संसद में उनका प्रतिनिधित्व जाकर फीका पड़ जाता है। यह असमानता हमारे लोकतांत्रिक संस्थानों में युवा आवाज़ों के अधिक समावेश और उचित प्रतिनिधित्व की तत्काल आवश्यकता को उजागर करती है। अंतर-संसदीय संघ (इंटर-पार्लियामेंट्री यूनियन / आईपीयू) के अनुसार, युवा सांसदों को 30 वर्ष या उससे कम उम्र में निर्वाचित किया जाता है।

भारत में युवा नागरिकों की सबसे बड़ी आबादी, जिनकी औसत आयु 29 वर्ष है, के बावजूद इस बात पर किसी का भी ध्यान नहीं जाता है कि प्रत्यक्ष रूप से निर्वाचित लोकसभा प्रतिनिधियों की औसत आयु 55 वर्ष है। इसके अलावा, अप्रत्यक्ष रूप से निर्वाचित राज्यसभा सदस्यों की औसत आयु 63 वर्ष से भी अधिक है। यह प्रतिनिधित्व और राजनीतिक निर्णय लेने में युवा आवाज़ों की आवश्यकता पर सवाल उठाता है।

राजनीति में भारतीय युवाओं के सामने आने वाली चुनौतियाँ:

भारतीय राजनीति में भाई-भतीजावाद का गहरा अस्तित्व

राहुल गांधी ने खुद एक बार कहा था, "भारत में भाई-भतीजावाद एक संस्कृति है।"
एक मजबूत लोकतांत्रिक राष्ट्र होने के बावजूद, भारत लंबे समय से अपने राजनीतिक क्षेत्र में भाई-भतीजावाद की रूढ़िवादी परंपरा से जूझ रहा है, जिसमें विभिन्न कारकों का योगदान है। इनमें से सबसे महत्वपूर्ण है इसके नागरिकों की मानसिकता। दशकों से चली आ रही 'वर्ण व्यवस्था' के प्रभाव को ही देख लें, जो यह निर्देश देता है कि सिर्फ पुजारी की संतान ही पुजारी की भूमिका निभा सकती है। यह प्रथा आजकल से ही कायम नहीं है, बल्कि यह एक लम्बे अरसे से चली आ रही है। यह सब काफी हद तक भारतीय जनता के बीच प्रचलित कम या बिल्कुल भी राजनीतिक ज्ञान के न होने के कारण है, जो परिणाम के रूप में, उन्हें अक्सर भाई-भतीजावाद वाली धारणाओं के आधार पर अपने राजनीतिक प्रतिनिधियों का चुनाव करने के लिए प्रेरित करती है।

कुछ वर्ष पहले, पैट्रिक फ्रेंच नामक एक लेखक ने भारतीय संसद पर एक अध्ययन किया था और चिंताजनक आँकड़ें उजागर किए थे। उन्होंने खुलासा किया कि संसद के मौजूदा निचले सदन में 30 वर्ष से कम उम्र के सभी सांसद राजनीतिक पृष्ठभूमि वाले परिवारों से आते हैं। यह एक ऐसा कारक है, जिसे दुनिया के किसी भी अन्य हिस्से में उल्लेखनीय माना जाता है।

इसके अलावा, कुछ विशिष्ट सांसद ऐसे भी हैं, जिन्हें 'अतिवंशानुगत' के रूप में परिभाषित किया जा सकता है और उनमें से अधिकांश एक निश्चित राजनीतिक दल से संबद्ध हैं। इसका मतलब यह है कि राजनीतिक क्षेत्र में उनके कई संबंध हैं, जो उन्हें खुद को राजनीती की दुनिया में दृढ़ता से स्थापित करने में सहायता करते हैं।

मतदान और उम्मीदवारी में उम्र का अंतर

भारत में, 18 वर्ष या उससे अधिक उम्र के लोग वोट देने के लिए पात्र होते हैं, और 25 वर्ष या उससे अधिक उम्र के लोग चुनाव लड़ने के लिए पात्र होते हैं, इन दोनों कारकों के बीच उम्र की असमानता काफी अधिक है। इस उम्र के अंतर के परिणाम उन लोगों के बीच अलगाव के रूप में सामने आते हैं, जो अपने नेताओं को चुनने में अपनी हिस्सेदारी दर्शा सकते हैं और जो स्वयं उम्मीदवार बनने के योग्य हैं।

मतदाताओं और संभावित राजनीतिक उम्मीदवारों के बीच उम्र में यह अंतर संभावित रूप से ऐसी स्थिति उत्पन्न कर सकता है, जहाँ युवा मतदाताओं की अधिक संख्या के बजाए कुछ लोग ही सरकार में अपने प्रतिनिधित्व को दर्शाते हैं।

इसके अतिरिक्त, उम्र का यह बड़ा अंतर एक ऐसी धारणा के रुप में समस्या उत्पन्न कर सकता है, जिसमें युवा यह मानना शुरू कर देते हैं कि उनके वोटों से कोई खास प्रभाव नहीं पड़ेगा, क्योंकि निर्वाचित नेताओं के पास समुदायों या जाति-आधारित विभाजनों के विपरीत युवा मतदाताओं के प्रति सीमित जिम्मेदारी है।

युवा प्रतिनिधित्व के लिए तंत्र का अभाव

इसके अलावा, देश का सीमित तंत्र युवाओं के लिए उच्च स्तर का संसदीय प्रतिनिधित्व सुनिश्चित करता है। 15-24 आयु वर्ग की आबादी भारत की जनसंख्या का 19.1% हिस्सा शामिल करती है, इस तथ्य के बावजूद सरकार में उनके प्रतिनिधित्व की गारंटी के लिए महज़ कुछ ही औपचारिक रास्ते दिखाई पड़ते हैं। जबकि स्थानीय शासन में युवाओं की भागीदारी को प्रोत्साहित करने और युवाओं के लिए छात्र और युवा राजनीति केमाध्यम से देश की राजनीति में क्राँति लाने के प्रयासों पर जोर बढ़ रहा है, वहीं राजनीतिक और शासन क्षेत्रों में सक्रिय रूप से युवाओं की भागीदारी को बढ़ावा देने के लिए समन्वित कार्यों की कमी आज भी बरकरार है।

लोगों के बीच धार्मिक मतभेद

राजनीति और उनके प्रतिनिधियों के साथ बातचीत में युवा किस तरह सामने आते हैं, इसे आकार देने में धर्म एक महत्वपूर्ण भूमिका निभाता है, जो समग्र मतदान जनसांख्यिकी पर इसके प्रभाव के समान है। इसका प्रसंग भारतीय राजनीति में बढ़ते धार्मिक जोर के संदर्भ में विशेष रूप से है, क्योंकि युवा राजनीतिक परिदृश्य में भाग लेने से खुद को निराश पा सकते हैं।

इसके अलावा, धार्मिक और जातीय अल्पसंख्यक समूहों से संबंधित युवाओं को अक्सर नौकरी में सुरक्षा की कमी और कार्यस्थल में भेदभाव का सामना करना पड़ता है। इन चुनौतियों से निपटने के साधन के रूप में, यह स्थिति उन्हें पहचान-आधारित राजनीतिक भागीदारी में शामिल होने के लिए निरंतर रूप से प्रोत्साहित करती है।

युवाओं के साथ सरकार का सीमित जुड़ाव

यद्यपि देश में कुछ ऐसे कार्यक्रम भी हैं, जिनका उद्देश्य युवाओं के व्यापक विकास को बढ़ावा देना है, लेकिन इसके बावजूद युवाओं के साथ भारत सरकार की भागीदारी को सुविधाजनक बनाने के लिए संरचित पहलों की उल्लेखनीय कमी देखने को मिलती है।

इतना ही नहीं, शैक्षणिक संस्थानों जैसी सेटिंग्स में नीति निर्माताओं और युवा भारतीयों के बीच कुछ अनौपचारिक बातचीत होती है, लेकिन फिर भी सरकार और देश के युवा नागरिकों के बीच जुड़ाव के लिए व्यवस्थित चैनल्स का स्पष्ट अभाव देखने को मिलता है। इसके अलावा, युवाओं को सरकार को इनपुट और फीडबैक प्रदान करने में सक्षम तंत्र की भी कमी है।

व्यावसायिक प्रशिक्षण और राजनीतिक शिक्षा बहुत कम या बिल्कुल नहीं

देश में युवा राजनेताओं को व्यावसायिक प्रशिक्षण प्रदान करना भी भारी कमी की मार झेलता है। यदि इस पर ध्यान दिया जाए, तो यह राज्य या राष्ट्रीय स्तर की राजनीति में उनके परिवर्तन में सहायता कर सकता है। राजनीतिक शिक्षा का सीमित स्तर एक महत्वपूर्ण चुनौती है, खासकर उस स्थिति में, जब ग्रामीण तथा शहरी विभाजन के अंतर को खत्म करने में शिक्षा की संभावित और अत्यंत महत्वपूर्ण भूमिका पर विचार किया जाता है। दिलचस्प बात यह है कि सीएसडीएस सर्वेक्षण में यह पाया गया कि कॉलेज-शिक्षित शहरी और ग्रामीण दोनों पुरुषों ने समान स्तर की राजनीतिक भागीदारी प्रदर्शित की। इसके अलावा, ऐसा प्रतीत होता है कि पुरुष और महिला की श्रेणियों में राजनीति में रुचि के साथ शिक्षा का सकारात्मक संबंध है। सभी शैक्षिक समूहों में, समान शिक्षा स्तर के और राजनीति में रुचि नहीं रखने वाले लोगों की तुलना में, पुरुष अधिक संख्या में राजनीति में रुचि व्यक्त करते हैं।

क्या किए जाने की जरूरत है?

नीति निर्माताओं को चाहिए कि वे प्रतिभाशाली युवा स्नातकों को विभिन्न सरकारी स्तरों पर शुल्क युक्त या निःशुल्क इंटर्नशिप के माध्यम से नीति निर्माण प्रक्रिया में व्यावहारिक अनुभव प्रदान करके उन्हें सशक्त बनाएँ। यह उन्हें आवश्यक कौशल से सुसज्जित करता है और राजनीति में उनकी औपचारिक भागीदारी को बढ़ावा देता है।

विधायकों और युवाओं के बीच सीधे संचार की सुविधा के लिए संवाद, टकराव की स्थिति में उचित समाधान, प्रतिक्रिया और नीति विकास के लिए संस्थागत तंत्र स्थापित किए जा सकते हैं। इसके अतिरिक्त, सरकार युवा चिंताओं के साथ राष्ट्रीय नीतियों के संरेखण का मूल्यांकन करने के लिए संबंधित उपकरणों की पेशकश कर सकती है। सोशल मीडिया चर्चाओं जैसी अनुत्पादक गतिविधियों के विपरीत, युथ कैम्प्स का आयोजन करने से युवा अपनी सिफारिशें प्रस्तुत कर सकते हैं और राजनीतिक जुड़ाव को और बढ़ा सकते हैं।

लोकप्रिय मीडिया में गैर-राजनीतिक युवा नेताओं की आकर्षक कहानियों का उपयोग करके युवाओं को उनके अधिकारों और जिम्मेदारियों के बारे में सूचित किया जा सकता है, जो उन्हें सक्रिय रूप से इस क्षेत्र में हिस्सा लेने के लिए प्रेरित करने में महत्वपूर्ण योगदान दे सकता है।

वे कम पहचान प्राप्त युवा नेता, जिन्होंने महत्वपूर्ण परिवर्तन किए हैं, उनकी कहानियों को जमीनी स्तर पर साझा करना, भाई-भतीजावाद और पारंपरिक मार्गों से परे राजनीतिक जुड़ाव के विचार को बढ़ावा दे सकते हैं।

शैक्षणिक संस्थानों को विभिन्न अभियानों के आयोजन या उनमें भाग लेने के लिए प्रोत्साहित करना, सोशल मीडिया पर राजनीतिक विषयों के बारे में जागरूकता बढ़ाना और वाद-विवाद तथा सार्वजनिक भाषण प्रतियोगिताओं में प्रतिस्पर्धा को शिक्षा बोर्ड द्वारा संस्थागत बनाया जा सकता है। इस दृष्टिकोण का उद्देश्य भारतीय राजनीति के बारे में युवाओं की नकारात्मक धारणा को बदलना और उन्हें उनके स्कूल के वर्षों के दौरान रचनात्मक पुरस्कारों के माध्यम से प्रेरित करना है।

युवा भागीदारी को संस्थागत बनाने के लिए, संसद, राज्य और स्थानीय स्तर के निकायों में युवाओं के लिए कोटा लागू किया जा सकता है। रवांडा की प्रणाली के समान आरक्षित सीटें, संवैधानिक या विधायी निकायों में युवाओं का प्रतिनिधित्व बढ़ा सकती हैं। कानूनी उम्मीदवार कोटा संघीय इकाइयों को अपनी उम्मीदवार सूची का एक विशिष्ट प्रतिशत युवाओं को आवंटित करने के लिए प्रोत्साहित कर सकता है। स्वैच्छिक राजनीतिक दल कोटा, पार्टी पूर्वाग्रह के अधीन होते हुए भी, निष्पक्ष कार्यान्वयन सुनिश्चित करने के लिए बाहरी निरीक्षण की आवश्यकता हो सकती है। इन समस्त संस्थागत सुधारों का उद्देश्य राजनीति में युवाओं के प्रवेश को आसान बनाना है, और साथ ही शीर्ष राजनीतिक पदों पर अधिक युवा नेताओं को बढ़ावा देना है।

राजनीतिक वित्तपोषण को विनियमित करना बेहद महत्वपूर्ण है। भारतीय राज्य युवा स्वतंत्र उम्मीदवारों, और विशेष रूप से वंचित पृष्ठभूमि से आने वाले उम्मीदवारों को चुनाव संबंधी सब्सिडी प्रदान कर सकते हैं। भारतीय चुनाव आयोग (ईसीआई) राजनीतिक दलों को युवाओं की भागीदारी बढ़ाने के लिए अपनी फंडिंग का एक हिस्सा आवंटित करने के लिए प्रोत्साहित कर सकता है, जैसा कि केन्याई और आयरिश कानूनों में देखने को मिलता है। यह उन वित्तीय बाधाओं को कम करता है जो गैर-पार्टी का समर्थन करने वाले व्यक्तिगत उम्मीदवारों, विशेष रूप से युवा उम्मीदवारों को प्रतिस्पर्धी राजनीति में प्रवेश करने से रोकती हैं।

भारत जैसे विशाल और व्यापक आबादी वाले देश में, युवा आबादी दुनिया में सबसे बड़ी है। ऐसे में, सरकार के लिए सक्रिय रूप से देश के युवा नागरिकों की आवाज़ सुनना अनिवार्य हो जाता है। एक वास्तविकता यह भी है कि हमारी संसद की औसत आयु कई अन्य लोकतंत्रों की तुलना में काफी अधिक है, जो युवाओं की भागीदारी को प्रोत्साहित करने वाले राजनीतिक सुधारों की तत्काल आवश्यकता को उजागर करती है। यह छात्र राजनीति को अपनाने और अनुभवी राजनेताओं के प्रमुख प्रभाव को कम करने की दिशा में काम कर सकता है।

'डर्टी पॉलिटिक्स' के खेल में बुरे फँसे भारतीय युवा

05

'डर्टी पॉलिटिक्स' के खेल में बुरे फँसे भारतीय युवा

भारत की प्रगति की भव्य चौखट पर, राजनीति का स्थान हमेशा से ही केंद्र में रहा है। हालाँकि, अपनी महत्वपूर्ण भूमिका के बावजूद, यह एक ऐसा क्षेत्र है, जिसे अक्सर 'डर्टी पॉलिटिक्स' के रूप में वर्णित किया जाता है। घिनौनी राजनीति का यह एक ऐसा टैग बन चुका है, जिसने खुद को हमारी सामूहिक समझ के ताने-बाने में काफी बुरी तरह बुन लिया है। इस व्यापक दृढ़ विश्वास के साथ राजनीति की भूलभुलैया को पार करना एक ऐसे खेल में प्रवेश करने जैसा है, जिसमें आपको एक बोतल में अधिक से अधिक प्रकाश को भरना है। लोगों के दिमाग में यह बात बहुत ही बुरी तरह बैठ गई है कि एक बार यदि कोई व्यक्ति इस राजनीतिक क्षेत्र में कदम रखता है, तो वह इसकी चुनौतियों और विवादों के मायावी जाल में भीतर तक फँसता चला जाता है। इसे दलदल कहना कतई गलत नहीं होगा, जिसमें गिरने के बाद एक व्यक्ति बाहर आने की जितनी कोशिश करता है, उतना ही वह भीतर भंवर में उतरता चला जाता है। आज, हम खुद को ऐसी स्थिति में पाते हैं, जहाँ सबसे प्रगतिशील और युवा राष्ट्रों में से एक होने के बाद भी, हमारे आधे से अधिक राजनीतिक नेता वृद्ध हैं और उससे भी अधिक सेवानिवृत्ति की आयु के आसपास हैं। इस युवा राष्ट्र के युवा आखिर कहाँ हैं? क्या वे भारतीय राजनीतिक व्यवस्था के कीचड़ को साफ करने के लिए तैयार हैं या महज दर्शक बने रह कर ही संतुष्ट हैं?

क्या राजनीति में वरिष्ठ और युवा नेताओं के बीच के इस अंतर के खत्म होने के कोई आसार हैं?

वरिष्ठ और युवा नेताओं के बीच स्थायी अंतर हमें हर बार चिंतन और विचार करने पर मजबूर कर देता है। एक व्यापक गलतफहमी इस बात पर ज़ोर देती है कि अनुभवी उम्मीदवार आमतौर पर अधिक उम्र के होते हैं और स्वाभाविक रूप से शासन करने के लिए बेहतर ढंग से सुसज्जित होते हैं। वरिष्ठ नेता और सार्वजनिक धारणा दोनों ही अनुभव के पक्ष में हैं और दावा करते हैं कि अनुभवी व्यक्ति अपने युवा समकक्षों की तुलना में अधिक सक्षम हैं। हालाँकि, यह धारणा एक महत्वपूर्ण सवाल उठाती है कि ये अनुभवी मस्तिष्क युवा नागरिकों के एक महत्वपूर्ण अनुपात का दावा करने वाले युवा राष्ट्र की जरूरतों और आकांक्षाओं को प्रामाणिक रूप से कैसे समझ सकते हैं?

इसके अलावा, अपने उत्तराधिकारियों के लिए योजना बनाने में वरिष्ठ राजनेताओं की सक्रिय भागीदारी, युवा पीढ़ी के नवीन विचारों को दबोच कर रख देती है। यहाँ तक कि स्वयं युवा भी अक्सर राय व्यक्त करने या कथित अन्यायों के खिलाफ विद्रोह करने में झिझक महसूस करते हैं या यूँ कहें कि अपनी बात रखने के लिए वे खुलकर सामने नहीं आ पाते हैं, जिससे भाई-भतीजावाद के बीज को पनपने और परिवार के वरिष्ठ सदस्यों को नियंत्रण बनाए रखने के लिए एक प्रकार की प्रजनन भूमि तैयार होती चली जाती है। यह सबसे बड़े कारणों में से एक है, जिसकी वजह से युवा राजनीति में सक्रिय रूप से शामिल होने से कतराते हैं और खुद को इस क्षेत्र में उतरने के लिए खुद में प्रेरणा की कमी पाते हैं।

क्या राजनीति एक आदर्श करियर पथ हो सकती है?

यह देखने में आता है कि बचपन से ही माता-पिता अपने बच्चों को चिकित्सा, इंजीनियरिंग, कॉमर्स, मॉडलिंग, अभिनय, शिक्षण, सशस्त्र बलों और अन्य सहित विभिन्न क्षेत्रों में करियर बनाने के लिए प्रेरित करने लगते हैं। पुरानी पीढ़ी अक्सर नकारात्मक धारणा पैदा करती है, राजनीति को बुरा और करियर के लिए तुच्छ करार देती है और अपने बच्चों को इसमें शामिल होने से पहले ही रोक देती है। किसी बच्चे को राजनीतिक नेता बनने की आकांक्षा व्यक्त करते देखना एक दुर्लभ दृश्य है। यहाँ तक कि यदि कोई युवा राजनीतिक क्षेत्र में अपना करियर स्थापित करने की इच्छा रखता भी है, तो उसे सीमित मंच, दुर्लभ करियर के अवसर और अपर्याप्त मार्गदर्शन की कसौटी से होकर गुजरना पड़ता है। दुर्भाग्यवश, अधिकतर मामलों में ऐसा होता है कि उनके इरादों को गंभीरता से नहीं लिया जाता। कुल मिलाकर, राजनीति एक ऐसा विषय बनी हुई , जिसे छात्र व्यक्तिगत और सामाजिक उन्नति के मार्ग के बजाए एक बाधा के रूप में देखते हैं।

युवा और गतिशील भारत अपनी क्षमता को उजागर करने और विश्व स्तर पर अपनी छाप छोड़ने के लिए उत्सुक है। हालाँकि, सफलता के मार्ग पर उन नीति निर्माताओं ने रोड़ा लगा रखा है, जो समय के साथ चलने में विफल रहे हैं। पुरानी पीढ़ी पुराने विचारों पर ही कायम है, जो वर्तमान समय की वास्तविकता से कतई मेल नहीं खाते, और साथ ही ग्रामीण युवाओं की जरूरतों की उपेक्षा करते हैं। इस बीच, शहरी युवा उदासीन दिख रहे हैं, वे सक्रिय बहस के बजाए सोशल मीडिया पर निष्क्रिय चर्चा में शामिल होना तुलनात्मक रूप से ज्यादा पसंद कर रहे हैं। हालाँकि, वे बदलाव की इच्छा जरूर व्यक्त करते हैं, लेकिन सार्थक रूप से प्रयास करने में इच्छुक नहीं होते हैं। इसका परिणाम यह होता है कि तमाम मुद्दे ज्यों के त्यों बने रहते हैं, और जिम्मेदारी लेने के बजाए, युवा विदेशों में बैठकर ही अपनी वर्चुअल स्क्रीन्स पर आराम से सतही चर्चाओं में भाग लेने से ही संतुष्ट हो जाते हैं और कभी देश आए भी, तो लौटने से पहले आसानी से राजनेताओं पर दोष मढ़ देते हैं।

युवाओं को कोयले की दलाली में हाथ काले करके अपने देश की लाज बचाने की जरूरत

वर्तमान पीढ़ी आज के समय को देखते हुए सिर्फ लोगों या गतिविधियों का अनुसरण करने से संतुष्ट नहीं है; उनमें अपने लक्ष्यों पर काम करने और उन्हें हासिल करने के लिए अपना रास्ता स्वयं बनाने की क्षमता होती है। जबकि युवा पीढ़ी को आगे लाने के लिए कई योजनाएँ और नीतियाँ बनाई गई हैं, ताकि वे राष्ट्र निर्माण की प्रक्रिया में दृढ़ता और सक्रिय रूप से योगदान दे सकें, बावजूद इसके नीतियों या प्रावधानों का कार्यान्वयन अभी-भी अज्ञात बना हुआ है। राजनीति को 'घिनौनी' या 'विवादों की कभी न खत्म होने वाली जंग' के रूप में प्रचलित धारणा को बदलने की सख्त जरूरत है। इसके साथ ही, पुरानी पीढ़ी और माता-पिता को राजनीति के बारे में अपनी धारणा का पुनर्मूल्यांकन करना चाहिए, इतना ही नहीं, इसे एक प्रगतिशील राष्ट्र के एक आवश्यक पहलू के रूप में पहचानना भी चाहिए। उन्हें अपने बच्चों को राजनीतिक परिदृश्य में सक्रिय रूप से शामिल होने के लिए प्रेरित करना चाहिए, और साथ ही अधिक जानकारीपूर्ण और सहभागी समाज के लिए स्वस्थ बहस और विचार-विमर्श को प्रोत्साहित करना चाहिए। सरकारों और नेताओं को युवाओं को निर्णय लेने की प्रक्रिया में सक्रिय रूप से शामिल करना चाहिए, सिर्फ दस्तावेजों या प्रस्ताव को पारित करने में ही नहीं, बल्कि उन्हें इस प्रक्रिया का हिस्सा बनाने, उनके विचारों को अपनाने और किसी महत्वपूर्ण चीज़ से जुड़े होने की भावना पैदा करने के लिए प्रभावी ढंग से काम भी करना चाहिए। वरिष्ठ राजनीतिक हस्तियों को राजनीतिक क्षेत्र पर कुछ नियंत्रण छोड़ देना चाहिए, जिससे युवा पीढ़ी को उनके सावधानीपूर्वक मार्गदर्शन में केंद्रीय भूमिका निभाने की अनुमति मिल सके।

जैसे-जैसे भारत प्रगति की राह पर आगे बढ़ रहा है, डर्टी पॉलिटिक्स की काली छाया लगातार देश की क्षमता पर पड़ती चली जा रही है। पुरानी पीढ़ी के शासन और युवा आकांक्षाओं के बीच स्पष्ट अंतर एक आदर्श बदलाव की आवश्यकता को रेखांकित करता है। राजनीति में सक्रिय रूप से शामिल होने के लिए बेहद कम युवा ही इच्छुक होते हैं, इससे देश के उज्जवल भविष्य की यात्रा में बाधा का मुद्दा और भी अधिक गहरा हो जाता है। युवा पीढ़ी के लिए यह जरूरी है कि वह महज अवलोकन से खुद को ऊपर उठाए और राजनीतिक परिदृश्य को आकार देने में सक्रिय रूप से भाग ले। इसके अलावा, बदलाव लाने और राष्ट्र निर्माण प्रक्रिया में सक्रिय रूप से भाग लेने के लिए युवाओं के जुनून और प्रतिबद्धता की भी सख्त आवश्यकता है। जब युवा आत्म-जागरूक और आश्वस्त होते हैं और राष्ट्र की प्रगति के लिए वास्तविक जुनून रखते हैं, तो वे पूरे दिल से इसमें खुद को शामिल कर सकते हैं और राष्ट्र के विकास में सार्थक योगदान दे सकते हैं। यह सरकारी समर्थन, अनुभवी मार्गदर्शन और युवाओं के उत्साह का सामूहिक तालमेल है, जो राष्ट्र के लिए एक उज्जवल भविष्य को बढ़ावा देते हुए अधिक व्यस्त और गतिशील राजनीतिक परिदृश्य का मार्ग प्रशस्त कर सकता है।

2030 के भारत को केंद्र में रखकर चुने गए
3 राज्यों के मुख्यमंत्री

06

2030 के भारत को केंद्र में रखकर चुने गए 3 राज्यों के मुख्यमंत्री

2030 के लक्ष्यों को ध्यान में रखकर हुआ एमपी, राजस्थान और छत्तीसगढ़ के मुख्यमंत्रियों का चुनाव

तीन राज्यों में हुए हालिया विधानसभा चुनाव में बीजेपी को मिले प्रचंड बहुमत ने आम जनमानस के साथ दोनों प्रमुख दलों को भी चौंकाने का काम किया, लेकिन इससे भी कहीं अधिक इन राज्यों के मुख्यमंत्रियों के चुनाव ने सत्ता दल के दिग्गज नेताओं के साथ-साथ राजनीति में रूचि रखने वाले लगभग सभी लोगों आश्चर्यचकित होने पर मजबूर कर दिया। राजस्थान में पहली बार विधायक बने भजन लाल शर्मा को विधायक दल का नेता चुनकर मुख्यमंत्री की कुर्सी सौंप दी गई, वहीं मध्य प्रदेश और छत्तीसगढ़ में दो ऐसे नेताओं को सत्ता की कमान सौंपी गई, जिनका नाम सामने आने के बाद लोगों को गूगल का सहारा लेना पड़ा। पर्यवेक्षकों के हाथों दिल्ली से पर्ची में बंद होकर आए इन नामों से जब पर्दा हटा, तो इसे ज्यादातर मीडिया बंधुओं ने पीएम मोदी का मास्टर स्ट्रोक बताया और अगले साल होने वाले आम चुनावों की दृष्टि से यादव, आदिवासी और ब्राह्मण समाज के रुष्ट मतदाताओं को बीजेपी खेमे में लाने का नायाब तरीका करार दिया। हालाँकि, यह गणना सिर्फ राजनीतिक परिदृश्य को ध्यान में रखकर ही की गई, जबकि इस फैसले के एक अन्य और महत्वपूर्ण कारक के रूप में सतत विकास लक्ष्य-2030 पर कम ही लोगों या मेरे जैसे इक्का-दुक्का लोगों का ध्यान गया है। इसे आप मनगढंत कहानी भी कह सकते हैं, लेकिन सिर्फ राजनीतिक कारणों पर ही नहीं मोदी जी के काम करने के अन्य तरीकों को धरातल पर रखकर भी इस फैसले को आँकना चाहिए।

कुछ समय पहले दुबई में COP28 उच्च-स्तरीय खंड में, प्रधानमंत्री मोदी ने 2028 में होने वाले COP33 को भारत में कराने का प्रस्ताव रखा है। इस प्रस्ताव को उन्होंने इस बात के साथ रखा कि भारत ने अपनी जी 20 अध्यक्षता में वन अर्थ, वन फैमिली, वन फ्यूचर की भावना के साथ क्लाइमेट के विषय को निरंतर महत्व दिया है और सतत भविष्य के लिए हमने मिलकर ग्रीन डेवलपमेंट पैक्ट पर सहमति बनाई है।

जाहिर तौर पर सतत विकास लक्ष्य भारत के केंद्र में है और केंद्र सरकार, राज्य सरकारों के सहयोग से लगातार इस दिशा में सक्रिय भूमिका निभा रही है। शायद यही कारण है कि 2014 में प्रधानमंत्री बनने के बाद से वह 64 से अधिक देशों का दौरा कर चुके हैं, जहाँ अलग-अलग मंचों पर शांति स्थिरता, परमाणु ऊर्जा, समृद्धि, खाद, रिन्यूएबल एनर्जी, समानता, मैनुफेक्चरिंग, इन्वेस्टमेंट, स्किल डेवलपमेंट और इंफ्रास्ट्रक्चर सुविधाओं जैसे विषयों और एकता जैसे मुद्दों पर भाषण और प्रस्ताव पेश कर चुके हैं।

हाल में मध्य प्रदेश, राजस्थान और छत्तीसगढ़ में चुने गए तीनों ही मुख्यमंत्री उम्र से लेकर शिक्षा तक, अपनी एक अलग पहचान रखते हैं और राजनीति की दृष्टि में युवा भी कहे जा सकते हैं, जिनके पास सक्रिय राजनीति में बने रहने के लिए कम से कम 10 साल तो हैं ही। केंद्र सरकार के थिंक टैंक माने जाने वाले नीति आयोग देश के 36 राज्यों और केंद्र शासित क्षेत्रों के प्रदर्शन के आधार पर 'सस्टेनेबल डेवलपमेंट गोल्स (एसडीजी) इंडेक्स एंड डैशबोर्ड 2020-21' में सामाजिक, आर्थिक और पर्यावरण को लेकर किए गए कामों के 17 मानकों पर अपनी रिपोर्ट शेयर की थी, जिसमें केरल 100 में से 75 अंक हासिल कर लगातार पहले पायदान पर बना हुआ था। हिमाचल और तमिलनाडु 74-74 अंक लेकर दूसरे नंबर पर थे, जबकि इस रिपोर्ट में मप्र की रैंकिंग 3 पायदान नीचे आ गई थी। न सिर्फ मध्य प्रदेश, बल्कि राजस्थान और छत्तीसगढ़ भी नीचे से टॉप 5 में शालिम थे। इस स्थिति में अभी-भी बहुत सुधार नहीं हुआ है। ऐसे में, जब हम दुनिया के विभिन्न विकसित और विकासशील देशों के बीच एक सबसे लोकप्रिय और वैश्विक नेता के रूप में पीएम मोदी की छवि दर्शाते हैं, तो उनके लिए भी दुनिया में भारत की छवि को वैश्विक मंचों पर निखारने की जिम्मेदारी मजबूत हो जाती है। फिर सम्पूर्ण भारत की छवि इसके तमाम राज्यों के प्रदर्शन से जुड़ी हुई है और यह प्रदर्शन सतत विकास लक्ष्यों के तराजू पर भी तौले जाने हैं।

संभवतः पीएम मोदी अपनी करिश्माई नेतृत्वशक्ति के बूते 2024 के आम चुनावों में भी अपनी जीत सुनिश्चित समझ रहे हैं, और उनके लिए 29 तक खुद को सर्वकालिक सर्वश्रेष्ठ पीएम के रूप में साबित करने का एक बहुत व्यापक मंच सतत विकास लक्ष्य हैं, जिसे पूरा करने या 80 फीसदी तक करीब पहुँचने पर भी दुनिया में भारत के विकास करने की क्षमता और गति का सीधा प्रसारण करने का अवसर मिलता है, और बीजेपी आलाकमान इस मामले को लेकर अभी से गंभीर हो चला है, जिस कारण नए चेहरों और युवा नेतृत्वकर्ताओं को मौका व टारगेट दोनों दिए गए हैं। हो सकता है इसके पीछे यही मनसा हो कि सतत विकास लक्ष्यों को लेकर बेहतर प्रदर्शन करो और आगे पाँच वर्ष के कार्यकाल को निश्चित समझों, क्योंकि जब तक मोदी हैं बीजेपी की जीत तो सुनिश्चित है ही! जीत के प्रत्यक्ष व अप्रत्यक्ष कारण भले जो भी हों।

राजनेताओं की शैक्षणिक योग्यता का मुद्दा बहुत गंभीर है:
राजनेताओं को शिक्षित होना ही चाहिए

07

राजनेताओं की शैक्षणिक योग्यता का मुद्दा बहुत गंभीर है: राजनेताओं को शिक्षित होना ही चाहिए

राजनीति में 'शैक्षिक योग्यता' तय होना जरूरी क्यों नहीं? कम से कम एक सरकारी अफसर को उचित मार्गदर्शन के लिए साथ रखा जाए

काफी समय से इतना सोचने के बाद, आज मैं "हमारे भारत देश के राजनेताओं की शैक्षणिक योग्यता" विषय पर अपने विचार लिखने को तैयार हूँ। हममें से बहुत से लोग इस बात से वास्ता रखते होंगे कि हाँ, हमारे राजनीतिक व्यक्ति को शिक्षित होना चाहिए और उसमें कुछ आवश्यक शिष्टाचार भी होने चाहिए। एक अच्छे नेता के पास उचित सदाचार और आत्मविश्वास होना चाहिए जिसके साथ वह श्रोताओं को सौंप सके। हालाँकि, जो आजकल संसद भवन की भाषा शैली में देखने को नहीं मिलते।

चुनाव लड़ने वाले राजनेताओं के लिए शैक्षणिक योग्यता अनिवार्य होनी चाहिए या नहीं, इस पर बहस हमेशा से चलती आ रही है। कुछ लोग कहते हैं कि एक नेता को उसकी डिग्रियों से नहीं, बल्कि उसके अच्छे संचार कौशल या वाक् चातुर्य से चुना जाना चाहिए। केवल साक्षर होना एक अलग बात है।

क्या आपको स्कूल के नागरिक शास्त्र के वे पाठ याद हैं, जिनमें आपने हमारे देश भारत में चुनाव लड़ने के नियमों का अध्ययन किया था? किसी व्यक्ति को 25 वर्ष से अधिक आयु का देश का नागरिक होना आवश्यक है। इसके लिए न्यूनतम शिक्षा की आवश्यकता नहीं होनी चाहिए और न ही स्वच्छ आपराधिक रिकॉर्ड की आवश्यकता है। खैर, किसी शिक्षा की आवश्यकता नहीं है और आपराधिक रिकॉर्ड पर कोई प्रतिबंध नहीं है।

कभी-कभी, संसद और विभिन्न विधानसभाओं में काफी बहस होती है, लेकिन हर बार बेतुकी बयानबाजी और बिना तर्क की बहस पर चली जाती है, जो वर्तमान विषय के लिए महत्वपूर्ण नहीं है। मसलन, नेता, डील में चाहे कोई भी मुद्दा हो, वे पिछड़ी जातियों के बारे में बोलने लगते हैं। यही बात यूपी, बिहार के नेताओं और कई अन्य लोगों के साथ भी लागू होती है। कुछ उदाहरण, जैसे कि मनमोहन सिंह, जो काफी शिक्षित हैं, लेकिन एक नेता के रूप में असफल साबित हुए।

कपिल सिब्बल के पास हार्वर्ड की डिग्री है और वे देश के सबसे हास्यास्पद राजनेता प्रतीत होते हैं। यदि हम मायावती की बात करें, जो कानून व्यवस्था के बारे में बेहतर जानती हैं, लेकिन उतनी पढ़ी-लिखी नहीं हैं। इसी प्रकार और भी बहुत से उदाहरण मिल जाएँगे।

अभी कुछ महीनों पहले की बात है, जो मुझे निरंतर सोचने पर मजबूर कर रही है। झारखंड के दिवंगत शिक्षा मंत्री जगरनाथ महतो की पत्नी बेबी देवी मंत्री को उत्पाद एवं मद्य निषेध विभाग की नवनियुक्त मंत्री की शपथ दिलाई गई। इस दौरान वे शपथ पत्र ही नहीं पढ़ पाईं। शपथ पत्र में लिखे शब्दों का उच्चारण ही सही से नहीं कर पाईं। सोचकर देखिए, यह दुर्भाग्य नहीं तो क्या है, जिस राज्य की मंत्री शपथ पत्र के शब्दों को ठीक से नहीं पढ़ पा रहीं, वो अपने विभाग की फाइलों को कैसे पढ़ेंगी? और सोचनीय मुद्दा यह है कि उनके दिवंगत पति शिक्षा मंत्री ही थे। अक्सर यह भी देखा गया है कि शिक्षकों के बच्चे ही सबसे ज्यादा उद्दंड निकलते हैं। बात कुछ ऐसी ही है।

अभी हाल ही की एक वेब सीरीज़, पंचायत में एक ग्रामीण पहलू दिखवाया गया, जिसमें गाँव की प्रधान एक महिला हैं, जो ज्यादा पढ़ी लिखी नहीं होती। स्वतंत्रता दिवस के उपलक्ष्य में जब जिला अधिकारी झंडा फहराने आती हैं, तब गाँव की प्रधान राष्ट्रगान नहीं गा पातीं क्योंकि उन्हें राष्ट्रगान आता ही नहीं है। यह तो हुई वेब सीरीज़ की बात, लेकिन क्या सच में भी नेताओं या उनके वारिसों को देश का गान शब्द दर शब्द आता होगा? मुझे पक्का विश्वास है नहीं आता होगा। फिर इसी सीरीज़ में एक सीखने योग्य घटना भी दिखाई गई। जिला अधिकारी द्वारा डाँट लगाने पर गाँव की प्रधान ने दो ही दिन में राष्ट्रगान याद करने का संकल्प लिया और पंचायत के सचिव जो एक पढ़ा लिखा नौजवान है, ने उनकी इसे सीखने मदद की।

नेता पढ़े-लिखे होने ही चाहिए। इस प्रक्रिया में परिवर्तन तो हो नहीं रहा, तो मेरे हिसाब से यह किया जा सकता है कि हर नेता या मंत्री के साथ एक ब्युअरक्रैट मतलब सरकारी अफसर या उस विषय विशेष का जानकार हो, यह एक पद निकाला जा सकता है। कम से कम वह उचित मार्गदर्शन कर सही दिशा दिखा सकेगा।

मेरी राय में, हमारे युवाओं को अपनी उच्च शिक्षा छोड़ने से पहले राजनीतिक शिक्षा के बारे में अवश्य जानना चाहिए, हम कभी नहीं जानते, शायद उनमें से कोई हमारा भावी प्रधान मंत्री या राष्ट्रपति होगा। आज की पीढ़ी हमेशा लोकतंत्र और नेतृत्व की दिशा में प्रयासरत रहती है, उन्हें उचित राजनीतिक शिक्षाप्रद वातावरण देकर हम उन्हें उनके बाद के जीवन में उभरने के लिए और अधिक प्रोत्साहित कर सकते हैं।

हालाँकि बुद्धि को शिक्षा पर अधिक महत्व दिया जाता है, फिर भी यह शिक्षा ही है जो किसी व्यक्ति के न्यूनतम ज्ञान को बढ़ाती है।

एक सुशिक्षित व्यक्ति को देश के विकास के लिए संसाधन माना जाता है। और यदि मानव संसाधन के नेता ही अशिक्षित होंगे, तो मानव संसाधन के लिए उचित दिशानिर्देश या मार्गदर्शन कैसे मिलेगा।

उन्हें नागरिकों की समस्याओं की परवाह नहीं होगी। वे भ्रष्ट हो जाएँगे। देश को इन सभी समस्याओं से बचाने के लिए यह नियम लागू किया जाना चाहिए कि एक सीमा तक शैक्षणिक योग्यता रखने वाले लोग ही देश की राजनीतिक व्यवस्था में भाग ले सकते हैं। इसलिए, राजनेताओं को शिक्षित होना ही चाहिए।

नीतीश का राजनीतिक चरित्र समझना उन्हें पलटीमार बताने जितना आसान नहीं

08

नीतीश का राजनीतिक चरित्र समझना उन्हें पलटीमार बताने जितना आसान नहीं

कुछ ही महीने पहले बिहार के मुख्यमंत्री के रूप में 9वीं बार शपथ लेने वाले नीतीश कुमार, राजधानी पटना में 18 विपक्षी दलों के साथ बीजेपी के खिलाफ पहली बैठक की मेजबानी कर रहे थे। आगामी लोकसभा चुनावों से पूर्व यह पहला मौका था, जब बीजेपी और पीएम नरेंद्र मोदी के लिए एक संगठित विपक्ष की चुनौती तैयार हो रही थी। लेकिन अब सब कुछ बदल गया है। नीतीश एक बार फिर बीजेपी का दामन थाम चुके हैं और राजग का हिस्सा बनते ही अपने हाल ही में विरोधी हुए पुराने साथियों से तीखी प्रतिक्रिया का सामना कर रहे हैं। कभी नीतीश के करीबी रहे आरजेडी के वरिष्ठ नेता शिवानंद तिवारी ने तो यहाँ तक कह दिया कि नीतीश को शर्म आनी चाहिए, क्योंकि उन्होंने खुद विपक्ष के लोकतंत्र बचाने के प्रस्ताव पर दस्तखत किए थे। उन्होंने धोखा दिया है। नीतीश के इस फैसले को धोखे के रूप में लेने वाले राजनेताओं से लेकर राजनीति की समझ रखने वाले आम इंसान तक, जो बीजेपी या एनडीए के विरोध में रहे हैं, सोशल मीडिया से चाय की टपरी तक नीतीश को पलटीमार पुकार रहे हैं। पलटीमार का पर्याय बताए जाने के पीछे एक विशेष कारण उनका वह बयान भी है, जब अभी कुछ महीने पहले ही नीतीश ने बीजेपी के साथ जाने से बेहतर मर जाना कबूल किया था। लेकिन महज 45 विधायकों के सहारे मुख्यमंत्री की कुर्सी पर बैठे नीतीश कुमार की रणनीति को समझना, उन्हें पलटीमार बता देने जितना आसान नहीं है।

नीतीश के जिस फैसले पर इंडिया एलायंस की नींव खोखली हो गई, बिहार की सरकार गिर गई, बावजूद इसके तेजस्वी यादव ने नीतीश के खिलाफ नरमी बनाई रखी। दूसरी तरफ, राहुल गांधी भारत जोड़ो न्याय यात्रा लेकर बिहार पहुँचे, लेकिन नीतीश पर एक शब्द नहीं बोले। इसके पीछे भी एक महत्वपूर्ण कारण है और वह यह कि जो नीतीश के कभी भी किसी भी खेमे में शामिल होने के चरित्र को समझते हैं, वे उनके खिलाफ आग उगलने से बेहतर चुप रहना समझते हैं, क्योंकि कल जरुरत पड़ने पर नीतीश फिर एनडीए का साथ छोड़ विपक्षी पाले में जा सकते हैं, क्योंकि वे सिर्फ अपनी परवाह करते हैं न कि इस बात कि कौन क्या सोचेगा, उनकी राजनीतिक नैतिकता पर प्रश्न खड़े करेगा या नैतिक और मौलिक पैमाने पर उनकों किस तरह से आँका जाएगा।

उन्हें इन बातों की फिक्र नहीं है और इसलिए उनसे राजनीति के लोगों को सीखने की जरुरत भी है कि कैसे विरोधी सुरों को अपने सुर में मिलाया जाता है। जो अमित शाह मंचों से कहते सुने गए कि नीतीश के लिए अब एनडीए के दरवाजे बंद हो चुके हैं और जो सम्राट चौधरी नीतीश को सत्ता से बेदखल करने तक पगड़ी न खोलने की बात कहते थे, आज नीतीश के सर पर पगड़ी सजा रहे हैं। यूँ देखें तो नीतीश ने उन लोगों को ही पलटूमार साबित कर दिया है, जो अब कभी उनके साथ न रहने की कसमें खा चुके थे। हालाँकि नीतीश के एनडीए में जाने के फैसले के पीछे आगामी लोकसभा चुनाव में उनकी पार्टी का निजी लाभ भी शामिल है। कैसे?

जाहिर है पिछले 10 सालों में चार बार दल बदलने के फैसले के पीछे हर बार नीतीश का फायदा ही छिपा होता है। चूँकि, अगले दो महीनों में देश के आम चुनाव होने हैं, और मौजूदा परिस्थितियों को ध्यान में रखते हुए, खासकर राम मंदिर की प्राण प्रतिष्ठा के बाद पीएम मोदी की जो इंटरनेशनल छवि बनी है, नीतीश बहुत अच्छे से समझते हैं कि उस छवि के आगे फिलहाल किसी और छवि का कारगर साबित होना काफी मुश्किल है। वे इंडिया गठबंधन की कमजोरियों को भी अच्छे से समझ गए हैं और आश्वस्त हैं कि इस गठबंधन से उनका कोई लाभ नहीं होने वाला है। वहीं, उनके फैसले को इस नजर से भी देखा जा सकता है कि पिछले दो लोकसभा चुनावों में उनको एनडीए के साथ और खिलाफ रहने के परिणामों में भी भारी अंतर देखना पड़ा था। यानी 2014 के लोकसभा में जेडीयू ने जब अकेले चुनाव लड़ा था तो महज दो सीटें ही हाथ लगी थीं, वहीं 2019 के चुनावों में जब वे बीजेपी के साथ आए, तो 16 सीटें जीतने में सफल हुए थे।

इशारा साफ है, नीतीश अब एक बार फिर लोकसभा चुनावों से पहले जदयू के लाभ को ध्यान में रखते हुए बीजेपी खेमें में शामिल हो गए हैं। इसमें भी कोई दो राय नहीं कि लोकसभा चुनावों के बाद राजनीतिक लाभ लेकर नीतीश एक बार फिर पाला बदल लें। फिलहाल नीतीश बीजेपी और एनडीए गठबंधन के साथ हैं, और उन आशंकाओं से भी बाहर आ गए हैं, जो आरजेडी के साथ रहते हुए उनकी पार्टी में फूट की ओर इशारा कर रही थी। और अंत में हम यही कह सकते हैं कि नीतीश कुमार ही भारतीय राजनीति के अगले चाणक्य हैं, उनका सानी कोई नहीं!

जनता को इस बात से फर्क पड़ना चाहिए कि उनका प्रतिनिधि शिक्षित है या नहीं

09

जनता को इस बात से फर्क पड़ना चाहिए कि उनका प्रतिनिधि शिक्षित है या नहीं

भारत दुनिया का सबसे बड़ा लोकतांत्रिक देश है और इसकी सफलता इसके नेताओं या राजनीतिज्ञों की शैक्षणिक योग्यता पर निर्भर है। इस मुद्दे पर बहस लाज़मी है कि क्या राजनेताओं के लिए शैक्षणिक योग्यता को अनिवार्य किया जाना चाहिए?

वर्ष 2015 में हरियाणा सरकार ने स्थानीय निकाय चुनाव लड़ने के लिए न्यूनतम शैक्षिक मानदंड निर्धारित करते हुए हरियाणा पंचायती राज संशोधन अधिनियम 2015 लागू किया। उसी समय राजस्थान सरकार ने भी स्थानीय निकाय चुनाव में न्यूनतम योग्यता के लिए एक कानून पारित किया। अधिनियम में सामान्य उम्मीदवारों, महिलाओं और दलितों के लिए न्यूनतम शैक्षिक मानदंडों के विभिन्न स्तरों की रूपरेखा दी गई है।

ऐसे कानून की वैधता को चुनौती देते हुए सर्वोच्च न्यायालय में एक जनहित याचिका दायर की गई थी। सुप्रीम कोर्ट ने दोनों पक्षों को सुनने के बाद कहा, "यह एकमात्र शिक्षा ही है, जो इंसान को सही या गलत और अच्छे या बुरे के बीच अंतर करने की शक्ति देती है।" सरकार को लोगों के अधिकारों पर उचित प्रतिबंध लगाने का भी अधिकार है। इसलिए, उनकी राय थी कि चुनाव लड़ने का अधिकार न तो देश के कानून के तहत मौलिक अधिकार है और न ही सामान्य कानूनी अधिकार, बल्कि यह एक वैधानिक अधिकार है। इसलिए न्यूनतम योग्यता मानदंड लागू करना किसी भी सरकार के विशेषाधिकार के अंतर्गत आता है।

हमारे देश में आजादी के समय से ही उच्च शिक्षित नेताओं का इतिहास रहा है, लेकिन निर्णय लेने वाले नेतृत्व में और देश को चलाने के लिए ईंधन रुपी शिक्षा का महत्व और निर्णायक भूमिका गायब ही हो गई है। आप में से कई लोग अभी-भी इस लेख को विरोधाभासी मानेंगे, लेकिन सोचना शुरू कर दें कि क्या हमें कोई ऐसा नेता मिलेगा, जो समान रूप से बुद्धिमान और पढ़ा-लिखा हो..

यहाँ मैं कुछ उदाहरण प्रस्तुत करना चाहूँगा, जहाँ भारत के सबसे कम पढ़े-लिखे राजनेता भी देश का नेतृत्व कर चुके या कर रहे हैं:

1. राबड़ी देवी: लालू प्रसाद यादव की पत्नी, उन्होंने अपनी औपचारिक शिक्षा भी पूरी नहीं की थी। उनकी हमेशा ही घरेलू गतिविधियों में रुचि रही, लेकिन 1997 में उनके पति उन्हें राजनीति की चौखट पर ले आए। राजनीति में चंद ज्ञान के साथ ही वे बिहार की मुख्यमंत्री की कुर्सी पर बैठने के काबिल हो गईं।

2. गुलजार सिंह रणिके: एक समय पंजाब में पशुपालन, डेयरी और मत्स्य पालन के कैबिनेट मंत्री रहे गुलज़ार स्नातक भी नहीं हैं। सीमा क्षेत्र विकास घोटाले में कथित संलिप्तता के बाद उन्होंने मंत्रिमंडल से इस्तीफा दे दिया था, लेकिन बाद में उन्हें फिर से मंत्रिमंडल में शामिल कर लिया गया था।

3. विजयकांत: तमिल अभिनेता से राजनेता बने विजयकांत, जिन्हें कैप्टन प्रभाकरण की भूमिका निभाने के बाद कैप्टन के नाम से जाना जाता है, ने वर्ष 2011 में तमिलनाडु विधानसभा चुनाव जीता। उन्होंने 12वीं कक्षा के बाद अपनी शिक्षा बंद कर दी।

4. फूलन देवी: मशहूर डकैत से राजनेता बनीं मशहूर अभिनेत्री कोई शिक्षा हासिल नहीं कर सकीं, क्योंकि उन्हें बचपन में अपने से काफी बड़े व्यक्ति से शादी करने के लिए मजबूर होना पड़ा था। आत्मसमर्पण करने और पैरोल पर रिहा होने के बाद, वे समाजवादी पार्टी में शामिल हो गईं और मिर्ज़ापुर से संसद सदस्य बन गईं।

5. एम करुणानिधि: तमिलनाडु के पूर्व मुख्यमंत्री ने 10वीं कक्षा के बाद अपनी शिक्षा पूरी नहीं की और तमिल फिल्म उद्योग में एक पटकथा लेखक के रूप में अपना करियर शुरू किया।

6. गोलमा देवी: किरोड़ी लाल मीना (मीणा समुदाय के नेता) की पत्नी गोलमा देवी अपने पति की वजह से विधायक बनीं। शपथ ग्रहण समारोह में वे अपनी शपथ तक नहीं पढ़ पाईं। वे कभी स्कूल नहीं गईं और बमुश्किल साक्षर हैं।

7. जाफर शरीफ: पूर्व रेल मंत्री जाफर शरीफ ने सिर्फ मैट्रिक तक ही पढ़ाई की। उन्होंने अपने करियर की शुरुआत कांग्रेस अध्यक्ष एस. निजलिंगप्पा के साथ ड्राइवर के रूप में की और बाद में राजनीति में शामिल हो गए।

8. उमा भारती: मौजूदा मोदी सरकार में सबसे कम पढ़ी-लिखी मंत्री जल संसाधन और गंगा संरक्षण मंत्री उमा भारती हैं। उन्होंने अपनी औपचारिक शिक्षा सिर्फ कक्षा छह तक ही पूरी की है।

बिहार को ही ले लीजिए, यह राज्य एक समय दुनिया का केंद्र था, जिसने नालंदा जैसे विश्वविद्यालयों, गौतम बुद्ध और महावीर जैसे ज्ञान के स्रोतों के माध्यम से दुनिया भर में ज्ञान का विस्तार किया। बिहार ने भारत के पहले राष्ट्रपति दिए। इतना ही नहीं, कौटिल्य, अशोक, पाणिनि और आर्यभट्ट जैसे महान व्यक्तित्व भी इसी राज्य की देन हैं। बिहार ने ही देश का नेतृत्व किया। लेकिन अशिक्षित नेताओं की विनाशकारी विचारधारा ने इस राज्य को अंधकार के गर्त में धकेल दिया। जिस बिहार को उत्कृष्टता की ओर बढ़ना था, वह हीनता की ओर बढ़ गया।

नेता आम लोगों के लिए आदर्श नागरिक होते हैं। इसलिए, यह जरूरी है कि उनके पास ऐसी शैक्षणिक योग्यता हो, जो आम जनता को उनका अनुसरण करने के लिए प्रेरित कर सके। यह भी स्पष्ट है कि अच्छा और सफल शासन, नेतृत्व की गुणवत्ता पर निर्भर करता है, जिसे बेहतर शिक्षा के माध्यम से निखारा जाता है। इसलिए, नेताओं के लिए न्यूनतम शिक्षा आवश्यक है। या फिर राजनेता कोई कम अवधि का कोर्स ही कर लें, क्योंकि एक सुशिक्षित व्यक्ति को देश के विकास के लिए संसाधन माना जाता है। और यदि नेता ही अशिक्षित होंगे, तो मानव संसाधन के लिए क्या ही उचित दिशानिर्देश दे सकेंगे।

एक अशिक्षित नेता के पास सोचने और समझने की कोई क्षमता नहीं होगी। उन्हें नागरिकों की समस्याओं की परवाह नहीं होगी। वे भ्रष्ट हो जाएँगे। मेरे हिसाब से, देश को इन सभी कमियों से बचाने के लिए यह नियम लागू किया जाना चाहिए कि एक सीमा तक शैक्षिक योग्यता रखने वाले लोग ही देश की राजनीतिक व्यवस्था में भाग ले सकें। अत: राजनेताओं के लिए न्यूनतम रूप से शिक्षित होना समय की माँग है।

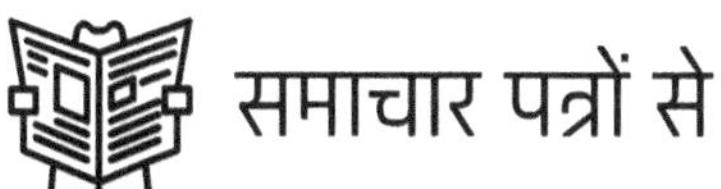

समाचार पत्रों से

डर्टी पॉलिटिक्स के खेल में बुरे फँसे भारतीय युवा

सूर्योदय भारत समाचार सेवा

भारत की प्रगति की भव्य चौखट पर, राजनीति का स्थान हमेशा से ही केंद्र में रहा है। हालाँकि, अपनी महत्वपूर्ण भूमिका के बावजूद, यह एक ऐसा क्षेत्र है, जिसे अक्सर %डर्टी पॉलिटिक्स% के रूप में वर्णित किया जाता है। घिनौनी राजनीति का यह एक ऐसा टैग बन चुका है, जिसने खुद को हमारी सामूहिक समझ के ताने-बाने में काफी बुरी तरह बुन लिया है। इस व्यापक दृढ़ विश्वास के साथ राजनीति की भूलभुलैया को पार करना एक ऐसे खेल में प्रवेश करने जैसा है, जिसमें आपको एक बोतल में अधिक से अधिक प्रकाश को भरना है। लोगों के दिमाग में यह बात बहुत ही बुरी तरह बैठ गई है कि एक बार यदि कोई व्यक्ति इस राजनीतिक क्षेत्र में कदम रखता है, तो वह इसकी चुनौतियों और विवादों के मायावी जाल में भीतर तक फँसता चला जाता है। इसे दलदल कहना कतई गलत नहीं होगा, जिसमें गिरने के बाद एक व्यक्ति बाहर आने की जितनी कोशिश करता है, उतना ही वह भीतर भँवर में उतरता चला जाता है। आज, हम खुद को ऐसी स्थिति में पाते हैं, जहाँ सबसे प्रगतिशील और युवा राष्ट्रों में से एक होने के बाद भी, हमारे आधे से अधिक राजनीतिक नेता वृद्ध हैं और उससे भी अधिक सेवानिवृत्ति की आयु के आसपास हैं। इस युवा राष्ट्र के युवा आखिर कहाँ हैं? क्या वे भारतीय राजनीतिक व्यवस्था के कीच? को साफ करने के लिए तैयार हैं या महज दर्शक बने रह कर ही संतुष्ट हैं?

क्या राजनीति में वरिष्ठ और युवा नेताओं के बीच के इस अंतर के खत्म होने के कोई आसार हैं?

वरिष्ठ और युवा नेताओं के बीच स्थायी अंतर हमें हर बार चिंतन और विचार करने पर मजबूर कर देता है। एक व्यापक गलतफहमी इस बात पर जोर देती है कि अनुभवी उम्मीदवार आमतौर पर अधिक उम्र के होते हैं और स्वाभाविक रूप से शासन करने के लिए बेहतर ढंग से सुसज्जित होते हैं। वरिष्ठ नेता और सार्वजनिक धारणा दोनों ही अनुभव के पक्ष में हैं और दावा करते हैं कि अनुभवी व्यक्ति अपने युवा समकक्षों की तुलना में अधिक सक्षम हैं। हालाँकि, यह धारणा एक महत्वपूर्ण सवाल उठाती है कि ये अनुभवी मस्तिष्क युवा नागरिकों के एक महत्वपूर्ण अनुपात का दावा करने वाले युवा राष्ट्र की जरूरतों और आकांक्षाओं को प्रामाणिक रूप से कैसे समझ सकते हैं? इसके अलावा, अपने उत्तराधिकारियों के लिए योजना बनाने में वरिष्ठ राजनेताओं की सक्रिय भागीदारी, युवा पीढ़ी के नवीन विचारों को दबोच कर रख देती है। यहाँ तक कि स्वयं युवा भी अक्सर राय व्यक्त करने या कथित अन्यायों के खिलाफ विद्रोह करने में झिझक महसूस करते हैं या यूँ कहें कि अपनी बात रखने के लिए वे खुलकर सामने नहीं आ पाते हैं, जिससे भाई-भतीजावाद के बीज को पनपने और परिवार के वरिष्ठ सदस्यों को नियंत्रण बनाए रखने के लिए एक प्रकार की प्रजनन भूमि तैयार होती चली जाती है। यह सबसे ब? कारणों में से एक है, जिसकी वजह से युवा राजनीति में सक्रिय रूप से शामिल होने से कतराते हैं और खुद को इस क्षेत्र में उतरने के लिए खुद में प्रेरणा की कमी पाते हैं साथ ही ग्रामीण युवाओं की जरूरतों की उपेक्षा करते हैं। इस बीच, शहरी युवा उदासीन दिख रहे हैं, वे सक्रिय बहस के बजाए सोशल मीडिया पर निष्क्रिय चर्चा में शामिल होना तुलनात्मक रूप से ज्यादा पसंद कर रहे हैं। हालाँकि, वे बदलाव की इच्छा जरूर व्यक्त करते हैं, लेकिन सार्थक रूप से प्रयास करने में इच्छुक नहीं होते हैं। इसका परिणाम यह होता है कि तमाम मुद्दे ज्यों के त्यों बने रहते हैं, और जिम्मेदारी लेने के बजाए, युवा विदेशों में बैठकर ही अपनी वर्चुअल स्कीम्स पर आराम से सतही चर्चाओं में भाग लेने से ही संतुष्ट हो जाते हैं और कभी देश आए भी, तो लौटने से पहले आसानी से राजनेताओं पर दोष मढ़ देते हैं।

युवाओं को कोयले की दलाली में हाथ काले करके अपने देश की लाज बचाने की जरूरत

वर्तमान पीढ़ी आज के समय को देखते हुए सिर्फ लोगों या गतिविधियों का अनुसरण करने से संतुष्ट नहीं है; उनमें अपने लक्ष्यों पर काम करने और उन्हें हासिल करने के लिए अपना रास्ता स्वयं बनाने की क्षमता होती है। जबकि युवा पीढ़ी को आगे लाने के लिए, कई योजनाएँ और नीतियाँ बनाई गई हैं, ताकि वे राष्ट्र निर्माण की प्रक्रिया में दृ?ता और सक्रिय रूप से योगदान दे सकें, बावजूद इसके नीतियों या प्रावधानों का कार्यान्वयन अभी-भी अज्ञात बना हुआ है। राजनीति को %घिनौनी% या %विवादों की कभी न खत्म होने वाली जंग% के रूप में प्रचलित धारणा को बदलने की सख्त जरूरत है। इसके साथ ही, पुरानी पीढ़ी और माता-पिता को राजनीति के बारे में अपनी धारणा का पुनर्मूल्यांकन करना चाहिए, इतना ही नहीं, इसे एक प्रगतिशील राष्ट्र के एक आवश्यक पहलू के रूप में पहचानना भी चाहिए। उन्हें अपने बच्चों को राजनीतिक परिदृश्य में सक्रिय रूप से शामिल होने के लिए प्रेरित करना चाहिए, और साथ ही अधिक जानकारीपूर्ण और सहभागी समाज के लिए स्वस्थ बहस और विचार-विमर्श को प्रोत्साहित करना चाहिए। सरकारों और नेताओं को युवाओं को निर्णय लेने की प्रक्रिया में सक्रिय रूप से शामिल करना चाहिए, सिर्फ दस्तावेजों या प्रस्ताव को पारित करने में ही नहीं, बल्कि उन्हें इस प्रक्रिया का हिस्सा बनाने, उनके विचारों को अपनाने और किसी महत्वपूर्ण चीज से जुड़े होने की भावना पैदा करने के लिए प्रभावी ढंग से काम भी करना चाहिए। वरिष्ठ राजनीतिक हस्तियों को राजनीतिक क्षेत्र पर कुछ नियंत्रण छोड़ देना चाहिए, जिससे युवा पीढ़ी को उनके सावधानीपूर्वक मार्गदर्शन में केंद्रीय भूमिका निभाने की अनुमति मिल सके।जैसे-जैसे भारत प्रगति की राह पर आगे ब? रहा है, डर्टी पॉलिटिक्स की काली छाया लगातार देश की क्षमता पर प?ती चली जा रही है। पुरानी पीढ़ी के शासन और युवा आकांक्षाओं के बीच स्पष्ट अंतर एक आदर्श बदलाव की आवश्यकता को रेखांकित करता है। राजनीति में सक्रिय रूप से शामिल होने के लिए बेहद कम युवा ही इच्छुक होते हैं, इससे देश के उज्जवल भविष्य की यात्रा में बाधा का मुद्दा और भी अधिक गहरा हो जाता है। युवा पीढ़ी के लिए यह जरूरी है कि यह महज अवलोकन से खुद को ऊपर उठाए और राजनीतिक परिदृश्य को आकार देने में सक्रिय रूप से भाग ले। इसके अलावा, बदलाव लाने और राष्ट्र निर्माण प्रक्रिया में सक्रिय रूप से भाग लेने के लिए युवाओं के जुनून और प्रतिबद्धता की भी सख्त आवश्यकता है। जब युवा आत्म-जागरूक और आश्वस्त होते हैं और राष्ट्र की प्रगति के लिए वास्तविक जुनून रखते हैं, तो वे पूरे दिल से इसमें खुद को शामिल कर सकते हैं और राष्ट्र के विकास में सार्थक योगदान दे सकते हैं। यह सरकारी समर्थन, अनुभवी मार्गदर्शन और युवाओं के उत्साह का सामूहिक तालमेल है, जो राष्ट्र के लिए एक उज्जवल भविष्य को बढ़ावा देते हुए अधिक व्यस्त और गतिशील राजनीतिक परिदृश्य का मार्ग प्रशस्त कर सकता है।

अतुल मलिकराम , राजनितिक रणनीतिकार

राजनेताओं की शैक्षणिक योग्यता का मुद्दा बहुत गंभीर है, राजनेताओं को शिक्षित होना ही चाहिए

लोकतंत्र की आवाज

देवघर। राजनीति में 'शैक्षिक योग्यता' तय होना जरूरी क्यों नहीं? कम से कम एक सरकारी अफसर को उचित मार्गदर्शन के लिए साथ रखा जाए काफी समय से इतना सोचने के बाद, आज मैं हमारे भारत देश के राजनेताओं की शैक्षणिक योग्यता विषय पर अपने विचार लिखने को तैयार हूँ। हममें से बहुत से लोग इस बात से वास्ता रखते होंगे कि हाँ, हमारे राजनीतिक व्यक्ति को शिक्षित होना चाहिए और उसमें कुछ आवश्यक शिष्टाचार भी होने चाहिए। एक अच्छे नेता के पास उचित सदाचार और आत्मविश्वास होना चाहिए जिसके साथ वह श्रोताओं को सौंप सके। हालाँकि, जो आजकल संसद भवन की भाषा शैली में देखने को नहीं मिलते।

चुनाव लड़ने वाले राजनेताओं के लिए शैक्षणिक योग्यता अनिवार्य होनी चाहिए या नहीं, इस पर बहस हमेशा से चलती आ रही है। कुछ लोग कहते हैं कि एक नेता को उसकी डिग्रियों से नहीं, बल्कि उसके अच्छे संचार कौशल या वाक् चातुर्य से चुना जाना चाहिए। केवल साक्षर होना एक अलग बात है।क्या आपको स्कूल के नागरिक शास्त्र के वे पाठ याद है, जिनमें आपने हमारे देश भारत में चुनाव लड़ने के नियमों का अध्ययन किया था? किसी व्यक्ति को 25 वर्ष से अधिक आयु का देश का नागरिक होना आवश्यक है। इसके लिए न्यूनतम शिक्षा की आवश्यकता नहीं होनी चाहिए और न ही स्वच्छ आपराधिक रिकॉर्ड की आवश्यकता है। खैर, किसी शिक्षा की आवश्यकता नहीं है और आपराधिक रिकॉर्ड पर कोई प्रतिबंध नहीं है।कभी–कभी, संसद और विभिन्न विधान सभाओं में काफी बहस होती है, लेकिन हर बार बेतुकी बयानबाजी और बिना तर्क की बहस पर चली जाती है, जो वर्तमान विषय के लिए महत्वपूर्ण नहीं है। मसलन, नेता, डील में चाहे कोई भी मुद्दा हो, वे पिछड़ी जातियों के बारे में बोलने लगते है।

यही बात यूपी, बिहार के नेताओं और कई अन्य लोगों के साथ भी लागू होती है। कुछ उदाहरण, जैसे कि मनमोहन सिंह, जो काफी शिक्षित है, लेकिन एक नेता के रूप में असफल साबित हुए। कपिल सिब्बल के पास हार्वर्ड की डिग्री है और वे देश के सबसे हास्यास्पद राजनेता प्रतीत होते हैं। यदि हम मायावती की बात करें, जो कानून व्यवस्था के बारे में बेहतर जानती है, लेकिन उतनी पढ़ी–लिखी नहीं हैं। इसी प्रकार और भी बहुत से उदाहरण मिल जाएँगे।अभी कुछ महीनों पहले की बात है, जो मुझे निरंतर सोचने पर मजबूर कर रही है। झारखंड के दिवंगत शिक्षा मंत्री जगरनाथ महतो की पत्नी बेबी देवी मंत्री को उत्पाद एवं मद्य निषेध विभाग की नवनियुक्त मंत्री की शपथ दिलाई गई। इस दौरान वे शपथ पत्र ही नहीं पढ़ पाईं। शपथ पत्र में लिखे शब्दों का उच्चारण ही सही से नहीं कर पाईं। सोचकर देखिए, यह दुर्भाग्य नहीं तो क्या है, जिस राज्य की मंत्री शपथ पत्र के शब्दों को ठीक से नहीं पढ़ पा रही, वो अपने विभाग की फाइलों को कैसे पढ़ेंगी? और सोचनीय मुद्दा यह है कि उनके दिवंगत पति शिक्षा मंत्री ही थे। अक्सर यह भी देखा गया है कि शिक्षकों के बच्चे ही सबसे ज्यादा उद्दंड निकलते हैं। बात कुछ ऐसी ही है।अभी हाल ही की एक वेबसीरीज, पंचायत में एक ग्रामीण पहलू दिखाया गया, जिसमें गाँव की प्रधान एक महिला है, जो ज्यादा पढ़ी लिखी नहीं होती। स्वतंत्रता दिवस के उपलक्ष्य में जब जिला अधिकारी झंडा फहराने आती है, तब गाँव की प्रधान राष्ट्रगान नहीं गा पातीं क्योंकि उन्हें राष्ट्रगान आता ही नहीं है। यह तो हुई वेबसीरीज की बात, लेकिन क्या सच में भी नेताओं या उनके वारिसों को देश का गान शब्द दर शब्द आता होगा? मुझे पक्का विश्वास है नहीं आता होगा। फिर इसी सीरीज में एक सीखने योग्य घटना भी दिखाई गई। जिला अधिकारी द्वारा डाँट लगाने पर गाँव की प्रधान ने दो ही दिन में राष्ट्रगान याद करने का संकल्प लिया और पंचायत के सचिव जो एक पढ़ा लिखा नौजवान है, ने उनकी इसे सीखने मदद की।नेता पढ़े–लिखे होने ही चाहिए। इस प्रक्रिया में परिवर्तन तो हो नहीं रहा, तो मेरे हिसाब से यह किया जा सकता है कि हर नेता या मंत्री के साथ एक ब्यूअरोक्रैट मतलब सरकारी अफसर या उस विषय विशेष का जानकार हो, यह एक पद निकाला जा सकता है। कम से कम वह उचित मार्गदर्शन कर सही दिशा दिखा सकेगा। मेरी राय में, हमारे युवाओं को अपनी उच्च शिक्षा छोड़ने से पहले राजनीतिक शिक्षा के बारे में अवश्य जानना चाहिए, हम कभी नहीं जानते, शायद उनमें से कोई हमारा भावी प्रधान मंत्री या राष्ट्रपति होगा। आज की पीढ़ी हमेशा लोकतंत्र और नेतृत्व की दिशा में प्रयासरत रहती है, उन्हें उचित राजनीतिक शिक्षाप्रद वातावरण देकर हम उन्हें उनके बाद के जीवन में उभरने के लिए और अधिक प्रोत्साहित कर सकते है।

हालाँकि बुद्धि को शिक्षा पर अधिक महत्व दिया जाता है, फिर भी यह शिक्षा ही है जो किसी व्यक्ति के न्यूनतम ज्ञान को बढ़ाती है। एक सुशिक्षित व्यक्ति को देश के विकास के लिए संसाधन माना जाता है। और यदि मानव संसाधन के नेता ही अशिक्षित होंगे, तो मानव संसाधन के लिए उचित दिशानिर्देश या मार्गदर्शन कैसे मिलेगा। उन्हें नागरिकों की समस्याओं की परवाह नहीं होगी। वे भ्रष्ट हो जाएँगे। देश को इन सभी समस्याओं से बचाने के लिए यह नियम लागू किया जाना चाहिए कि एक सीमा तक शैक्षणिक योग्यता रखने वाले लोग ही देश की राजनीतिक व्यवस्था में भाग ले सकते हैं। इसलिए, राजनेताओं को शिक्षित होना ही चाहिए।

2030 के भारत को केंद्र में रखकर चुने गए 3 राज्यों के मुख्यमंत्री

2030 के लक्ष्यों को ध्यान में रखकर हुआ एमपी, राजस्थान और छत्तीसगढ़ के मुख्यमंत्रियों का चुनाव तीन राज्यों में हुए हालिया विधानसभा चुनाव में बीजेपी को मिले प्रचंड बहुमत ने आम जनमानस के साथ दोनों प्रमुख दलों को भी चौंकाने का काम किया, लेकिन इससे भी कहीं अधिक इन राज्यों के मुख्यमंत्रियों के चुनाव ने सत्ता दल के दिग्गज नेताओं के साथ-साथ राजनीति में रूचि रखने वाले लगभग सभी लोगों आश्चर्यचकित होने पर मजबूर कर दिया। राजस्थान में पहली बार विधायक बने भजन लाल शर्मा को विधायक दल का नेता चुनकर मुख्यमंत्री की कुर्सी सौंप दी गई, वहीं मध्य प्रदेश और छत्तीसगढ़ में दो ऐसे नेताओं को सत्ता की कमान सौंपी गई, जिनका नाम सामने आने के बाद लोगों को गूगल का सहारा लेना पड़ा। पर्यवेक्षकों के हाथों दिल्ली से पर्चों में बंद होकर आए इन नामों से जब पर्दा हटा, तो इसे ज्यादातर मीडिया बंधुओं ने पीएम मोदी का मास्टर स्ट्रोक बताया और अगले साल होने वाले आम चुनावों की दृष्टि से यादव, आदिवासी और ब्राह्मण समाज के रुष्ट मतदाताओं को बीजेपी खेमें में लाने का नायाब तरीका करार दिया। हालाँकि, यह गणना सिर्फ राजनीतिक परिदृश्य को ध्यान में रखकर ही की गई, जबकि इस फैसले के एक अन्य और महत्वपूर्ण कारक के रूप में सतत विकास लक्ष्य-2030 पर कम ही लोगों या मेरे जैसे इक्का-दुक्का लोगों का ध्यान गया है। इसे आप मनगढ़ंत कहानी भी कह सकते हैं, लेकिन सिर्फ राजनीतिक कारणों पर ही नहीं मोदी जी के काम करने के

अन्य तरीकों को धरातल पर रखकर भी इस फैसले को आँकना चाहिए। हाल में मध्य प्रदेश, राजस्थान और छत्तीसगढ़ में चुने गए तीनों ही मुख्यमंत्री उम्र से लेकर शिक्षा तक, अपनी एक अलग पहचान रखते हैं और राजनीति की दृष्टि में युवा भी कहे जा सकते हैं, जिनके पास सक्रिय राजनीति में बने रहने के लिए कम से कम 10 साल तो हैं ही। केंद्र सरकार के थिंक टैंक माने जाने वाले नीति आयोग देश के 36 राज्यों और केंद्र शासित क्षेत्रों के प्रदर्शन के आधार पर सस्टेनेबल डेवलपमेंट गोल्स (एसडीजी) इंडेक्स एंड डैशबोर्ड 2020-21 में सामाजिक, आर्थिक और पर्यावरण को लेकर किए गए कामों के 17 मानकों पर अपनी रिपोर्ट शेयर की थी, जिसमें केरल 100 में से 75 अंक हासिल कर लगातार पहले पायदान पर बना हुआ था। हिमाचल और तमिलनाडु 74-74 अंक लेकर दूसरे नंबर पर थे, जबकि इस रिपोर्ट में मप्र की रैंकिंग 3 पायदान नीचे आ गई थी। न सिर्फ मध्य प्रदेश, बल्कि राजस्थान और छत्तीसगढ़ भी नीचे से टॉप 5 में शामिल थे। इस स्थिति में अभी-भी बहुत सुधार नहीं हुआ है। ऐसे में, जब हम दुनिया के विभिन्न विकसित और विकासशील देशों के बीच एक सबसे लोकप्रिय और वैश्विक नेता के रूप में पीएम मोदी की छवि दर्शाते हैं, तो उनके लिए भी दुनिया में भारत की छवि को वैश्विक मंचों पर निखारने की जिम्मेदारी मजबूत हो जाती है। फिर सम्पूर्ण भारत की छवि इसके तमाम राज्यों के प्रदर्शन से जुड़ी हुई है और यह प्रदर्शन सतत विकास लक्ष्यों के तराजू पर भी तौले जाने हैं। संभवतः पीएम मोदी अपनी करिश्माई नेतृत्वशक्ति के बूते 2024 के आम चुनावों में भी अपनी जीत सुनिश्चित समझ रहे हैं, और उनके लिए 29 तक वह खुद को सर्वकालिक बेस्ट पीएम के रूप में साबित करने का एक बहुत व्यापक मंच सतत विकास लक्ष्य है, जिसे पूरा करने या 80 फीसदी तक करीब पहुँचने पर भी दुनिया में भारत के विकास करने की क्षमता और गति का सीधा प्रसारण करना का अवसर मिलता है, और बीजेपी आलाकमान इस मामले को लेकर अभी से गंभीर हो चला है, जिस कारण नए चेहरों और युवा नेतृत्वकर्ताओं को मौका व टारगेट दोनों दिए गए हैं। हो सकता है इसके पीछे यही मनसा हो कि सतत विकास लक्ष्यों को लेकर बेहतर प्रदर्शन करो और आगे पाँच वर्ष के कार्यकाल को निश्चिन्त समझो, क्योंकि जब तक मोदी हैं बीजेपी की जीत तो सुनिश्चित है ही! जीत के प्रत्यक्ष व अप्रत्यक्ष कारण भले जो भी रहें।

- अतुल मलिकराम ,
राजनितिक रणनीतिकार

वंशवादी उत्तराधिकार का जाल बुनता भारतीय राजनीति में भाई-भतीजावाद- अतुल मलिकराम , राजनीतिक रणनीतिकार

जीएनएस। भारत की राजनीति हमेशा से ही पारिवारिक परंपरा की छाँव में पलती-बढ़ती रही है। इससे देश में ऐसा माना जाता है कि यदि आपके माता-पिता या दादा-दादी या फिर कोई अन्य परिजन राजनीति में है, तो आपके पास सबसे अच्छा मौका होता है कि आप चुनाव की दुनिया में दाखिल होने के लिए काफी सरलता से टिकट प्राप्त कर सकते है। यह प्रवृत्ति आम चुनावों के लिए उम्मीदवार चयन प्रक्रिया के दौरान विशेष रूप से ध्यान देने योग्य हो जाती है, जहाँ राजनीतिक दल अक्सर स्थापित राजनेताओं के रिश्तेदारों को ही उम्मीदवार के रूप में चुनने को लेकर ग्रसित होते है। चुनावी क्षेत्र को अपना घर समझकर इसे परिवार के विस्तार के रूप में मानने की यह प्रथा लोकतंत्र में योग्यता पर गंभीर सवाल उठाती है, खास तौर पर जब अगले आम चुनाव नजदीक आने वाले होते है।

कुछ वर्ष पहले, लेखक पैट्रिक फ्रेंच ने भारतीय संसद पर एक अध्ययन किया था, जिसमें उन्हें काफी चिंताजनक निष्कर्ष मिले थे। उन्होंने पाया कि उस समय, निचले सदन में 30 वर्ष से कम आयु के सभी संसद सदस्य राजनीतिक पृष्ठभूमि वाले परिवारों से थे, यह एक ऐसा तथ्य है, जो किसी भी वैश्विक संदर्भ में उल्लेखनीय होगा। फ्रांसीसी ने इस घटना का वर्णन करने के लिए %वंशानुगत% सांसद शब्द पर जोर दिया। 40 और उससे अधिक उम्र के सांसदों में से दो-तिहाई की पहचान वंशानुगत सांसदों के रूप में की गई। अपनी चिंता व्यक्त करते हुए, फ्रांसीसी ने सुझाव दिया कि यदि अब भी यह प्रवृति नहीं बदली गई और जारी रही, तो सम्भावना है कि हमें एक ऐसे परिदृश्य का सामना करना पड़े, जिसमें अधिकांश भारतीय संसद सदस्य अपने पदों की प्राप्ति के लिए पर पूरी तरह से वंशानुगत कारकों पर बाध्य हो, जो संभावित रूप से राष्ट्र को एक वंशानुगत राजा और विभिन्न भारतीय रियासतों के शासन की याद दिलाने वाली प्रणाली में वापस ले जाएगा।

भारतीय राजनीति में भाई-भतीजावाद का ऐतिहासिक उदय

भारतीय राजनीति में भाई-भतीजावाद का इतिहास काफी पुराना है, जिसकी जड़ें स्वतंत्रता के बाद के शुरुआती वर्षों तक भी फैली हुई पाई गई। राजनीतिक परिदृश्य में प्रभावशाली परिवारों का उदय हुआ, जो पीढ़ी दर पीढ़ी राजनीतिक परिदृश्य पर हावी रहे। सर्वोत्कृष्ट राजनीतिक वंशवाद के प्रतीक नेहरू-गांधी परिवार ने देश में वंशवादी राजनीति के रूप में ऐसा मंच तैयार किया, जो आज तक ज्यों का त्यों बरकरार बना हुआ है। यानि पीढ़ियाँ आगे बढ़ती चली गई और इनके वंश एक के बाद एक अपने बड़ों की कुर्सियों पर बैठते चले गए, और यह सब आज भी निरंतर रूप से जारी है। भारत के पहले प्रधान मंत्री जवाहरलाल नेहरू के बाद उनकी बेटी इंदिरा गांधी ने सत्ता संभाली, जिन्होंने बदले में अपने बेटे राजीव गांधी के लिए मार्ग प्रशस्त किया।

हालाँकि, स्वाभाविक रूप से इस पारिवारिक उत्तराधिकार में नकारात्मकता नहीं है, क्योंकि इसी ने भाई-भतीजावाद के सामान्यीकरण के लिए एक सुदृढ़ आधार तैयार किया। प्रमुख परिवारों से राजनीतिक नेताओं की पीढ़ियाँ एक के बाद एक उभर कर सामने आने लगीं और राजनीतिक विरासत की अवधारणा को अपवाद के बजाए एक आदर्श के रूप में स्वीकृति मिली।

कई प्रमुख उदाहरण भारतीय राजनीति में भाई-भतीजावाद की व्यापकता को रेखांकित करते है। उपरोक्त नेहरू-गांधी परिवार शायद सबसे प्रतीकात्मक है। राजीव गांधी के बाद, उनकी विधवा पत्नी सोनिया गांधी ने भारतीय राष्ट्रीय कांग्रेस (आईएनसी) में एक महत्वपूर्ण भूमिका निभाई। परिवार का प्रभाव उनके बेटे राहुल गांधी तक बढ़ा, जो राजनीतिक कौशल की कथित कमी के लिए आलोचना का सामना करने के बावजूद भारतीय राजनीति में एक प्रमुख व्यक्ति रहे है।

भाई-भतीजावाद के इस व्यापक चक्र को भाजपा या कांग्रेस जैसी विशिष्ट राजनीतिक संगठनाओं से परे तक फैला हुआ देखा जा सकता है, यहाँ तक कि एआईएडीएमके, टीएमसी और शिवसेना जैसी क्षेत्रीय पार्टियाँ भी भाई-भतीजावाद की पेचीदगियों से बेहद कुशलतापूर्वक निपट रही है। वर्ष 2014 के चुनाव की बात करें, तो बीजेपी के 44 सांसदों के पारिवारिक पैच थे, जबकि इसी अवधि में कांग्रेस के 18 सांसद इस वंशवादी प्रथा को आगे बढ़ा रहे थे। इसी तरह, कई अन्य पार्टियाँ भी राजनीति में पारिवारिक प्रभाव के विभिन्न उदाहरणों को पेशकश करती हैं, जिनमें एआईएडीएमके के दो, बीजेडी के तीन, शिवसेना के आठ, टीएमसी के सात, टीडीपी के सात और टीआरएस के चार सांसद पारिवारिक प्रभाव वाले समान पदों पर हैं।

तमिलनाडु और महाराष्ट्र जैसे क्षेत्रों में, राजनीतिक सत्ता का हस्तांतरण अक्सर पारिवारिक आधार पर होता है। उल्लेखनीय उदाहरणों में तमिलनाडु में करुणानिधि परिवार और महाराष्ट्र में ठाकरे परिवार शामिल हैं। ये ऐसे उदाहरण हैं, जो वंशवादी राजनीति की व्यापकता को स्पष्ट रूप से दर्शाते है, और रेखांकित करते हैं कि यह प्रवृत्ति देश के विभिन्न कोनों में किस प्रकार महत्व से व्याप्त हो गई है।

अपने एक बयान में खुद राहुल गांधी ने एक बार कहा था, -मेरे पिता राजनीति में थे, मेरी दादी और परदादा भी राजनीति में थे। इसलिए मेरे लिए राजनीति में आना आसान था। यह एक समस्या है। मैं इस समस्या का एक लक्षण हूँ।-

भाई-भतीजावाद परिदृश्य में परिवर्तन

हाल के वर्षों में, भारतीय राजनीति में भाई-भतीजावाद के परिदृश्य में बदलाव आया है, जिसमें युवाओं की भागीदारी में उल्लेखनीय वृद्धि हुई है। जबकि राजनीतिक परिवार महत्वपूर्ण प्रभाव बनाए हुए हैं, युवा पीढ़ी द्वारा बागडोर संभालने की एक बड़ा प्रवृत्ति है। राजनीतिक राजवंशों के वंशज तेजी से अपनी-अपनी पार्टियों में नेतृत्व का जिम्मा उठा रहे हैं।

उदाहरण के लिए, उत्तर प्रदेश में राजनीति के बेहद प्रभावशाली यादव परिवार में अखिलेश यादव का प्रवेश हुआ, जिन्हें तुलनात्मक रूप से बेहद कम उम्र में ही उत्तर प्रदेश राज्य के मुख्यमंत्री की सीट मिल गई। वहीं हरियाणा में, चौटाला परिवार के वंशज, दुष्यंत चौटाला ने राज्य की राजनीति में एक प्रमुख भूमिका निभाई। ये उदाहरण उस बदलाव को रेखांकित करते है, जहाँ राजनीतिक परिवारों के युवा ऐसे क्षेत्रों में कदम रख रहे हैं, जहाँ उन्हें नेतृत्व की भूमिकाओं का निर्वहन करने का मौका मिल रहा है। यह पारिवारिक या वंशवादी उत्तराधिकार के चक्र को कायम रखता है।

युवाओं की भागीदारी दोधारी तलवार के समान

जहाँ एक तरफ राजनीति में युवाओं की भागीदारी नए दृष्टिकोण, ऊर्जा और गतिशीलता का संचार करने का माध्यम बन सकती है, इस संदर्भ में भाई-भतीजावाद की व्यापकता भारतीय लोकतंत्र की डोलती स्थिति को लेकर चिंता पैदा करती है। युवा, जिन्हें अक्सर परिवर्तन का अग्रदूत माना जाता है, खुद को एक ऐसे सिस्टम में उलझा हुआ पाते हैं, जो योग्यता के बजाए पारिवारिक संबंधों को प्राथमिकता देता है। यह न सिर्फ नई राजनीतिक प्रतिभा के विकास को रोकता है, बल्कि कुछ चुनिंदा परिवारों के भीतर ही सत्ता की एकाग्रता को भी कायम रखता है।

इसके अलावा, राजनीतिक राजवंशों के भीतर युवाओं का उदय बदलाव की झलक दे सकता है, लेकिन यह अक्सर अंतर्निहित संरचनात्मक मुद्दों को छिपा देता है। युवा उत्तराधिकारी राजनीति में एक अलग शैली ला सकते है, लेकिन व्यवस्था की मौलिक प्रकृति में कोई बदलाव नहीं होता। इससे एक सतही परिवर्तन देखने को मिलता है, जो भारतीय लोकतंत्र के सामने आने वाली मुख्य चुनौतियों का समाधान करने में विफल रहता है।

राजनीतिक क्षेत्र में भाई-भतीजावाद की चुनौती से निपटना जरुरी

भारतीय राजनीति में भाई-भतीजावाद का बेरोकटोक विस्तार देश के लोकतांत्रिक लोकाचार की नींव के लिए एक भयानक खतरा प्रस्तुत करता है। एक प्रणाली के रूप में लोकतंत्र प्रतिस्पर्धा, विविधता और विभिन्न दृष्टिकोणों के प्रतिनिधित्व जैसे सिद्धांतों पर फलता-फूलता है। हालाँकि, राजनीतिक राजवंशों का प्रचलन कुछ चुनिंदा परिवारों के भीतर सत्ता को मजबूत करके इन लोकतांत्रिक सिद्धांतों को गंभीर रूप से कमजोर कर देता है। सत्ता की इस एकाग्रता के परिणाम दूरगामी होते हैं, जिससे संभावित रूप से राजनीतिक परिदृश्य में जवाबदेही की उल्लेखनीय कमी हो जाती है।

एक संपन्न लोकतंत्र में, जवाबदेही एक आधारशिला है, जो यह सुनिश्चित करती है कि निर्वाचित प्रतिनिधि व्यक्तिगत हितों पर व्यापक आबादी के कल्याण को प्राथमिकता दें। हालाँकि, जब पारिवारिक शासन एक प्रचलित प्रवृत्ति बन जाता है, तो एक अंतर्निहित जोखिम होता है कि सत्ता में बैठे लोगों की प्राथमिकताएं नागरिकों की विविध आवश्यकताओं को संबोधित करने के बजाए पारिवारिक हितों की रक्षा करने की ओर झुक सकती है। सार्वजनिक कल्याण पर व्यक्तिगत हितों को प्राथमिकता देना लोकतांत्रिक शासन के मूल सार से समझौता करता है।

इसके अलावा, निर्णायक निर्णय लेने वाली भूमिकाओं से राजनीतिक वंशावली से रहित व्यक्तियों का बहिष्कार लोकतांत्रिक घाटे को बढ़ाता है। योग्यता को बढ़ावा देने के बजाए व्यवस्था पारिवारिक संबंधों के जाल में उलझ जाती है, जिससे उन नेताओं के उभरने में बाधा आती है, जो अपनी क्षमताओं, दूरदर्शिता और सार्वजनिक सेवा के प्रति समर्पण के आधार पर आगे बढ़े है। यह बहिष्कार सिर्फ नए और अभिनव नेतृत्व की क्षमता को ही नहीं रोकता है, बल्कि एक ऐसी प्रणाली को भी कायम रखता है, जहाँ उन्नति योग्यता के बजाए पारिवारिक संबंधों पर निर्भर होती है।

वंशवादी राजनीति की स्थायी प्रकृति का लोकतांत्रिक प्रक्रिया में सार्वजनिक भागीदारी और विश्वास पर भी विनाशकारी प्रभाव पड़ता है। जब नागरिक बार-बार राजनीतिक शक्ति को विशिष्ट परिवारों के भीतर पीढ़ियों तक प्रसारित होते देखते हैं, तो इससे मोहभंग की भावना पैदा हो सकती है। %स्थापित पारिवारिक शासन के सामने राजनीतिक भागीदारी का कोई महत्व नहीं है%, यह धारणा जनता में राजनीतिक उदासीनता पैदा कर सकती है। यह उदासीनता भारतीय लोकतंत्र की जीवंतता और स्थिरता के लिए एक बड़ा खतरा पैदा करती है, क्योंकि लोकतांत्रिक प्रक्रिया के फलने-फूलने के लिए एक प्रतिबद्ध और भागीदार नागरिक आवश्यक है।

संक्षेप में, भारतीय राजनीति में भाई-भतीजावाद का विस्तार सिर्फ लोकतंत्र के मूल सिद्धांतों को ही खतरे में नहीं डालता है, बल्कि जनता के विश्वास और सक्रिय भागीदारी को भी समाप्त कर देता है। इस मुद्दे को संबोधित करने के लिए, राजनीतिक संरचनाओं के भीतर पारदर्शिता, समावेशिता और योग्यता को बढ़ावा देने के लिए एक ठोस प्रयास की आवश्यकता है। भारतीय लोकतंत्र का स्वास्थ्य भाई-भतीजावाद की पकड़ को पार करने और यह सुनिश्चित करने की क्षमता पर निर्भर करता है कि राजनीतिक नेतृत्व राष्ट्र की विविध और गतिशील आबादी को प्रतिबिंबित करता है।

इसके निष्कर्ष के रूप में बात करें, तो भारतीय राजनीति में भाई-भतीजावाद का मुद्दा एक बहुआयामी चुनौती है, जिस पर सावधानीपूर्वक विचार करने की सख्त आवश्यकता है। वंशवादी उत्तराधिकार की ऐतिहासिक जड़ों ने भारतीय राजनीति के परिदृश्य को आकार दिया है, और इस घटना में युवाओं की वर्तमान भागीदारी जटिलता की एक परत जोड़ती है। जबकि युवा परिवर्तन का वादा करते हैं, सिस्टम की संरचनात्मक खामियाँ ज्यों की त्यों बनी रहती हैं, जो वास्तव में योग्यता आधारित राजनीतिक माहौल के विकास में बाधा डालती है।

भाई-भतीजावाद के मुद्दे को संबोधित करने के लिए राजनीतिक दलों के भीतर पारदर्शिता, समावेशिता और योग्यता को बढ़ावा देने के लिए एक ठोस प्रयास की आवश्यकता है। एक मजबूत और स्वस्थ लोकतंत्र के पोषण के लिए ऐसे सुधारों की अत्यंत आवश्यकता है, जो नेताओं को उनकी पारिवारिक पृष्ठभूमि के बजाए उनकी क्षमताओं के आधार पर आगे बढ़ने के लिए प्रोत्साहित करते हैं। भारतीय लोकतंत्र का भाग्य भाई-भतीजावाद की बेड़ियों को पार करने और अधिक समावेशी और प्रतिनिधि राजनीतिक परिदृश्य को अपनाने की क्षमता पर निर्भर करता है।

नीतीश का राजनीतिक चरित्र समझना उन्हें पलटीमार बताने जितना आसान नहीं - अतुल मलिकराम , राजनितिक रणनीतिकार

इंदौर। कुछ ही महीने पहले बिहार के मुख्यमंत्री के रूप में 9वीं बार शपथ लेने वाले नीतीश कुमार, राजधानी पटना में 18 विपक्षी दलों के साथ बीजेपी के खिलाफ पहली बैठक की मेजबानी कर रहे थे। आगामी लोकसभा चुनावों से पूर्व यह पहला मौका था, जब बीजेपी और पीएम नरेंद्र मोदी के लिए एक संगठित विपक्ष की चुनौती तैयार हो रही थी। लेकिन अब सब कुछ बदल गया है। नीतीश एक बार फिर बीजेपी का दामन थाम चुके हैं और राजग का हिस्सा बनते ही अपने हाल ही में विरोधी हुए पुराने साथियों से तीखी प्रतिक्रिया का सामना कर रहे हैं। कभी नीतीश के करीबी रहे आरजेडी के वरिष्ठ नेता शिवानंद तिवारी ने तो यहाँ तक कह दिया कि नीतीश को शर्म आनी चाहिए, क्योंकि उन्होंने खुद विपक्ष के लोकतंत्र बचाने के प्रस्ताव पर दस्तखत किए थे। उन्होंने धोखा दिया है। नीतीश के इस फैसले को धोखे के रूप में लेने वाले राजनेताओं से लेकर राजनीति की समझ रखने वाले आम इंसान तक, जो बीजेपी या एनडीए के विरोध में रहे हैं, सोशल मीडिया से चाय की टपरी तक नीतीश को पलटीमार पुकार रहे हैं। पलटीमार का पर्याय बताए जाने के पीछे एक विशेष कारण उनका वह बयान भी है, जब अभी कुछ महीने पहले ही नीतीश ने बीजेपी के साथ जाने से बेहतर मर जाना कबूल किया था। लेकिन महज 45 विधायकों के सहारे मुख्यमंत्री की कुर्सी पर बैठे नीतीश कुमार की रणनीति को समझना, उन्हें पलटीमार बता देने जितना आसान नहीं है। नीतीश के जिस फैसले पर इंडिया एलायंस की नींव खोखली हो गई, बिहार की सरकार गिर गई, बावजूद इसके तेजस्वी यादव ने नीतीश के खिलाफ नरमी बनाई रखी। दूसरी तरफ, राहुल गांधी भारत जोड़ो न्याय यात्रा लेकर बिहार में घुसे, लेकिन नीतीश पर एक शब्द नहीं बोले। इसके पीछे भी एक महत्वपूर्ण कारण है और वह यह कि जो नीतीश के कभी भी किसी भी खेमे में शामिल होने के चरित्र को समझते हैं, वे उनके खिलाफ आग उगलने से बेहतर चुप रहना समझते हैं, क्योंकि कल जरुरत पड़ने पर नीतीश फिर एनडीए का साथ छोड़ विपक्षी पाले में जा सकते हैं, क्योंकि वह सिर्फ अपनी परवाह करते हैं न कि इस बात कि कौन क्या सोचेगा, उनकी राजनीतिक नैतिकता पर प्रश्न खड़े करेगा या नैतिक और मौलिक पैमाने पर उनको किस तरह से आँका जाएगा। उन्हें इन बातों की फिक्र नहीं है और इसलिए उनसे राजनीति के लोगों को सीखने की जरुरत भी है कि कैसे विरोधी सुरों को अपने सुर में मिलाया जाता है। जो अमित शाह मंचों से कहते सुने गए कि नीतीश के लिए अब एनडीए के दरवाजे बंद हो चुके हैं और जो सम्राट चौधरी नीतीश को सत्ता से बेदखल करने तक पगड़ी न खोलने की बात कहते थे, आज नीतीश के सर पर पगड़ी सजा रहे हैं। यूँ देखें तो नीतीश ने उन लोगों को ही पलटूमार साबित कर दिया है, जो अब कभी उनके साथ न रहने की कसमें खा चुके थे। हालाँकि नीतीश के एनडीए में जाने के फैसले के पीछे आगामी लोकसभा चुनाव में उनकी पार्टी का निजी लाभ भी शामिल है। कैसे?

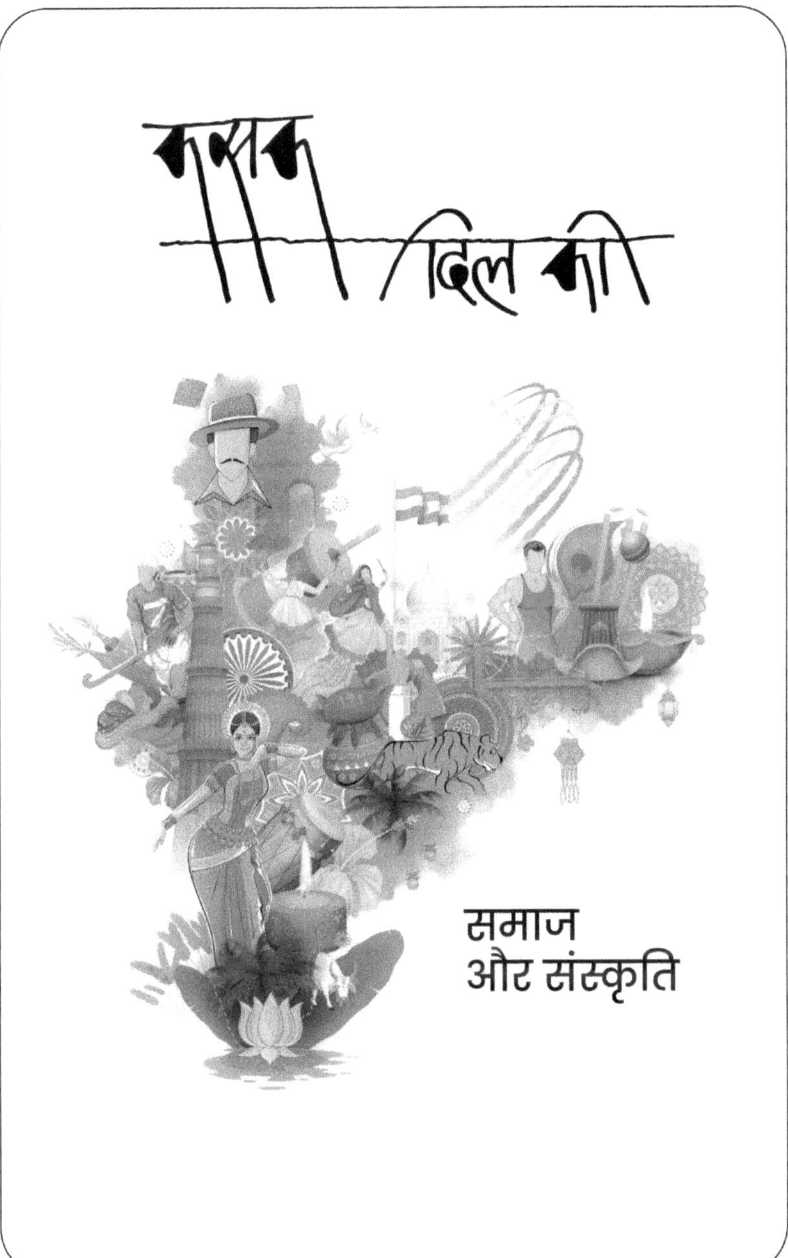
कसक दिल की
समाज
और संस्कृति

Now Available on

Flipkart

notionpress.com

शादी-ब्याह को चंगुल मानने लगी
युवा पीढ़ी की बड़ी आबादी

01

शादी-ब्याह को चंगुल मानने लगी युवा पीढ़ी की बड़ी आबादी

विवाह एक खूबसूरत बंधन है, जहाँ सिर्फ दो व्यक्ति ही नहीं, बल्कि दो परिवार भी मिलते हैं। बेशक, यह एक नैतिक परंपरा रही है, लेकिन धीरे-धीरे नए दौर के बोझ तले दबती जा रही है। एक ऐसा नया दौर, जिसमें शादी का बंधन किसी कैद जैसा जान पड़ने लगा है। एक ऐसा नया दौर, जहाँ अपने ही हमसफर का कुछ कह मात्र देना सुई-सा चुभने लगा है। एक ऐसा नया दौर, जहाँ एकल परिवार और तो और अपने घर या शहर से कहीं दूर जाकर रहने वाला लड़का ढूँढा जा रहा है। इसका सबसे बड़ा कारण है एकल परिवार। पहले के समय में संयुक्त परिवार हुआ करते थे, तो बच्चे सबके साथ घुल-मिलकर रहने के गुण आपों-आप ही सीख जाया करते थे, ये परिवार अब चार लोगों में सिमट कर रह गए हैं। यही वजह है कि वे किसी के साथ भी सहज नहीं होते, और युवा होते-होते अकेले रहना और किसी से मेल-जॉल न बढ़ा पाना उनकी आदत बन चुकी होती है।

एक अन्य समस्या यह है कि आजकल के युवा शादी और बच्चों के चक्कर में पड़ना ही नहीं चाहते। उन्हें शादी अब सात जन्मों का पवित्र बंधन नहीं, बल्कि उम्रकैद की सज़ा लगने लगी है। एक रिपोर्ट की मानें तो, भारत में अविवाहित युवाओं का अनुपात लगातार बढ़ रहा है। साल 2011 में अविवाहित युवाओं की संख्या 17.2 फीसदी थी, जो 2019 में 23 फीसदी पहुँच गई। शादी न करने की सोच रखने वालों में से महिलाएँ भी पीछे नहीं हैं। 2011 में यह संख्या 13.5 फीसदी थीं, जो 2019 तक आते-आते 19.9 फीसदी हो गईं। इस प्रकार, देखें तो देश के एक चौथाई से ज्यादा युवा लड़के-लड़कियाँ शादी ही नहीं करना चाहते।

लेकिन इस बात से भी दरकिनार नहीं किया जा सकता है कि भारत जैसे देश की संस्कृति में, विवाह को लड़के और लड़की दोनों के लिए जरुरी माना जाता रहा है। किसी परिवार में यदि अविवाहित बेटे या बेटी हैं, तो वे परिवारों, रिश्तेदारों और दोस्तों के बीच चर्चा का विषय बन जाते हैं, यह स्थिति सोचने पर मजबूर कर देती है और इसके कारणों को जानना बहुत जरूरी है।

वर्तमान में जैसे-जैसे लड़कियों की शिक्षा का स्तर बढ़ रहा है, वैसे-वैसे वे शादी से दूर होती जा रही हैं।

इसका एक मुख्य कारण है कि शादी के बाद लड़कियों की जिंदगी पूरी तरह से बदल जाती है। उनके पहनावे से लेकर उनकी पसंद के खाने तक, हर चीज़ में ससुराल और पति की मर्जी शामिल हो जाती है। सास चाहती है कि बहू उनके अनुसार रहे; उनके अनुसार कपड़े पहने; उनके अनुसार अपनी पसंद व नापसंद को तय करे। इसके साथ ही, कई बार बहू की नौकरी को लेकर भी ससुराल में खिटपिट लगी रहती है। ससुराल वाले चाहते हैं कि बहू नौकरी तो करे, लेकिन घर भी बिल्कुल वैसे ही संभाले, जैसे बाकी गृहणियाँ संभालती हैं। इन सबके बीच यदि बहू औसत वेतन पर कोई प्राइवेट नौकरी कर रही है और ससुराल वाले आर्थिक रूप से पहले से ही समृद्ध हैं, तो वे यह दबाव बनाने लगते हैं कि तुम्हे कमाने की क्या ज़रूरत है, हमारे घर पर किसी चीज़ की कमी नहीं है; नौकरी छोड़ दो।

अपने समाज में इस तरह की भावनाओं को बढ़ता देख ही शायद लड़कियों के मन में शादी को लेकर नकारात्मक भाव आ रहे हैं। अब वे पढ़ाई-लिखाई करके अपने करियर पर फोकस करने और अपनी शर्तों पर जिंदगी जीने में यकीन रखती हैं। फिर एक सोच यह भी सामने आती है कि उच्च स्तर की शिक्षा प्राप्त करने के बाद लड़कियाँ अपने योग्य लड़के की तलाश में रहती है, जिससे कि वे उनकी शिक्षा की महत्ता को समझें और नौकरी न करने के लिए दबाव न बनाएँ। फिर एक डर मन में यह होता है कि ससुराल वाले इस बात को न समझे तो? यही वजह है कि लड़कियाँ अपनी शादी को लेकर अब असमंजस में रहने लगी हैं।

वहीं, लड़कों की बात की जाए, तो लड़कों की भी शादी न करने की तादाद ज्यादा ही है। इनके भी कई कारण हैं, सबसे बड़ा कारण बेरोजगारी और कम आय वाली नौकरी का होना है। मैंने अक्सर लड़कों को यह कहते हुए सुना है कि "शादी तो कर लेंगे, लेकिन खिलाएँगे क्या? पत्नी और बच्चों के खर्चे कैसे सँभालेंगे?" लगातार बढ़ रही बेरोजगारी और मँहगाई के चलते कम आय वाले व्यक्ति का अपने परिवार का भरण-पोषण, बीमारी और बच्चों को अच्छी शिक्षा दिला पाना बेहद मुश्किल हो रहा है, जिसके चलते अधिकांश युवा अब किसी की जिम्मेदारी उठाना ही नहीं चाहते हैं।

हालाँकि, ऐसा नहीं है कि सभी लड़के, जो शादी नहीं करना चाहते हैं, वे आर्थिक रूप से सक्षम नहीं हैं। इसका एक अन्य कारण पत्नी और अन्य पारिवारिक सदस्यों के बीच तालमेल न बिठा पाना भी है। शादी के बाद, लड़का पत्नी और अपने अन्य परिवार रूपी मोतियों के बीच एक डोर का कार्य करता है। किसी कारणवश यदि पत्नी व लड़के के परिवार वालों के बीच मतभेद होता है, तो लड़का बीच में घुन की तरह पिसता है। यदि लड़का अपनी पत्नी की तरफ बोले, तो घरवाले उसे 'ज़ोरू का गुलाम' कहते हैं, और परिवार की तरफ बोले, तो पत्नी नाराज़ हो जाती है। कई बार इस स्थिति को संभाल पाना एक लड़के के लिए बहुत ही मुश्किल हो जाता है।

इसके अलावा, यह भी सच है कि आज के माहौल में पश्चिमी सभ्यता का असर काफी अधिक बढ़ गया है, जिसके चलते युवा शादी के बंधन में बंधने के बजाए डेटिंग और लिव इन रिलेशनशिप्स को पसंद कर रहे हैं। वहीं, कुछ युवाओं का मानना है कि आज के समय में अपनी भावनात्मक और शारीरिक जरूरतों को पूरा करने के लिए जरुरी नहीं है कि शादी की ही जाए। फिर अब तो रुझान ऐसे होने लगे हैं कि एक व्यक्ति के एक से अधिक रिलेशनशिप्स होने लगे हैं। ऐसे रुझानों के पथ पर चलने वाले युवा यह मानते हैं कि शादी के बाद इसकी स्वतंत्रता उनके हाथों से छीन जाएगी। यह भी बड़ा कारण है कि वे बिना शादी के खुश हैं और अपना जीवन अपने अंदाज में जीना चाहते हैं।

एक तथ्य यह भी है कि आज के समय में युवा लड़के-लड़कियाँ अपने अधिकारों को लेकर अधिक मुखर हो गए हैं। लड़कियों में भी अब पुराने ज़माने की महिलाओं की तरह सहनशीलता नहीं है। पति परमेश्वर होता है, अब वे इस सोच से मुक्त हो चुकी हैं। आज वे पति के बराबर कदम से कदम मिलाकर चल रही हैं, उसकी तरह कमा रही हैं, तो उसके बराबर सम्मान की भी उम्मीद करती हैं, जिसके चलते कई बार दोनों के अहम् का टकराव हो जाता है और रिश्तों पर दरार पड़ने लग जाती है। वहीं, लड़के भी शादी के बाद अचानक से होने वाली रोक-टोक, पूछताछ और ज़िम्मेदारी के बोझ को झेल नहीं पाते हैं। इन्हीं सब कारणों से समाज में विवाह टूटने के मामले तेजी से बढ़े हैं, जो अविवाहित युवाओं के मन में विवाह को लेकर संदेह पैदा कर देते हैं।

एक जरूरी बात यह भी है कि सभी शादियाँ खराब नहीं होती हैं। एक गलत शादी यदि जिंदगी बर्बाद करती है, तो एक सही जीवनसाथी मिलने पर जिंदगी बेहतरीन भी बन जाती है।

शिकायत खुद से..

02

शिकायत खुद से..

जीवन की आपाधापी में खुद के लिए चंद मिनटों की मोहलत बमुश्किल ही मिली.. एक तरफ दुनियादारी का शौक और दूसरी तरफ जिम्मेदारियों का बोझ, ये दोनों किसी गाड़ी के पहिए के से मेरे जीवन में साथ-साथ ही चले, न ही एक आगे और न ही एक पीछे, बिल्कुल साथ-साथ..

शिकायक करूँ भी तो किससे, सिवाए खुद के? इसलिए शिकायत मुझे वक्त और ज़माने से नहीं, खुद से है कि जिंदगी हमेशा ही मेरे सामने थी और मैं था कि हमेशा ही दुनियादारी में लगा रहा.. इतना ही नहीं, मैं खुद को बदल अब भी नहीं पा रहा हूँ, महसूस बेशक है मुझे कि मेरे लिए नहीं जी रहा मैं, जी रहा हूँ तो सिर्फ दुनिया के लिए, लेकिन सच कहूँ, तो दिल को सुकून लोगों का भला सोचने और जितना मुझसे हो सके, दूसरों के काम आने में ही मिलता है। मैं इस दुनियादारी को अच्छा ही मानता हूँ और दूसरों का खुद से ज्यादा ध्यान रखने में विश्वास करता हूँ, यह बात और है कि मुझे कभी किसी से उतना ध्यान खुद के लिए नहीं मिला, जितना कि मैं सभी का रखता आया हूँ।

एक यही बात है, जो दिल में टीस की तरह चुभती है। दरअसल मैं चाहता हूँ कि मुझसे प्रेरित होकर ही सही, लेकिन नई पीढ़ी में अपने आसपास के लोगों का ख्याल रखने की आदत आए, वे कोशिश करें कि जरुरत पड़ने पर वे भी किसी के काम आएँ, दूसरों को समझने की कोशिश करें, साथ ही जिस भी तरह से हो सके, लोगों की मदद करने की प्रवृत्ति अपनाएँ।

मेरी कोशिश हमेशा से यही रही है कि मेरे सामने कोई भी व्यक्ति ऐसा न हो, जो किसी उलझन में हो। मैं कोशिश करता हूँ कि सामने वाला व्यक्ति जब भी असहज महसूस करे, तब मेरे साथ बात करके अपने मन के भार को हल्का करे, ताकि उसके मन में कोई वेदना न रहे और मैं उसे बाहर निकलने के आसान मार्ग बता सकूँ। इसका सबसे बड़ा कारण है कि व्यक्ति जब भी किसी समस्या में होता है, तो कई बार समाधान उसके सामने होने के बावजूद भी वह उसे देख नहीं पाता, उस स्थिति से निपटने के लिए कोई तो ऐसा हो, जो कंधे पर हाथ रखकर सिर्फ इतना कह दे कि चिंता मत कर, मैं तेरे साथ हूँ।

मेरी इस बात को वही समझ सकता है, जो इस स्थिति से गुजरा है। और फिर इस बात से भी तो किनारा नहीं किया जा सकता कि व्यक्ति की असली पहचान मुश्किल समय में ही होती है। यदि किसी के काम नहीं आया, तो फिर मेरे जीवन का मोल ही क्या है, ऐसा मैं सोचता हूँ।

लेकिन आज की नई पीढ़ी में 'कर भला तो हो भला' की यह आदत विलुप्त होती जा रही है। मुझे शिकायत है खुद से कि मैं लाख कोशिशों के बाद भी नई पीढ़ी में यह आदत लाने में पूरी तरह सफल न हो सका, शायद लोग सच ही कहते हैं कि एक अकेला दुनिया नहीं चला चलता। मेरे जैसे और भी लाखों लोगों का योगदान लगेगा युवा पीढ़ी में यह आदतन बदलाव लाने में।

लोगों के जीवन में कई उलझनें होती हैं, जरुरी नहीं है कि आप उन्हें पैसों से ही संभालें, हमदर्दी ही काफी है, जो आप दूसरों के प्रति रखते हैं। यकीन मानिए, यदि आप में दूसरों का हमदर्द बनने का हुनर है न, तो गर्व कीजिए खुद पर कि आप एक ऐसे व्यक्ति हैं, जिसे जीवन के बाद भी लोग याद करेंगे। पैसा कभी साथ नहीं जाता, साथ जाते हैं, तो हमारे कर्म और दूसरों के प्रति हमारा रवैया।

"मैंने फोन नहीं किया तो तुमने भी तो नहीं किया", यह एक पंक्ति हमें आज के व्यस्त ज़माने में सुनने को मिल ही जाती है। बेशक हम सभी के पास अब वैसा समय नहीं होता, जैसा पहले होता था, जब हम हफ्ते दो हफ्ते में फोन पर अपनों से बात कर लिया करते थे या फिर एक ही शहर में रहने की स्थिति में उनके घर जाकर मिल भी आया करते थे। लेकिन उपरोक्त पंक्ति अपने मुँह से कहना सरासर गलत है। आप अलग बनें, आगे रहकर लोगों से जुड़ें और उन्हें एहसास कराएँ कि कोई और हो न हो, आप उनके साथ हैं। उनके हाल-चाल लेते रहें, उन्होंने लम्बे समय से नहीं किया तो क्या हुआ, आप निश्चित अंतराल में अपनों से किसी न किसी माध्यम से जुड़े रहें, वो किस समस्या से गुजर रहे हैं, यह जानने की कोशिश करें, उनके हमदर्द बनें, उनकी समस्या का समाधान उन्हें दें, यदि आप यह सब कर पाने में सक्षम नहीं हैं, तब करें शिकायत खुद से..

वक्त की रफ्तार ने आगे बढ़ाया या पीछे धकेल दिया हमें..

03

वक्त की रफ्तार ने आगे बढ़ाया या पीछे धकेल दिया हमें..

मेरे ज़हन में कई दफा कुछ ऐसे ख्याल पनपते हैं, जो बयाँ करते हैं कि वक्त की रफ्तार वाकई हमारी सोचने की क्षमता और काम की हमारी काबिलियत से काफी तेज है। वक्त का पहिया चलता गया और लोगों के सोचने और समझने का नजरिया भी समान रूप से बदलता चला गया। बहुत-सी परम्पराएँ, कार्यशैलियाँ और विचार ऐसे रहें, जो काल के गाल में समा गए। अब लाख कोशिशें भी की जाएँ, तो उन्हें फिर से अमल में लाना नामुमकिन-सा जान पड़ता है। लेकिन उन्हें अपनाना भी समय की ही माँग है।

पहले के समय में बेशक लोग पढ़े-लिखे कम थे, लेकिन असल में वे हमसे हजारों गुना बेहतर थे। हम तो उनसे खुद की तुलना करने के भी काबिल नहीं हैं। अब हम ज्यादा पढ़-लिख गए हैं, ज्यादा समझदार हो गए हैं, लेकिन साथ ही साथ जाने-अनजाने में हम अपनी सोच का दायरा बेहद संकुचित कर बैठे हैं। शायद ऐसे बहुत-से लोग होंगे, जो मेरे इन विचारों से थोड़े भी सहमत नहीं हों। लेकिन कुछ एक के मन-मस्तिष्क में भी यदि मेरी बात घर कर गई, तो समझो बात बन गई।

अब बात उत्तम सेहत की ही कर लेते हैं। आज के समय में बड़े-बूढ़ों की तो छोड़ ही दो, बच्चा-बच्चा भी स्वास्थ्य संबंधी समस्याओं से बुरी तरह जूझ रहा है। आज छोटे बच्चों को हार्ट अटैक्स आने लगे हैं। एक समय था, जब यह समझा जाता था कि भई! फलाने को हार्ट अटैक आया है, तो जरूर उम्र दराज व्यक्ति ही रहा होगा। समय का पहिया घूमते-घूमते अपने नीचे इस परिभाषा को बुरी तरह रौंद गया है। पहले के ज़माने में लोगों की उम्र भी ज्यादा हुआ करती थी, यानि उनका जीवन काल भी ज्यादा हुआ करता था, लेकिन अब बच्चों में भी बीपी, दिल का दौरा, आँखों आदि की बीमारी होना आम बात हो चुकी है।

पुराने ज़माने में लोग जल्दी सोते थे और सूरज चाचू के उठने से पहले ही उठ जाया करते थे। लक्ज़री गाड़ियों पर सैर करने के बजाए हर दिन सुबह पैदल चला करते थे।

पुराने समय में गाड़ी-मोटर का इस्तेमाल कम ही यानि दूर-दराज के क्षेत्रों में जाने या किसी इमरजेंसी के लिए ही किया जाता था, कुल मिलाकर आस-पास के काम लोग घूमते-फिरते ही कर आते थे। आज आलम यह है कि घर से बाहर निकलने से पहले जेबें टटोली जाती हैं कि गाड़ी की चाबी रख ली है या नहीं। भले ही फिर घर की चाबी साथ ली या नहीं, इसका चिंता कोसों दूर..

घर की औरतें सारा काम जैसे- गेंहू, मसालें, दालें आदि स्वयं अपने हाथों से घर में ही पीसा करती थीं। सिलबट्टा और पत्थर की चक्की या घट्टी उन दिनों हर घर की शोभा हुआ करती थी। आज मशीनी दौर चल पड़ा है। हर काम के लिए एक नई मशीन ने घरों में जगह ले ली है। कहने का अर्थ यह है कि असली मेहनत और लगन वक्त की रफ्तार में बहुत पीछे ही कहीं छूट गए।

पहले के लोग कहाँ जिम जाया करते थे? फिर भी शरीर से तंदुरुस्त हुआ करते थे। साधारण-से दिन भर के कामों में ही इतनी मेहनत-मशक्कत हो जाया करती थी कि यूँ ही थक हारकर रात में जल्दी और सुकून की नींद आ जाया करती थी। आज इन जिमों ने सुकून बेशक दिया है, लेकिन मोल में नींद को लेने के बाद। आज हर दसवीं बिल्डिंग में जिमें खुली पड़ी हैं। आज के समय में लोग रात-रात भर भर टीवी और लैपटॉप के सामने बैठे रहते हैं या फिर मोबाइल को अपनी आँखों की बलि देने की होड़ में लगे पड़े हैं। रात में देरी से सोना और अगली सुबह फिर देरी से जागना शरीर की कई बीमारियों का बड़ा तोहफा आज के लोगों को दे रहा है।

पहले के समय में शादियाँ जल्दी कर दी जाती थीं। आज के मॉडर्न ज़माने को देखते हुए यह काफी हद तक गलत भी है, लेकिन क्यों न आज इसके बेहतर पहलुओं पर बात की जाए? यह वही समय था, जब हमारी बेटियाँ कुकर्म का न के बराबर ही शिकार हुआ करती थीं। कितनी ही बुरी सोच वाला व्यक्ति क्यों न हो, गलत नियत रखने या किसी लड़की का शोषण करने से पहले एक बार अपनी इज्जत का ख्याल कर ही लेता था। सड़कों या सुनसान इलाकों में लड़कियों का मुँह दबोचकर ले जाने वाले मामले कम ही देखने या सुनने को मिलते थे। अब जैसे-जैसे वक्त का पहिया मॉडर्न कल्चर वाली गलियों की तरफ रुख कर रहा है, यह राह में खतरों को अपने साथ लेता हुआ आगे को बढ़ रहा है।

फिर आज के समय में फास्ट फूड और बाहर से भोजन मँगवाने का भी बड़ा बोलबाला है। पहले के समय में सादा और सात्विक भोजन दिनचर्या का हिस्सा हुआ करता था। चटनी में भी कई गुण थे और हाथ से प्याज फोड़कर उसमें नमक-मिर्ची मिलाकर खाना आज के मोमोज़ और नूडल्स से ज्यादा स्वादिष्ट हुआ करते थे। वे सादी दाल और सब्जी का सेवन किया करते थे।

मेरी बात को वे लोग ही महसूस कर सकेंगे, जो उपरोक्त स्वादिष्ट भोजन के स्वाद से वाकिफ हैं। आज के समय में चाइनीज़, इटालियन और थाई फूड से नीचे बात ही कहाँ होती है?

पुराने समय की रोज़मर्रा की आदतों पर ही गौर कर लेते हैं। क्या पहले के ज़माने में लोग सूरज निकलने के बाद तक सोते थे? क्या अपने निजी कामों के लिए नौकर-चाकर रखा करते थे? क्या उस समय लोग टेक्नोलॉजी की जकड़ में थे? पहले लोग कम पैसों में ही कुशलता से गुजरा कर लिया करते थे, क्योंकि कम आय में खर्चों का जिम्मा उठाना उन्हें बखूबी आता था। बेशक, खर्चे भी कम ही हुआ करते थे और हर चीज़ का दाम भी कम हुआ करता था। लेकिन वक्त की रफ्तार इसे भी पीछे छोड़ चुकी है और पहिए में साथ चिपका लाई है हरी बीमारियों का डेरा, भ्रष्टाचार का घेरा, भेदभाव की भावना और खुद को सबसे ऊपर व दूसरों को नीचा दिखाने की होड़।

बदलते वक्त के साथ-साथ खुद में बदलाव लाना स्वाभाविक है, लेकिन यदि बदलाव सही दिशा में हो, तब तो बात है। आज के बदलते दौर में बदलाव बेशक काफी हुए हैं, लेकिन मैं ऐसा मानता हूँ कि सोच पुरानी ही क्यों न हो, यदि बात अच्छी और बेहतर सेहत की हो, तो समाज को इस पुरानी सोच को जरूर अपना लेना चाहिए। सोच का पुराना या नया होना मायने नहीं रखता, मायने रखता है सोच का सही होना, जिस पर हमने काम कर लिया, तो बात बन जाएगी।

अच्छी परवरिश पर पैसा भारी

04

अच्छी परवरिश पर पैसा भारी

अपनी खुशियाँ न्यौंछावर करके एक पिता अपने बेटे को करोड़ों रुपए कमाने के लायक बनाता है, और इस काबिल होने के बाद वही बेटा उस पिता से कौड़ियों की भाँति व्यवहार करने लगता है।

यह एक ऐसा कटु सत्य है, जिससे कलयुग और विशेष रूप से इस मॉडर्न ज़माने का कोई भी व्यक्ति मुकर नहीं सकता। इससे पहले के दो युग, यानि त्रेता और द्वापर के ऐसे अनगिनत किस्सों का हमारे ग्रन्थ और पुराण शंखनाद करते हैं, जो एक पिता और पुत्र के पवित्र रिश्ते का बखान करते हुए थकते नहीं हैं। ये ग्रन्थ और पुराण इसलिए लिखे गए हैं कि आने वाली पीढ़ियाँ इनसे सीख सकें कि हमारे देश की संस्कृति कितनी अपार और विराट है, और रिश्तों एवं जीवन का आखिर क्या मूल्य होता है।

श्रवण कुमार कावड़ में बैठाकर अपने नेत्रहीन माता-पिता को तीर्थ यात्रा कराने ले गए थे। मर्यादा पुरुषोत्तम श्री राम ने अपने पिता के वादे को पूरा करने के लिए अपना सुखद जीवन और अगले ही दिन मिलने वाला राज-पाट त्याग कर 14 वर्षों के लिए वनवास अपना लिया। अपने पिता वासुदेव को न्याय दिलाने के लिए श्री कृष्ण अपने जीवन से हर कदम पर सुख-सौख्य और उनके दिल के सबसे समीप लोग एक-एक करके पीछे छोड़ते चले गए, वह भी चेहरे पर बिना किसी शिकन के।

ऐसे विभिन्न जीवंत उदाहरणों से प्रेरणा लेकर कलयुग के कई पुत्र भी अपने अपने पिता के लिए अपना सर्वस्व न्यौंछावर करने तलक से पीछे नहीं हटे। माता-पिता का सम्मान, उनसे आँखें नीचे करके बात करने की आदत; माता-पिता ने जो कह दिया, पत्थर की लकीर; अपने पिता के लिए कुछ कर गुजर जाने की ललक; ये सारे गुण पुरानी पीढ़ियों में बेशक गहनता से देखने को मिलती थी, लेकिन अब यह सब कुछ यादों, किताबों और किस्से-कहानियों में ही सीमित होकर रह गया है। आज के समय में इनसे इंसान का कोई नाता नहीं, क्योंकि आधुनिकता का बवंडर कुछ ऐसा चल पड़ा है कि कलयुग के कुछ चरणों के बाद ही इसके दयनीय और भयावह परिणाम साफ-साफ दिखने लगे हैं।

अब कलयुगी बेटे अपने पिता के मान-सम्मान को ठेस पहुँचाने में थोड़ा भी संकोच नहीं करते हैं, क्योंकि उनके अपने मान-सम्मान से अधिक उनकी नजरों में कुछ भी नहीं है, पिता भी नहीं.. मिलावट के इस दौर में अब रिश्तों में भी मिलावट होने लगी है। आज के समय में एक-एक वृद्धाश्रम सैकड़ों बेसहारा बुजुर्गों से भरे पड़े हैं। कुछ ही होंगे, जिनका इस दुनिया में कोई नहीं है, लेकिन एक बड़ी संख्या ऐसे बुजुर्गों की है, जिनके बाल-बच्चे तो हैं ही, साथ ही वे काफी सक्षम परिवारों से ताल्लुक रखते हैं। इंटरनेट पर ऐसे कई कलयुगी बेटे मिल जाएँगे, जिनके पास करोड़ों की प्रॉपर्टी है, रहने के लिए एक से ज्यादा घर हैं, वे करोड़ों रुपयों की गाड़ी में घूम रहे हैं, लेकिन घर में अपने ही माता-पिता के लिए स्थान नहीं है।

इंसानियत वहाँ जाकर दम तोड़ देती है, जब जीवित माता-पिता अपना स्वयं का पिंड दान और मरणोपरांत के सभी संस्कार खुद ही करने लगे हैं। यह वृद्धाश्रम होने से भी ज्यादा पीड़ादायक है। इंटरनेट पर ऐसे इंटरव्यूज़ भरे पड़े हैं, जिनमें जीवन के अंतिम पड़ाव में नम आँखों से विलाप करते माता-पिता अपनी ही संतान के लिए यह कहते मिल जाते हैं कि जब जीते-जी बच्चों ने हमारी कद्र नहीं की, तो मरने के बाद इनके पत्थर दिलों में हमारे लिए कौन-सा प्रेम छलक जाएगा। वे तो तब यही सोचेंगे कि अच्छा हुआ, बला टली। इसलिए हम जीते-जी ही खुद का पिंड दान किए देते हैं।

मैं आज तक समझ नहीं पाया कि हमारे भीतर का जीव आखिर कहाँ मर गया है? क्या वास्तव में यह दिन देखने के लिए उन्होंने हमें एक काबिल इंसान बनाया? क्या इसलिए ही उन्होंने हमें अपने पैरों पर खड़ा किया कि अपना संतुलन संभालते ही हम उन्हें लात मार दें? यदि इंसान के रूप में जन्म लिया है, तो अपने उन दिनों को याद जरूर करना, जब तुम्हारे पास कुछ भी नहीं था, तुम्हारे माता-पिता तब तुम्हारे साथ थे। इस दुनिया में जब तुम्हारा कोई नाम नहीं था, तब उन्होंने तुम्हें अपना नाम दिया। जब इस दुनिया में तुम्हारी कोई पहचान नहीं थी, तब वो तुम्हारी पहचान बने। जब तुम इस काबिल भी नहीं थे कि अपनी ख्वाहिशें, अपनी जिदें खुद पूरी कर सको, तब उन्होंने तुम्हारी ख्वाहिशों को सर-आँखों पर रखा। तुम्हें इस काबिल बनाया कि लोग तुम्हारी इज्जत करे। ये ऐसे एहसान हैं, ऐसे कर्ज हैं, जिन्हें तुम सात जन्मों में भी चुकता नहीं कर सकते, लेकिन वे तुम्हारी तरह एहसान फरामोश नहीं है न! इसलिए कभी कहकर तुम्हें सुनाया नहीं, जिसका भुगतान आज वे खुद कर रहे हैं, लेकिन फिर भी तुम्हें कभी भला-बुरा नहीं कहते, हाँ, तुम भले ही कितना ही कह लो।

अपने माता-पिता को खुद से अलग करने का इतना ही शौक है न! तो उनके साथ-साथ उस नाम को भी अलग करने की हिम्मत खुद के भीतर ले आओ, जो उन्होंने तुम्हें दिया है, जो कि असल में तुम्हारा है ही नहीं। अरे! नाम तो क्या, यह जो उपनाम तुम इस्तेमाल कर रहे हो, यह भी तुम्हारा नहीं है, यह भी उन्होंने ही तुम्हें दिया है।

उस आश्रय, उस चार दीवारी को खुद से अलग करके दिखाओ, जिसकी छाँव में तुम आज इतने बड़े हुए और उसी का मोल भूल गए। उस शोहरत को खुद से अलग करके दिखाओ, जो उनकी वजह से तुम्हें मिली है। उन अरमानों से खुद को अलग करके दिखाओ, जो एक पिता अपने बच्चे के लिए पालता है। अपनी रगों में बहते खून को खुद से अलग करके दिखाओ, जो उन्हीं का है, जिसके बूते आज तुम जिंदा कहलाते हो।

यह जो शोहरत वो कमा रहे हैं, मैं पूछना चाहता हूँ कि आखिर किस काम की है? यदि आप सोने के घर में भी रह रहे हैं, और आपके घर का बुजुर्ग सदस्य सुखी नहीं है, तो मुझे कहने में कोई तकलीफ नहीं है कि उस घर से बदतर इस दुनिया में और कुछ भी नहीं है। और उससे भी बदतर है उस इंसान का जीवन, जो ईश्वर समान अपने माता-पिता को पैरों की धूल समझता है। वेदों और पुराणों से भले ही कुछ नहीं सीख पाए अपने जीवन में, लेकिन ऐसे बेटों को इतना तो सीख ही लेना चाहिए कि जो वो आज बो रहे हैं, कल वही वो काटेंगे। हो सकता है उनके बच्चे उन्हें ब्याज सहित इस मूल को लौटाएँ। बेशक पढ़ने में यह बात दिल पर काँटे की तरह चुभ रही होगी, लेकिन ध्यान देने वाली है।

एक पिता अपने बच्चे को श्रेष्ठ जीवन देने में कोई कसर नहीं छोड़ता है। उसकी मंशा सारे जहान भर की खुशियाँ अपने बच्चे की झोली में डाल देने की होती है। एक पिता यही चाहता है कि अपने जीवन में जो कुर्बानियाँ उसने दी हैं, वह अपने बेटे को नहीं देने देगा। खुद अपने कपड़ों की परवाह नहीं करता, लेकिन बेटे को एक से बढ़कर एक कपड़े पहनाता है। खुद फटे जूते पहनता है, लेकिन अपने बच्चे को हर त्यौहार पर महँगे से महँगे जूते दिलाता है। उसकी हर ख्वाहिश पूरी करता है। वही पिता, जो अपनी ऊँगली पकड़कर बच्चे को चलना सिखाता है, अपने कँधे पर बैठाकर दुनिया की सैर कराता है, और उसके हर अरमान पूरे करता है, तरक्की कर लेने और शोहरत हासिल करने के बाद उसी पिता को वह बेटा वृद्धाश्रम का रास्ता दिखाने चल पड़ता है, वह भी उन दिनों में जब उस उम्रदराज व्यक्ति को सबसे ज्यादा जरुरत अपने बच्चे की होती है।

कभी उस पिता की जगह पर खुद को रखकर सोचना जरूर, वह किसी से क्या ही शिकायत कर पाता होगा, आँसुओं का सैलाब भी आँखों के बाहर नहीं, बल्कि अंदर ही आता होगा, अच्छे पिता की जिम्मेदारियाँ निभाते-निभाते कब बाल सफेद हो गए, खुद का जीवन तो कभी जीया ही नहीं, ऐसे हजारों सवाल-जवाब उसका अनमना मन उसी से एक के बाद एक करता जाता होगा।

यह कहानी एक ऐसे पिता और बेटे की है, जिनका सफर उनकी अच्छी परवरिश की कहानी है, जिसका मूल्य आखिर में पैसे से नहीं, बल्कि सच्चे प्यार और समझदारी से आँका जाता है। पिता हमेशा ही अपने बच्चे को मानवीय मूल्यों, ईमानदारी और मेहनत के महत्व के बारे में सिखाता है।

एक बार भविष्य में अपने माता-पिता की जगह पर खुद को खड़ा करके जरूर देखना, यदि भीतर तक रूह काँप जाए न, तो समझ लेना कि अब भी इंसानियत का कुछेक ही सही, लेकिन बेशक आप में अंश जरूर बाकी है। आप जो बर्ताव अपने देव तुल्य माता-पिता के साथ आज कर रहे हैं, यदि आपका ही अपना खून, आपका बेटा आपके साथ करे, और आप में बुरी से बुरी स्थिति सहने की काबिलियत हो, तो आप सब-कुछ निरंतर रूप से जारी रखिएगा।

लेकिन अपने बच्चों को यह शिक्षा जरूर दीजिएगा कि एक पिता अपने बच्चे के साथ हर स्थिति में खड़ा होता है, हमेशा उसके साथ रहता है, उसके प्यार में, उसकी गलतियों में और उसकी सफलता में। उनसे गुजारिश यही करिएगा कि अपने पिता की सीखों को याद रखे और इन्हीं मूल्यों के साथ अपने जीवन में आगे बढ़ें। उन्हें जरूर बताइएगा कि जीवन का सबसे महत्वपूर्ण हिस्सा पैसा नहीं होता, बल्कि समर्थन, ईमानदारी और परिवार का साथ होता है। उन्हें जरूर सिखाइएगा कि जीवन कितना ही उलझा या सुलझा हुआ हो, कितनी ही तरक्की कर ली हो, चाहे सफलता के शिखर पर ही क्यों न बैठे हो, माता-पिता का हाथ पकड़कर ही आगे बढ़ना। आपके लिए इस बात की गहनता समझ पाना मुश्किल जरूर होगी, लेकिन शायद यह आपको उस परिस्थति से बचा लेगी, जो आपकी वजह से आज किसी की हो रही है।

इस लेख के माध्यम से मैं सिर्फ यही बयाँ करना चाहता हूँ कि एक अच्छी परवरिश पर कभी-भी पैसा, दौलत और शोहरत भारी नहीं पड़ना चाहिए। सिर्फ पैसा कमाना ही सफलता का मापदंड नहीं होता, बल्कि जीवन के सबसे महत्वपूर्ण पड़ाव में अपने माता-पिता के साथ से आगे बढ़ना ही सही मूल्य में असली सफलता है। यह कहानी हमें याद दिलाती है कि हमारे बच्चों को धन कमाने के साथ-साथ अच्छे इंसान बनने का भी मार्गदर्शन करना हमारी जिम्मेदारी है।

मैं हृदय से क्षमाप्रार्थी हूँ, यदि मेरे शब्दों से किसी को ठेस पहुँची हो। बेशक, यह लेख उन लोगों के लिए नहीं है, जो अपने माता-पिता के सम्मान को खुद से भी ऊपर स्थान देते हैं, लेकिन मैं चाहता हूँ कि इस लेख का प्रत्येक पाठक उस शख्स की आँखें खोलने के मेरे प्रयास में मेरा साथ दे, जो मॉडर्न ज़माने की ओट में छिपकर बैठा है और माता-पिता के महत्व को भूल चुका है। शायद हम इस बहाने बिना छुए ही न जाने कितने माता-पिता के आँसू पोंछ दें।

सीखकर उपकार भूलने की भूल
और मन में गुरु बनने का गुरुर

05

सीखकर उपकार भूलने की भूल और मन में गुरु बनने का गुरुर

सीखकर भले ही भूल जाएँ, लेकिन गुरु नहीं बन सकते शिष्य

"गुरु और माता-पिता ईश्वर के समान वंदनीय हैं" बचपन से ही हमें यह सिखाया जाता है, कुछ मानते भी हैं, लेकिन कुछ आधुनिकता के मोड़ पर मुड़कर इस कहावत और इसकी महत्ता को आगे बढ़ने के साथ पीछे छोड़ जाते हैं।

कल मैं एक परम् पूज्य महाराज जी के प्रवचन सुन रहा था। गुरु और शिष्य की बड़ी ही सुंदर कथा उन्होंने कही, जो दिल के भीतर जगह बनाकर बैठ गई। तो कथा इस प्रकार है कि एक सेवक कई वर्षों तक निःस्वार्थ भाव से अपने गुरु की सेवा करता है, गुरु के सोने के बाद सोता है और गुरु के उठने से पहले अपनी नींद को त्याग देता है। गुरु के भोजन आदि का ख्याल रखता है, उनके भोजन पाने का बाद ही खुद भोजन पाता है। गुरु की छोटी से लेकर हर बड़ी जरुरत का ध्यान रखता है। कई वर्षों तक अपने गुरु के लिए समान रूप से इस निःस्वार्थ सेवा भाव पर एक दिन स्वार्थ की परछाई पड़ जाती है, और इसका बीज धीरे-धीरे उसके मन में पनपने लगता है।

उसके मन में पहला विनाशकारी सवाल उठता है "गुरु और मुझ में अंतर ही क्या है?" जितने श्रेष्ठ वे हैं, उतना ही तो मैं भी श्रेष्ठ हूँ। तुलना की जाए, तो मैं उनसे भी अधिक श्रेष्ठ हूँ। देरी से सोने और जल्दी उठने के बाद भी उनकी पूरी दिनचर्या अकेले दम पर संभालता हूँ। वे तो थोड़ी देर के लिए आते हैं, और अपना ज्ञान भाषण देकर चले जाते हैं। उनसे अधिक काम तो मैं करता हूँ। फिर अपने ही गुरु से बात करने का उसका लहज़ा बदल जाता है, कभी अपने गुरु से ऊँची आवाज़ में बात न करने वाला सेवक उनसे आँख मिलाकर बात करने लगता है, अपने गुरु से सवाल-जवाब करने लगता है, उसके काम में नुक्स निकालने लगता है, वह खुद को श्रेष्ठ बताने का कोई मौका नहीं छोड़ता, और न ही थकता है अपनी तारीफों के पूल बाँधकर। वह इस आचरण का आदी होने लगता है। वह सब कुछ सीखकर गुरु का उपकार भूलने की भूल कर बैठता है, और देखते ही देखते उसमें गुरु बनने का गुरुर होने लगता है।

यही भाव कई बार शिष्य के भी होते हैं। ऐसे में, सेवक या शिष्य के लिए यही वह दिन होता है, जब सफलता के सारे मार्ग उसके लिए हमेशा के लिए बंद हो जाते हैं।

मनुष्य की शिक्षा में गुरु का किरदार सबसे अधिक महत्वपूर्ण होता है। गुरु ही वह स्त्रोत है, जो शिक्षा और ज्ञान के बीज शिष्य के मन में अंकुरित करता है और जो जीवन के हर मोड़ पर शिष्य का मार्गदर्शन करने के लिए तत्पर रहता है। गुरु शिष्य को उस अनछुए ज्ञान का बोध कराता है, जो उसने स्वयं अपने जीवन के अनुभवों से प्राप्त किया है। शिक्षा लेने के समय, शिष्य मन लगाकर हर छोटी से लेकर बड़ी बात सिखता है। लेकिन जब शिष्य निपुण होने लगता है, तो वह अक्सर भूल जाता है कि उसने जो भी सीखा है, गुरु से ही सीखा है। यदि गुरु समक्ष नहीं होते, तो वह अज्ञानी ही होता। ज्ञान की अधिकता गर्व में बदल जाती है और शिष्य अपने गुरु की महत्ता ही भूल जाता है। वह अपने आत्म-विश्वास में इतना डूब जाता है कि फिर उसे यह याद नहीं रहता कि गुरु ही उसकी दिशा के मार्गदर्शक हैं।

जिसके मन में 'मैं' आ गया, वह किसी काम का नहीं, फिर चाहे वह सेवक हो या शिष्य। सेवक और शिष्य का स्थान सदैव गुरु के स्तर से नीचे ही रहता है, और यही उसूल है, गुरु को गुरु का स्थान नाम मात्र के लिए नहीं मिला है, उन्हें यह स्थान मिला है, क्योंकि वे नई पीढ़ी में ज्ञान का संचार कर रहे हैं। वे नई पीढ़ी को मर्यादा में रहना सीखा रहे हैं, संस्कार दे रहे हैं, सत्य के मार्ग पर चलना सीखा रहे हैं, अपने शिष्य को उन विधाओं में निपुण बना रहे हैं, जिनमें वे स्वयं हैं। वे शिष्य से अधिक ज्ञानी हैं, शिष्य से अधिक उन्हें अनुभव है, तब ही वे दाता की पदवी पर बैठे हैं और शिष्य याचक की। अब यदि याचक अपनी पदवी भूल बैठे, तो फिर भूल उसी की।

शिष्य यदि यह भाव को स्वीकार करता चले कि वह कभी गुरु का स्थान नहीं ले सकता है और उसका सर्वोच्च कर्तव्य है गुरु का आदर करना, उस शिष्य से श्रेष्ठ फिर और कोई नहीं। शिष्य की मर्यादा ही यही है कि वह गुरु से मिले ज्ञान को ज्ञान के रूप में नहीं, बल्कि उपकार के रूप में ले। ज्ञान मिलने के बाद गुरूर आने की संभावना बेशक मन के भीतर पनप सकती है, लेकिन उपकार एक ऐसा कारक है, जिसके जीवन में आने के बाद एक व्यक्ति शांतिप्रिय बन जाता है, जो फिर सिर्फ यही सोचता है कि किस प्रकार यह उपकार चुकाया जाए। तो बस, कर्म करते चलें, और अपने सिर पर सदैव अपने गुरु का हाथ बना रहने दें, इसमें सबसे अधिक भलाई शिष्य की ही है।

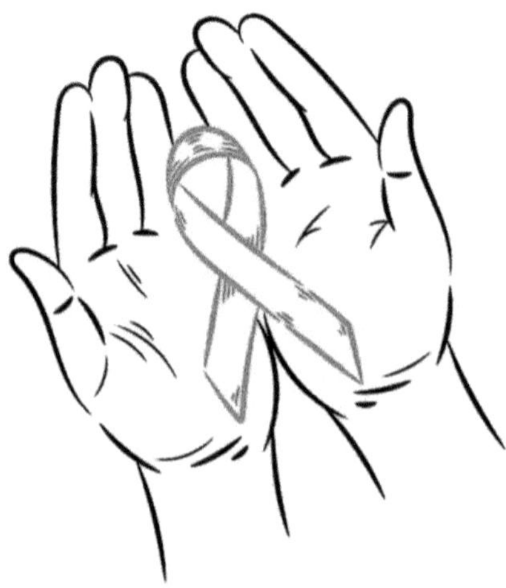

अब कम उम्र के लोगों को कैंसर की चपत

06

अब कम उम्र के लोगों को कैंसर की चपत

कम उम्र के लोगों को तेजी से अपना शिकार बना रहा कैंसर

युवाओं को अपनी चपेट में लेने को उतारू- कैंसर

मेरे एक परिचित हैं रोहन, पिछले साल उनमें अचानक तेज पेट दर्द की समस्या पनपने लगी। इसे सामान्य समस्या समझकर उन्होंने प्रारंभिक उपचार के लिए डॉक्टर से सलाह ली। डॉक्टर ने संबंधित जाँचें लिख दी यह पता लगाने के लिए कि कहीं पेट में ट्यूमर तो नहीं पनप रहा है। यह पहली बार था, जब जाँचों के बारे में सोचकर ही वे कुछ असहज हो गए, लेकिन फिर भी ट्यूमर या कैंसर जैसी खतरनाक बीमारी का ख्याल भी उन्होंने अपने दिमाग में नहीं आने दिया। भीतर से जीव बेशक खाए जा रहा था, लेकिन रोहन ने बाहर किसी को अपनी चिंता का एहसास भी नहीं होने दिया और अपनी दिनचर्या को हमेशा की तरह बरकरार रखा। दो दिन बाद ब्लड और अन्य टेस्ट्स की रिपोर्ट आई, बस फिर क्या, रोहन का सब कुछ जैसे खत्म हो गया। डॉक्टर ने उन्हें बताया कि वे आँतों के कैंसर से जूझ रहे हैं और यह अपने उन्नत चरण में आ चुका है, जो उनके लिवर तक फैल गया था।

रोहन एक ऐसे व्यक्ति हैं, जो एक मल्टीनेशनल कॉर्पोरेशन में नौकरी करते हुए बेहद व्यस्त दिनचर्या का अनुसरण करते हैं और अपने करियर के प्रति बेहद समर्पित युवाओं में से एक हैं। करियर को लक्ष्य मानते हुए वे अपने जीवन में लगातार आगे बढ़ रहे थे। सुनियोजित योजनाओं में 23 की उम्र में नौकरी, 30 की उम्र में शादी, 35 की उम्र में बच्चे और एक उच्च स्तर के जीवन के साथ 60 की उम्र में रिटायरमेंट हो जाएगा, उन्हें लगता था कि जीवन कुशलता से आगे बढ़ता जाएगा। लेकिन, कहते हैं न कि जो आपको मंजूर हो, वही नियति को भी मंजूर हो, जरुरी नहीं। 28 वर्ष की उम्र में शरीर में कैंसर का विकसित होना कुछ ऐसा महसूस हुआ, जैसे मुट्ठी से जीवन रुपी रेत पूरी की पूरी ही फिसल गई हो। बेशक, यह जानलेवा बीमारी उनके निर्धारित भविष्य का कतई हिस्सा नहीं थी। जीवन में आने वाली तमाम चुनौतियों का डटकर सामना करने का हुनर रखने वाले उस शख्स को महज़ एक बीमारी ने भीतर तक चूर-चूर कर दिया।

उसने खुद को भाग्य की ऐसी कसौटी में उलझा हुआ पाया, जिसकी उसने कभी कल्पना भी नहीं की थी।

यह कहानी एक रोहन की नहीं है। ऐसे लाखों रोहन हैं, जो तेजी से इस जानलेवा बीमारी की चपेट में आ रहे हैं। हाल के वर्षों में, युवा लोगों में कैंसर के विकसित होने की घटनाओं में चिंताजनक और उल्लेखनीय वृद्धि देखने को मिली है। परंपरागत रूप से इसे बढ़ती उम्र में होने वाली बीमारी माना जाता था, लेकिन वर्तमान समय में जिस प्रकार यह युवा आबादी को अपना शिकार बना रही है, ऐसे में यह गंभीर चिंता का विषय बन बैठी है। शोधकर्ता निरंतर रूप से युवाओं में इसके व्यापक रूप से पनपने के मूल कारणों की जाँच कर रहे हैं। हालाँकि, इस बीमारी के शरीर में पनपने के कई कारण हैं, लेकिन एक करीबी जाँच से कैंसर की दर में वृद्धि में पर्यावरण, जीवन शैली और आहार संबंधी कारकों के बीच एक चिंताजनक संबंध का पता चलता है। कैंसर की सबसे बड़ी वजहों में धूम्रपान, तंबाकू और शराब का सेवन, मोटापा, शरीर में पोषक तत्वों और फिजिकल एक्टिविटीज़ की कमी शामिल है।

यह स्पष्ट है कि नई पीढ़ी सबसे बेहतर जीवन शैली की होड़ में लगी हुई है। यह सबसे बड़े कारणों में से एक है कि हाल के वर्षों में, युवाओं में धूम्रपान की प्रवृत्ति तेजी से बढ़ी है। हम मानें या न मानें, लेकिन यह भविष्य के लिए खतरे का स्पष्ट सूचक है। इससे भी अधिक चिंताजनक बात यह है कि यह उन युवाओं को भी अपने घेरे में ले रहा है, जो धूम्रपान से परहेज करते हैं। वातावरण में धूम्रपान का आवरण इस कदर बढ़ रहा है कि इसमें शामिल न होने के बावजूद वे छोटी उम्र से ही खुद को सिगरेट आदि के धुएँ और प्रदूषण में घिरा हुआ पाते हैं।

वायु प्रदूषण और सिगरेट के धुएँ की खतरनाक जोड़ी के अलावा, अन्य असंख्य कारक युवा व्यक्तियों के शरीर को कैंसर का घर करने में योगदान करते हैं। हमारी आधुनिक जीवनशैली में अत्यधिक शराब का सेवन, नींद की कमी, धूम्रपान, मोटापा और अत्यधिक प्रोसेस्ड फूड्स का सेवन जैसी आदतें शामिल हैं, जो जाने-अनजाने में कैंसर के शुरुआती लक्षणों के पनपने का कारण बनती हैं।

शोधकर्ताओं का कहना है कि आज के युवाओं को तुलनात्मक रूप से नींद काफी कम मिल रही है। लम्बे समय तक इसकी निरंतरता न सिर्फ जीवन में कई तरह की परेशानियों, बल्कि शुरुआती कैंसर में वृद्धि करने का कारण भी बनती है। शोधकर्ताओं ने इस बात पर भी जोर दिया कि समाज में प्रचलित पश्चिमी भोजन और जीवनशैली कैंसर के शुरुआती लक्षणों को तेजी से बढ़ाती है, जिसमें अब भी बदलाव न लाया गया, तो बहुत देर हो जाएगी।

रोगप्रतिरोधक क्षमता कम करने वाली दवाइयों और रसायनों का उपयोग धड़ल्ले से हो रहा है। महानगरों में इसकी अधिकता है, क्योंकि यहाँ प्रकृति के साथ हर दिन छेड़छाड़ की जा रही है। अधिक मुनाफे के चक्कर में लोगों के शरीर में जहर उतारा जा रहा है। खाद्य पदार्थों आदि में भारी मात्रा में मिलावट हो रही है। इसी मिलावट का परिणाम है कि कैंसर रोगी दिन-ब-दिन बढ़ते जा रहे हैं। आज कैमिकल्स का प्रयोग करके चंद दिनों में ही सब्जियाँ पकाई जा रही हैं। सब्जियों की पैदावार से लेकर पकाने तक में कीटनाशकों का प्रयोग हो रहा है। इसके अलावा, बचता है पानी और मिट्टी, सो हमनें उन्हें भी प्रदूषित कर दिया है। इंडस्ट्री का गंदा पानी नदियों में छोड़ा जा रहा है, वही पानी बिना ट्रीटमेंट के लोगों के घरों तक पहुँच रहा है। लोगों के शरीर और बालों को नुकसान पहुँचाते हुए इस जहरीले पानी का सीधा प्रभाव लोगों की पाचन शक्ति और प्रजनन शक्ति पर पड़ता है। ये विषाक्त पदार्थ आने वाली पीढ़ियों में जन्म के समय से ही शामिल रहते हैं और वे जन्मजात विकृत पैदा हो रहे हैं। बेशक, आज जन्म दर बढ़ी है, लेकिन इन कारणों से मृत्यु दर भी बहुत ज्यादा बढ़ चुकी है।

हमारे पर्यावरण में प्रदूषण का बढ़ता स्तर एक 'साइलेंट किलर' का भयानक रूप ले रहा है, जो न सिर्फ हमारी युवा पीढ़ी के स्वास्थ्य, बल्कि उनके भविष्य को भी बुरी तरह प्रभावित कर रहा है। यह जोखिम उनकी तत्काल जीवनशैली को ही नहीं दबोच रहा है, बल्कि धूम्रपान से जुड़े खतरों को भी बुरी तरह बढ़ावा दे रहा है, जिससे कैंसर का शिकार होने की संभावना काफी हद तक बढ़ जाती है। यह एक मूक खतरा है, जो हमारे युवाओं के बेहतर स्वास्थ्य को गंभीरता से लेने और इस पर तत्काल ध्यान देने और निर्णायक कार्रवाई करने की माँग करता है।

भारत में, हर वर्ष 16 लाख नए कैंसर के मामले सामने आते हैं। नेशनल इंस्टीट्यूट ऑफ हेल्थ के शोधकर्ताओं ने पाया कि कणीय वायु प्रदूषण के उच्च स्तर वाले क्षेत्र में रहने से स्तन कैंसर की घटनाओं में वृद्धि हो रही है। उच्च प्रदूषक जोखिम वाले क्षेत्रों में रहने से स्तन कैंसर की घटनाओं में 8% की वृद्धि हुई है। हालाँकि, यह अपेक्षाकृत मामूली वृद्धि है, लेकिन ये निष्कर्ष महत्वपूर्ण हैं, क्योंकि वायु प्रदूषण एक सर्वव्यापी जोखिम है, जिससे सभी प्राणी प्रभावित होते हैं।

पंजाब के फाजिल्का के अबोहर शहर के एक क्षेत्र को 'कैंसर स्ट्रीट' के नाम से जाना जाता है, क्योंकि यहाँ के रहवासी बड़ी संख्या में कैंसर से पीड़ित हैं। गौंसपुर, चूड़ीवाला, धारंगवाला और बुर्जमोहर जैसे गाँवों में भी कैंसर से होने वाली मौतों का आँकड़ा काफी अधिक है। इतना ही नहीं, यहाँ के लोगों में गंभीर त्वचा व दाँतों की समस्या और बच्चों में बौद्धिक विकलांगता जैसी बीमारियाँ भी बहुत सामान्य हैं। उन क्षेत्रों के लोगों में भी कैंसर का प्रभाव अधिक देखने को मिलता है, जहाँ कारखानें काफी अधिक संख्या में हैं। इसी के अनुसार, दूसरा उदाहरण छपरौला औद्योगिक क्षेत्र का है।

ग्रेटर नोएडा (उत्तर प्रदेश) में छपरौला औद्योगिक क्षेत्र के आसपास के कम से कम पाँच गाँवों में विगत पाँच वर्षों में असामान्य रूप से बड़ी संख्या में कैंसर के मामले सामने आए हैं। इन गाँवों में सादोपुर, अच्छेजा, सादुल्लापुर, बिश्नूली और खेड़ाधरमपुरा के नाम शामिल हैं, जो दिल्ली से लगभग 30 किमी दूर एक ग्रामीण इलाका है।

इंडियन काउंसिल ऑफ मेडिकल रिसर्च का कहना है कि 2025 तक कैंसर के मामलों में 12.7 की वृद्धि हो सकती है। वहीं, टाटा मेडिकल सेंटर का एक अध्ययन स्पष्ट करता है कि भारत में प्रत्येक 20 वर्ष में कैंसर के मामले दोगुने हो रहे हैं। अध्ययन में बताया गया है कि वर्ष 2018 में कैंसर के साढ़े ग्यारह (11.5) लाख मामले सामने आए थे और आशंका है कि वर्ष 2040 में इनकी संख्या दोगुनी हो जाएगी। इससे पहले 1999 से 2016 के बीच भी भारत में कैंसर के कुछ ऐसे ही रुझान देखने को मिले थे। इन 26 वर्षों में भी भारत में कैंसर से मरने वाले मरीजों की संख्या तकरीबन दोगुनी हुई है। उपाय के रूप में यदि सरकार धूम्रपान और तंबाकू के सेवन को प्रतिबंधित कर देती है, तो लोगों की औसत आयु तकरीबन 10 वर्ष और बढ़ सकती है।

युवाओं में कैंसर की बढ़ती संख्या पर तत्काल ध्यान देना और ठोस प्रयास करना समय की माँग है। एक समग्र दृष्टिकोण पर काम करना बहुत जरुरी है, जिसमें वायु प्रदूषण को कम करने, धूम्रपान मुक्त वातावरण को बढ़ावा देने, स्वस्थ जीवन शैली को प्रोत्साहित करने और आधुनिक आहार संबंधी आदतों और अपर्याप्त नींद से जुड़े खतरनाक जोखिमों के बारे में जागरूकता बढ़ाने के उपाय शामिल हैं। इसके माध्यम से, हम सामूहिक रूप से युवा पीढ़ी के लिए एक स्वस्थ वातावरण स्थापित करने का प्रयास कर सकते हैं, जिससे शुरुआती कैंसर के मामलों पर रोक लगाई जा सकती है। इसमें कोई दो राय नहीं है कि आज हमारे द्वारा उठाए गए कदम हमारी आने वाली पीढ़ियों की भलाई का कारण बनेंगे।

देश की महिला सशक्त है:
मूर्त वास्तविकता या महज़ एक भ्रम?

07

देश की महिला सशक्त है: मूर्त वास्तविकता या महज़ एक भ्रम?

महिला सशक्तिकरण, नारीवाद और समान अधिकारों की तलाश एक अरसे से बाट निहार रही है कि उसे हमारे समाज के किसी कोने में थोड़ी-सी ही सही, लेकिन जगह मिल जाए। हालाँकि, इसमें कोई दो राय नहीं है कि हमने पिछले कुछ दशकों में महिलाओं के जीवन को बेहतर बनाने में निर्विवाद रूप से प्रगति की है, लेकिन इस बात को भी दरकिनार नहीं किया जा सकता है कि यह आज भी वास्तविक समानता से कोसों दूर है। जब भी मैं महिलाओं के जीवन के जटिल और उलझे हुए कशीदे पर विचार करता हूँ, मेरे मन-मस्तिष्क में भावनाओं का भयानक सैलाब उमड़ पड़ता है। महिलाओं की सशक्तता, उनकी अटूट शक्ति की खूबसूरती और सपनों की निरंतर तलाश में प्रेरणा को देखकर हर कोई आश्चर्य चकित हो जाता है। लेकिन इस बात पर बहुत कम ही लोग जोर देते हैं कि ये भावनाएँ गहरे दुःख से भरी हुई हैं, क्योंकि यह महसूस करना काफी निराशाजनक है कि समय के पहिए के आगे बढ़ने और हजारों रूढ़ियों के टूटने के बावजूद, कई महिलाएँ आज भी ऐसी हैं, जो अधीनता के दायरे में रहने को मजबूर हैं।

यह एक मार्मिक विरोधाभास है कि कई महिलाओं का जीवन शुरू से लेकर अंत तक आत्म-बलिदान के कच्चे धागों से बुना हुआ होता है। उनकी आकांक्षाएँ और इच्छाएँ सामाजिक अपेक्षाओं, पारिवारिक दायित्वों, ससुराल वालों के प्रभाव और उनके रिश्तों की गतिशीलता के जटिल जाल में इस कदर उलझ जाती हैं कि फिर उन्हें सुलझा पाना लगभग नामुमकिन ही होता है। अपने जीवन में कुछ पाने और सपने बुनने वाली महिलाएँ कई मामलों में समय के साथ अपने दृष्टिकोण को बदला हुआ पाती हैं, जिम्मेदारियों के बोझ के तले वे अपने लक्ष्यों को बदला हुआ पाती हैं, और उनके नियंत्रण से परे अनगिनत स्थितियों के कारण अपनी आवाज़ को चुप-चाप गूँगा होते हुए देखती हैं। मुझे यह बोलने में थोड़ी भी झिझक नहीं है कि अपने अरमानों और सपनों को चाहकर भी पूरा न कर पाने की टीस से एक औरत एक दिन में कई-कई मौत मरती है, और अपने सामने पड़ी हजारों जिम्मेदारियों को देखकर हर बार उठ खड़ी होती है।

कई घरों में यह कड़वी हकीकत आज के मॉडर्न ज़माने में भी कायम है, जहाँ महिलाएँ हर दिन अपनी इच्छाओं की बलि चढ़ती हुई देख चुप-चाप कड़वा घूट पीकर रह जाती हैं। एक ऐसी हकीकत, जहाँ बेटियों को बोझ के रूप में देखा जाता है, और जैसे ही वे 18 वर्ष का पड़ाव पार करती हैं या करने वाली होती हैं, उन्हें शादी के बंधन में बाँध दिया जाता है, फिर भले ही मानसिक रूप से इसके लिए तैयार हों या नहीं। यह वह उम्र होती है, जहाँ माना जाता है कि एक लड़की अपने निर्णय खुद लेने के लिए समझदार और सायानी हो गई है।

लेकिन हमारे समाज को बेटियों की खुशियाँ शायद रास नहीं आती हैं, जब ही तो इतनी कम उम्र में ससुराल वालों को उन पर हुकूमत चलाने के लिए छोड़ दिया जाता है। यहाँ तक कि जिन परिवारों में लड़कियाँ शिक्षा प्राप्त करती हैं, वहाँ भी कई दफा उड़ान भरने से पहले ही उनके पंखों को काट दिया जाता है, और उन्हें पिंजरे में कैद कर अपने लड़की के रूप में जन्म लेने पर पश्चाताप करने के लिए छोड़ दिया जाता है। उन्हें अपने पैरों पर खड़े होने, अपनी आजीविका स्वयं बनाने, अपने सपनों को जीने और अपनी आकांक्षाओं की ओर बढ़ने के अवसर से वंचित कर दिया जाता है और आजीवन दूसरों पर निर्भर रहने के लिए मजबूर कर दिया जाता है। कोई अपने दुश्मन से भी इतना कड़ा बदला नहीं लेता होगा, जितना हमारे समाज में बेटियों और महिलाओं से लिया जाता है, क्योंकि हमारे समाज में उन्हें बिना मारे हर दिन मौत की नींद सुला दिया जाता है। इन परिस्थितियों में, कई माता-पिता अपनी बेटियों के भाग्य के निर्माता बन जाते हैं।

वे न सिर्फ यह तय करते हैं कि उन्हें किन विषयों का अध्ययन करना चाहिए, बल्कि उनकी रुचियों को भी वे ही निर्धारित करते हैं और यहाँ तक कि उनके करियर विकल्पों को भी वे ही तय करते हैं। अक्सर, सुरक्षित करियर की अवधारणा उन पर जबरदस्ती थोप दी जाती है और उनके सपनों की दुनिया पर मिट्टी डाल दी जाती है और इसे परंपरा के रंग में रंग कर इसकी चादर उन्हें ओढ़ा दी जाती है। किसी जलते कागज़ की तरह यह दमनकारी नियंत्रण उनके जीवन के सभी पहलुओं को जलाकर राख कर देता है। यह एक ऐसा ढर्रा है, जो उनके व्यक्तित्व पर अंकुश लगा देता है और तेजी से पनपती क्षमता को किसी कीड़े-मकोड़े की तरह पैरों तले रौंद देता है।

उन महिलाओं के मामले में, जो पहले से ही कार्यबल में हैं, यानि घर के साथ ही साथ कामकाज भी संभालती हैं, जब वे विवाह के बँधन में बँधती हैं, तो उनके लिए उनके जीवन की यात्रा और भी अधिक कठिन हो जाती है। उनके सामने या तो 'नई ज़िम्मेदारियों' के नाम पर अपनी कड़ी मेहनत से अर्जित करियर को त्यागने की चुनौती होती है या फिर पत्नी के रूप में उनकी भूमिकाओं को निभाने के तहत उनके नए अवसरों की तलाश कफन ओढ़ कर बैठ जाती है।

और फिर जब जीवन मातृत्व की तरफ रुख करता है, तो जिम्मेदारियाँ और भी अधिक बढ़ जाती हैं, क्योंकि बच्चे का लालन-पालन भी तो उन्हें ही करना होता है और फिर अच्छी परवरिश भी तो उन्हें ही देना होती है। नौकरी, घर, जीवनसाथी और बच्चों की जिम्मेदारी व उनकी माँगों को पूरा करने में वे खुद को खो बैठती हैं और सिर्फ उन्हीं के लिए जीना सीख जाती हैं, उस मिट्टी पर पानी डालकर, जिस पर उन्होंने अपने सपनों के, अपने अरमानों के बीज बोए थे। उनके पास अपने व्यक्तिगत विकास और वृद्धि के लिए बहुत ही संकुचित जगह बचती है, जिसे वे किसी से एक भी शिकायत किए बिना बड़ी ही शालीनता से जीवन पर्यन्त निभाए चली जाती हैं। अपने परिवार को प्यार की भरमार देने के बावजूद इसके पालन-पोषण की भारी जिम्मेदारियाँ एक महिला को अक्सर व्यक्तिगत आकांक्षाओं की कीमत देकर चुकाना होती हैं।

महिलाओं को अक्सर अपने सपनों और पारिवारिक जिम्मेदारियों के बीच चयन करने के लिए मार्मिक दुविधा का सामना करना पड़ता है। यह एक ऐसा सामाजिक मुद्दा है, जो गहरी जड़ें जमा चुका है। पारंपरिक लिंग भूमिकाओं, स्थायी रूढ़िवादिता और अवसरों की ऐतिहासिक कमी के कारण बनी यह दुर्दशा महिलाओं को पीढ़ी दर पीढ़ी परेशान करती रही है। हालाँकि, परिवर्तन की बयार भी लगातार चल रही है, जो कई महत्वपूर्ण कारकों से प्रेरित है।

शुरुआत करने के लिए, लैंगिक समानता की लहर चलाना बहुत जरुरी है। महिलाओं को उनकी आकांक्षाओं को आगे बढ़ाने के लिए आवश्यक उपकरण, शिक्षा, व्यावसायिक प्रशिक्षण और अवसरों के साथ सशक्त बनाना आवश्यक है। जिम्मेदारियों को साझा करने और महिलाओं की महत्वाकांक्षाओं का उत्साहपूर्वक समर्थन करने के लिए परिवारों और भागीदारों को प्रोत्साहित करना भी उतना ही महत्वपूर्ण है। एक ऐसे वातावरण को बढ़ावा देना जरुरी है, जहाँ पुरुष और महिलाएँ ट्रैन की पटरी के समान साथ-साथ चलें और संयुक्त रूप से घर की देखभाल की जिम्मेदारियाँ निभाएँ। इसके साथ ही, कार्यस्थलों को भी चाहिए कि वे महिलाओं के लिए अधिक समावेशी और मिलनसार बनें। कार्य-जीवन संतुलन को बढ़ावा देने वाली नीतियों को लागू करना यह सुनिश्चित करने की दिशा में एक बुनियादी कदम है कि महिलाओं को अब अपने सपनों और अपनी पारिवारिक जिम्मेदारियों के बीच कष्टदायक विकल्प नहीं चुनना पड़ेगा। इसका परिणाम एक ऐसी दुनिया का वादा करता है, जहाँ महिलाएँ बिना किसी समझौते के अपनी आकांक्षाओं को पूरा कर सकें।

अपेक्षा और बलिदान के रंगों में रंगे ये किस्से, हमारे सामाजिक मूल्यों में परिवर्तन की आवश्यकता को उजागर करते हैं। यह एक ऐसी दुनिया के लिए कार्रवाई का आह्वान है, जहाँ बेटियाँ बोझ नहीं, बल्कि उम्मीद की किरण हैं, जहाँ उनके सपनों को उतना ही महत्व दिया जाता है, जितना की बेटे के सपनों को, जहाँ उनके अरमानों को संजोया जाता है और उनकी आकांक्षाओं को प्रोत्साहित किया जाता है।

यह एक ऐसी दुनिया के लिए प्रार्थना है, जहाँ महिलाएँ बिना किसी डर के अपने पंख फैला सकें, ऊँची उड़ान भर सकें, अपने चुने हुए रास्ते पर आगे बढ़ सकें और एक ऐसे जीवन का अनुभव कर सकें, जो उनकी पसंद से परिभाषित हो, न कि परेशानियों और बाधाओं से।

समानता की दौड़ से परे नारी का अस्तित्व

08

समानता की दौड़ से परे नारी का अस्तित्व

आज हमारा समाज महिलाओं और पुरुषों की सामाजिक, आर्थिक और राजनीतिक समानता की वकालत कर रहा है। लेकिन यह निराशाजनक तथ्य है और मुझे इस विचारधारा से बहुत नफरत है। अब बेवजह तो कुछ भी नहीं होता, तो जाहिर है इसकी भी वजह होगी और है भी।

इंसान का उसके जन्म के समय से ही जेंडर निर्धारित कर दिया जाता है मेल या फीमेल के रूप में। और तो और समाज ने इसे परिभाषित करने के लिए कुछ नियम भी बनाए हैं कि महिला कौन है? एक महिला से क्या-क्या अपेक्षाएँ की जानी चाहिए? यही बात पुरुषों के साथ भी लागू होती है। महिलाओं को लगातार यह बताया जाता है कि वे पुरुषों के बराबर नहीं हैं। अक्सर उनकी किसी न किसी मायने में आलोचना की जाती है, जैसे कि शारीरिक बनावट और माना जाता है कि वे पुरुषों के अधीन हैं। ऐसा भी माना जाता है कि पुरुष अपनी भावनाओं को आँसुओं के माध्यम से व्यक्त नहीं कर सकते, क्योंकि पुरुष मजबूत होते हैं और केवल क्रोध और स्वामित्व के माध्यम से ही खुद को व्यक्त कर सकते हैं। जहाँ महिलाओं को उनके शरीर के आधार पर आँका जाता है, वहीं दूसरी तरफ पुरुषों को उनकी संपत्ति, नौकरी और समाज में स्थिति के आधार पर महत्व दिया जाता है।

जब आप व्यक्तिगत तौर पर उन घटनाओं से गुजरते हैं, जहाँ आपको यह पता चलता है कि कुछ भी समान नहीं है। और इस बात से मैं काफी ताल्लुक भी रखता हूँ। एक घटना का जिक्र करते चलता हूँ, मेरी एक महिला मित्र हैं, जो सिंगल पैरेंट हैं। जब उनकी बेटी एक साल की थी, तभी उनके पति गुजर गए। बड़ी ही कुशलता से उन्होंने अपनी बेटी की परवरिश की। घर से लेकर दफ्तर तक सब कुछ अकेले ही अच्छे से संभाला। उन्हीं देखकर यही लगता कि अकेले रहकर भी ये बच्ची के साथ घर और दफ्तर बिना किसी परेशानी के संभाल सकती हैं। फिर इन्हें पार्टनर की क्या जरूरत?

एक बार उनकी फ्लाइट थी रात के 2 बजे, जो कि बहुत ही ऑड टाइम था। वे फ्लाइट पकड़ने निकली ही थीं कि रास्ते में कुछ लोग उन्हें परेशान करने लगे, जिसके कारण वे वापिस अपने घर लौट आई और उनकी फ्लाइट छूट गई।

फिर दूसरी रात उन्होंने मुझे कॉल किया और फ्लाइट पकड़ने, साथ चलने के लिए बोला। मैं उन्हें एयरपोर्ट छोड़ने गया। उन्होंने मुझसे कहा कि अभी-भी सब बराबर नहीं है अतुल, क्योंकि अभी-भी ऐसे ऑड टाइम में महिला घर से बाहर कहाँ अकेले निकल सकती है?

सबसे निराशाजनक बात तो यह है कि फेमिनिज़्म को बढ़ावा देने के लिए महिलाओं ने समाज में जबरदस्ती का ढिंढोरा पीटा है। कुछ संस्कृतियाँ महिलाओं के प्रति सहानुभूति रखती हैं, क्योंकि उन्हें मासिक धर्म के दौरान दर्द होता है, शादी होने पर उन्हें घर छोड़ना पड़ता है, बच्चे को जन्म देने के लिए उन्हें एक कठिन प्रक्रिया से गुजरना पड़ता है आदि। इन सबके बावजूद भी महिलाएँ एक इंसान के रूप में सम्मान की पात्र हैं। यदि समानता की अवधारणा को कुछ देर के लिए अलग कर दिया जाए, तो समाज को यह मानना होगा कि पुरुष की अपनी जगह है और महिला की अपनी। कुछ काम आज भी ऐसे हैं और रहेंगे, जो या तो महिला ही कर सकती है या तो पुरुष ही।

हमें समानता की दौड़ का हिस्सा बनना ही क्यों है? प्रकृति और पुरुष दोनों की ही जरूरत है। यहाँ एक के बिना दूसरे का काम नहीं चलना, तो क्यों एक को दूसरे से श्रेष्ठ बनाना है? प्रकृति ने जब महिला और पुरुष को एक-दूसरे का पूरक बनाया है, तो यही पूरक वाली बात आज दोनों के बदले हुए स्वरुप में भी लागू होनी चाहिए या नहीं? आज जरुरत है कि औरतें अपना 'नारीवाद' छोड़कर घर और बाहर दोनों जगहों की काम की जिम्मेदारी लें और साथ ही पुरुष भी 'हम श्रेष्ठ हैं', इस बात को परे रखकर घर और बाहर दोनों की जिम्मेदारी समान रूप से लेना सीखें। समाज अजनबियों का संगठन नहीं है, हम सभी इस समाज का हिस्सा हैं। यदि सच में हमें मौजूदा समाज में बदलाव लाना है, तो हमें अपनी धारणाएँ भी बदलनी होंगी।

नारा नहीं हैं, 'राम'

नारा नहीं हैं, 'राम'

"जबरदस्ती के 'जय श्री राम' में सब कुछ है, बस राम नहीं"

जगविदित है अयोध्या में 22 जनवरी को राम मंदिर प्राण प्रतिष्ठा समारोह होने जा रहा है। शतकों के इंतज़ार के बाद यह दिन हमें देखने को मिल रहा है। लोग अपने-अपने अंदाज में अपने भाव व्यक्त कर रहे हैं। इसी बीच सोशल मीडिया पर श्रीराम को लेकर एक कविता बहुत वायरल हो रही है, जो हाल ही में मैंने भी सुनी, बड़ी ही दिलचस्प कविता है सच में। चंद पंक्तियाँ यहाँ प्रस्तुत हैं-

"राम राम तो कह लोगे पर
राम-सा दु:ख भी सहना होगा
पहली चुनौती ये होगी के
मर्यादा में रहना होगा
और मर्यादा में रहना मतलब कुछ खास नहीं कर जाना है..
बस.. बस त्याग को गले लगाना है और
अहंकार जलाना है
अब अपने रामलला के खातिर इतना ना कर पाओगे
अरे शबरी का जूठा खाओगे तो पुरुषोत्तम कहलाओगे"

राम को लोग कैसे जानते, मानते या पूजते हैं, इसका सही-सही व्याख्यान कर पाना थोड़ा मुश्किल है। लेकिन राम के नाम और चरित्र में एक शांति और गहराई है, जिसके तेज को हम आज भी महसूस कर सकते हैं।

नाम की बड़ी महत्ता होती है, और राम नाम की बात ही निराली है। दुनिया की किसी भी भाषा में ऐसा कोई शब्द नहीं है, जिसे एक बार पुकारो तो नाम होता है, दो बार। राम-राम कह दो तो अभिवादन होता है, किसी घटना पर हे राम, या तीन बार राम राम राम निकल जाए, तो संवेदना हो जाती है। और यदि बार-बार राम का नाम लेने लग जाओ, तो संकीर्तन हो जाता है।

फिर ऐसे राम के नाम पर राजनीति, जिन्होंने जाति-पाति वर्ग विशेष से ऊपर शबरी के झूठे बेर खाए, राजकुमार होते हुए भी वनवास जाने के लिए पिता की आज्ञा का पालन किया, जिनके नाम में ही जिंदगी की सार्थकता है, उन्हें सिर्फ नारों में कैसे समेटा जा सकता है। राम को इन नारा लगाने वालों से शायद ही कोई सरोकार हो, क्योंकि वे सिर्फ सरकार बनाने या बिगाड़ने के लिए नाम का इस्तेमाल कर रहे हैं, न कि जनकल्याण के लिए राम के आदर्शों पर आगे बढ़ रहे हैं। इस मानसिकता से न कभी राम मिलेंगे या खुद में बसेंगे, हाँ लेकिन ऐसे लोगों को बरगलाने में जरूर सहायता मिलेगी, जो किसी पार्टी या नेता की दृष्टि से श्री राम को देखते और समझते हैं। राम ने तो अपने कर्तव्य के लिए राज-पाट-घर सब त्याग दिया, और यहाँ एक कुर्सी नहीं त्यागी जा रही। राम नाम का उच्चारण जो मन को शीतलता देता था, आज वह ओजस्वी नारों में कैसे बदल गया? क्या इन नारों से दूसरे धर्म के लोगों को डराना या चिढ़ाना, यही इस नाम का सही मतलब है? इतना ही समझ पाएँ हैं हम राम को। वाह री मानसिकता!

मेरा राजनेताओं और मंत्रियों के लिए एक सुझाव है, अपने भाषणों और उद्बोधन के लिए केवल नाम और भगवा रंग का सहारा न लेकर पढ़ना अनिवार्य कर दीजिए, क्योंकि जनसंपर्क के नेता, अधिकारी/कर्मचारी भी उन्हीं स्कूलों से वही किताबों को पढ़कर निकले हैं, जिनमें राम का चरित्र पढ़ाया जाता था। रामराज्य न सही, सुशासन के लिए ब्रैनवॉश जरूरी है। राम के अर्थ को समझने के लिए पहले मर्यादा को समझना होगा, मर्यादा शब्दों की हो या व्यवहार की और ये मर्यादा तो हम नित भारतीय संसद में देख व सुन ही रहे हैं। क्या यही राम का चरित्र हम स्कूलों से पढ़कर निकले थे?

राम की महिमा को चाहे अनपढ़ हो या पढ़ा-लिखा, सबको बराबर समझ में आते हैं, क्योंकि राम चरित्र अत्यंत सरल व सहज है। इसे पढ़ने-समझने के लिए किसी विद्वान व्याख्याकर्ता की भी कोई जरूरत नहीं। इसलिए राम को जितना हो सके पढ़िए, समझिए, क्योंकि राम को आप जितना ही पढ़ते जाएँगे, राम आप में उतने ही उतरते चले जाएँगे।

आइए, यह संकल्प लें कि राम के दर्शन करने अयोध्या तभी जाएँगे, जब राम के नाम पर राजनीति करने के बजाए राम को सही मायने में समझेंगे। इसके लिए राम को प्रतिपल ग्रहीत करना होगा। तभी आत्मा का मैल साफ होगा। राम नाम का अर्थ समझ, हम खुद ही रामराज्य की तरफ बढ़ जाएँगे। ये बात किसी राजनेता से नहीं सीखनी पड़ेगी और न ही किसी को राम के नाम पर राजनीति करने का मौका मिलेगा। राम के अर्थ पर ही अमल कर लिया जाए, तो भारतवर्ष ही नहीं, संपूर्ण विश्व का कल्याण हो जाए।

यह कैसा संस्कार?

10

यह कैसा संस्कार?

बच्चों को संस्कार देने से पहले, क्या हम हमारे संस्कारों पर खरे उतर रहे हैं?
हम खुद में तो झाँके कि हम कितने संस्कारी हैं?

संस्कारों पर बात पहले भी की जा चुकी है, आगे भी करते रहने की जरूरत रहेगी और तब तक रहेगी जब तक हम उस संस्कार के पेड़ के नीचे वापस न बैठ जाएँ। यह बड़े बुजुर्गों और समाज का वह पेड़ है, जो हमें हमेशा ही छाया देता है।

हम संस्कार की बात करते हैं। क्यों करते हैं? जब हम अपने इर्द-गिर्द ऐसा कुछ देखते हैं, जो हमें मजबूर करता है सोचने पर। हाल ही की बात है, एक शिक्षक मित्र के घर पर बैठा था। दरवाजे पर एक वृद्ध आए, उनका छोटा-सा बेटा दौड़ते हुए आया और बोला- पापा-पापा "कोई आदमी आया है"। जब उन्होंने बाहर जाकर देखा तो उस बच्चे के दादाजी के कोई मित्र थे, जो उनसे मिलने आये थे। वे शिक्षक हैं, फिर भी उन्होंने टोंकना भी जरूरी नहीं समझा कि "कोई आदमी आया है" यह क्या है? कभी उस बच्चे ने अनजाने में ही सुना होगा और आज वही बोल भी दिया तो उसे वहीं पर सिखाया जाना चाहिए था।

बच्चे वही करते हैं, जो वे हमें करते हुए देखते हैं। हम में से अधिकांश लोग दिनभर बच्चों के सामने मोबाइल चलाते हैं। तो बच्चे सोचते हैं, यही एक वस्तु जीवन में सबसे जरूरी है। हमने तो यह भी देखा है कि किसी का बच्चा अगर थोड़ा बहुत रोता है या खाना खाने में आनाकानी करता है, तो माता-पिता बच्चों को चुप करने के लिए या खाना खिलाने हेतु तुरन्त मोबाइल पकड़ा देते हैं।

यदि बच्चे संस्कारों को भूल रहे हैं, तो इसका एक कारण एकल परिवार भी है। पहले संयुक्त परिवार हुआ करते थे, तब घर के बड़े-बुजुर्ग खाली समय में बच्चों को कई कहानियाँ सुनाते थे, जिनमें बातों ही बातों में उन्हें ज्ञान का भंडार मिल जाया करता था। अब बच्चे के माता-पिता दोनों ही नौकरी करते हैं। तो बच्चे को जन्म से ही घर में नौकरानी या पड़ोसी के भरोसे छोड़ दिया जाता है।

और बच्चा उनके आचरण सीख लेता है। आज जब बच्चा देखता है कि माता-पिता अधिकतम समय स्मार्ट फोन, फेसबुक और इंस्टाग्राम में बिता रहे हैं, तो वह बच्चा भी टीवी के कार्टून और यूट्यूब से शिक्षा ग्रहण करता है। क्योंकि आज के स्कूल कोई ऐसी शिक्षा नहीं देते, जो संस्कार सिखा सकें। नैतिक शिक्षा और संस्कारों की कोई स्पेशल बुक भी तो नहीं मिलती बाज़ार में कि चलो यह भी इंस्टेंट सीख लें।

संस्कार घर से ही शुरु होते हैं। जब घर के बड़े ही आपको अपने संस्कारों के बारे में नहीं समझाते, तो आप इधर-उधर भटकने लगते हैं। इसलिए यह बात सही भी है कि आजकल के बच्चे संस्कारों से दूर होते जा रहे हैं। यदि ऐसा है भी तो बच्चे हमें देखकर ही सीखते हैं। तो पहले हम स्वयं से प्रश्न पूछे.. क्या हम हमारे संस्कारों पर खरा उतर रहे हैं? क्या मनुष्य के माता-पिता ऐसे होते हैं? अरे! पेट भरना तो जानवर भी सिखा ही देते हैं अपने बच्चों को। तो हममें और जानवर में क्या अंतर? सोचिएगा जरूर..

आपके संस्कार ही आपकी पहचान हैं

11

आपके संस्कार ही आपकी पहचान हैं

कैसे संस्कार हैं इसके? कैसे संस्कार दिए हैं माता-पिता ने? इत्यादि।

जब भी हम किसी बच्चे को उद्दंडता करते देखते हैं या किसी भी व्यक्ति चाहे वह किसी भी उम्र का हो, को बुरा व्यवहार करते देखते हैं, तो पहला शब्द ही हमारे दिमाग में आता है 'संस्कार'।

कहते हैं बच्चों के संस्कार उनके खुद के जीवन की ही नहीं, बल्कि पूरे समाज की दिशा और दशा तय करते हैं। बच्चों में ज्यादातर संस्कार उनके माता-पिता से आते हैं। यह तो मैं पहले ही बता चुका हूँ। लेकिन वे अपने आस-पास के वातावरण से भी वे प्रभावित होते हैं।

बच्चों में संस्कारों की कमी के लिए सबसे ज्यादा दोषी हम सोशल मीडिया और टेलीविज़न या फिर सोशल साइट्स को दे सकते हैं। सोशल साइट्स को हम चाहें, तो अच्छे काम के लिए उपयोग कर सकते हैं या फिर बुरे कामों के लिए, यह हमारे ऊपर है। लेकिन आजकल बहुत से बच्चे इसका उपयोग बुरे कामों के लिए कर रहे हैं, जिसका असर उनके जीवन पर भी पड़ रहा है। आजकल के बच्चों को मोबाइल फोन का उपयोग करने की आदत कुछ ज्यादा ही पड़ गई है, जिसे वे अच्छे काम के लिए कम और खराब काम के लिए ज्यादा इस्तेमाल करते हैं। बहुत-से पेरेंट्स आजकल अपने बच्चों की छोटी-सी जिद के आगे झुक जाते हैं। जिद न करे, इसलिए हाथों में मोबाइल थमा देते हैं। अपने बच्चों के प्यार में वो इस बात से अनजान हैं कि वो मोबाइल फोन का दुरूपयोग भी कर सकते हैं। वे यह देखना भी जरूरी नहीं समझते कि उनका बच्चा मोबाइल में देख क्या रहा है? फिर भी वे मोबाइल फोन बच्चों को दे देते हैं।

बस फिर बच्चे बिना कुछ सोचे समझे गेम्स, सोशल साइट्स आदि का उपयोग करना शुरू कर देते हैं। उन्हें इन सबकी आदत लग जाती है और बच्चे अपने संस्कारों को भूलने लगते हैं। उन्हें अपने आस-पास के लोगों से बात करने की भी नहीं सूझती, यदि बात करते भी हैं, तो इतने ईगो में कि उनसे बड़ा और कोई नहीं।

इसमें गलती बच्चो की नहीं है, यह उनके पेरेंट्स की है, जो सही उम्र से पहले ही मोबाइल फोन और सोशल साइट्स चलाने की अनुमति दे रहे हैं। मैं यह नहीं कह रहा हूँ कि यह गलत है। लेकिन, पेरेंट्स को एक एज गैप के बाद ही बच्चों को मोबाइल फोन और अन्य सोशल साइट्स को जॉइन करने की अनुमति देना चाहिए।

आज के माता-पिता अपने बच्चों को संस्कार नहीं देते हैं कि बड़ों से कैसा व्यवहार करना चाहिए, पैर छूने चाहिए इत्यादि। इसलिए बच्चों में संस्कार नहीं हैं। ऊपर से गुरुकुल तो अब खत्म ही हो चुके हैं, तो संस्कार आएँगे कहाँ से?

वह कहावत है ना कि "बच्चे को यदि उपहार ना दिए जाएँ, तो वह कुछ ही समय तक रोएगा, लेकिन संस्कार ना दिए जाएँ, तो वह जीवन भर रोएगा।"

वैसे तो संस्कार व्यक्त करने की चीज बिलकुल नहीं है, लेकिन बचपन में इसे व्यक्त किया जाना चाहिए, फिर तो समयानुसार वे मनुष्य में अपने-आप आते जाते हैं, सिर्फ माहौल वैसा मिलना चाहिए।

तालीम बढ़ रही है अदब घट रहे हैं, मसला मालूम नहीं
अल्फाज़ रट रहे हैं

12

तालीम बढ़ रही है अदब घट रहे हैं, मसला मालूम नहीं अल्फाज़ रट रहे हैं

तिल्फ़ (नन्हा शिशु) में बू आए क्या माँ-बाप के अतवार की।
दूध तो डिब्बे का है, तालीम है सरकार की।।

उपरोक्त दोनों पंक्तियाँ वर्तमान समय की शिक्षा का विस्तार से वर्णन करती हैं, जिनका उपयोग प्रसिद्ध उर्दू कवि अकबर इलाहाबादी ने अपने उर्दू दोहे में किया है। इसका अर्थ यह है कि माता-पिता के संस्कार उनके बच्चों में नहीं दिखते, क्योंकि वे डिब्बे वाले दूध और सरकारी शिक्षा पर पले-बढ़े होते हैं।

जिस बुनियादी या कौशल शिक्षा की मैं बात कर रहा हूँ, सौभाग्य से उस शिक्षा प्रक्रिया का आविष्कार करने की जरुरत नहीं है, आवश्यकता है तो सिर्फ इसकी पुनः खोज करने की। यह सभी धर्मों के संतों और उनकी शिक्षाओं का स्रोत है, जिसका आविष्कार पहले ही किया जा चुका है।

आप दूसरे देशों की शिक्षा व्यवस्था भी देख सकते हैं, जैसे जापान में एक बच्चे को तैराक बनाने के लिए उसे ढ़ाई या तीन साल की उम्र से ही तैयार किया जाने लगता है, ताकि वह बचपन से ही सीखने की प्रक्रिया में कुशलता से हिस्सा लेने लगे। इसे हमारे पर्यावरण को ध्यान में रखते हुए विकसित करने की सख्त जरुरत है। नई तालीम के माध्यम से हमें बच्चों और मनुष्य में स्वतंत्र सोच पैदा करना होगा।

शिक्षा का उद्देश्य ऐसे कर्मचारी पैदा करना नहीं है, जो अपने मस्तिष्क का इस्तेमाल करना ही न जानें। नई तालीम का उद्देश्य सिर्फ इतना होना चाहिए कि हम वास्तविक स्थितियों के माध्यम से प्रशिक्षित, आत्मनिर्भर और सामाजिक रूप से उपयोगी नागरिक बन सकें। और सबसे विशेष बात, इन नागरिकों के पास समाज और व्यक्ति दोनों के सर्वांगीण विकास के लिए आवश्यक कौशल और क्षमताएँ हों। इसका एक उदाहरण हम आमिर खान की फिल्म 'थ्री इडियट्स' से लेकर देख सकते हैं, जिसका मूल उद्देश्य ही यह था कि शिक्षा को घोंटा या रटा नहीं, बल्कि जिया जाना चाहिए। फिल्मों के माध्यम से भी ऐसे विषयों पर हमेशा ही समाज को जागृत करने की कोशिश की गई है।

लेकिन, अफसोस कि समाज बार-बार कर्मचारी बनने की दौड़ में ही बच्चों को धकेलता चला जाता है।

मेरा व्यक्तिगत विचार है कि जिस प्रकार न्यायपालिका स्वतंत्र है और सरकार का उस पर कोई अधिकार नहीं है, उसी प्रकार शिक्षण संस्थान भी पूरी तरह स्वतंत्र होने चाहिए। यदि शिक्षा सरकार के हाथ में है, तो या तो वह कठोर नियमों पर आ जाएगी या फिर सरकार के रंग में ही रंग कर रह जाएगी। और फिर शिक्षकों का क्या है, सरकारी ठप्पे की मार तो उन पर पहले से ही लगी पड़ी है। वे भी सरकारी कर्मचारी बन कर ही रह जाते हैं। सरकार से उन्हें उचित तनख्वाह मिल ही रही है, फिर बदले में बेहतर शिक्षा प्रक्रिया जाए तेल लेने।

यदि सरकार शिक्षा प्रक्रिया में उचित परिवर्तन करती भी है, तो इससे क्या हो जाएगा, जब सरकार में बैठे नेतागण ही उचित रूप से शिक्षित नहीं हैं, जो यह निर्धारित करेंगे कि यह सही है भी या गलत? कितने ही ज्ञानी व्यक्ति, जिनकी झोली में अनेक डिग्रीज़ हैं, वे ऐसे ही निहत्थे घूम रहे हैं। वे बेशक क्राँति लाने का हुनर रखते हैं, लेकिन न तो उनके पास मौके हैं और न ही रोजगार। आदर्श स्थिति तब कहलाएगी, जब शिक्षा संस्थाएँ जनता के बीच इन्हीं ज्ञानी लोगों के हाथों में हों और यदि सरकार चाहे, तो इन्हें कुछ वित्तीय सहायता मुहैया करा दे। इसी नई तालीम के साथ हम वर्ष 2030 तक गुणवत्ता शिक्षा के शिखर को प्राप्त कर सकते हैं।

फिर एक धमाका और तहस-नहस हुईं कई ज़िंदगियाँ

13

फिर एक धमाका और तहस-नहस हुईं कई ज़िंदगियाँ

जब किसी युद्ध से बम ब्लास्ट की खबर सामने आये तो ये मालूम ही रहता है कि कसूरवार और बेकसूरवार दोनों ही तरह के लोगों की जान जा सकती है लेकिन ये क्या! एक नया शोर अचानक कानों में सुनाई दे रहा है कि हरदा जैसे छोटे से जिले में पटाख़ा फैक्ट्री में ब्लास्ट हुआ। ब्लास्ट भी ऐसा कि 20 किलोमीटर दूर तक जिसकी थरथराहट महसूस की गई, लेकिन कमाल की बात है कि क्या फैक्ट्री रातों-रात अचानक आ गयी थी? या अब तक किसी को कोई खबर नहीं थी कि एक पटाख़ा फैक्ट्री छोटे से जिले 'हरदा' में बस्ती वाले इलाके में मौजूद है?

कैसे संभव है कि इस बात का इल्म तब तक किसी को नहीं था जब तक कुछ लोगों की जान नहीं चली गई, जबकि यह फैक्ट्री वहीं के कुछ लोगों की आय का ज़रिया भी रही होगी। तो क्या वे लोग भी अनजान रहे होंगे? बहरहाल अब तक मलबा समेटते-समेटते कई चीथड़ों को भी समेटा जा चुका होगा। लेकिन जो गुहार अभी सुनने को मिल रही है, वह तब क्यों नहीं मिली जब ये फैक्ट्री दिन-रात कार्यरत थी। अब रस्मन दौरे व हाज़िरी पेश होगी। हर्जाने के तौर पर चंद हज़ार या लाख रूपये देने की नई-नई घोषणाएँ भी जारी हो जाएँगी। कितने ही पुराने इसी तरह के केसेस हैं, जो आज भी बंद फाइल्स में दबे पड़े हैं। बंद हैं वो केसेस, उन ज़िन्दगियों की तरह, जिनकी जान बेकार में ही मिट्टी के मोल मिट गयी।

अब सोचने का मुद्दा एक ये भी है कि क्या नुक़सान सिर्फ और सिर्फ पटाख़ा फैक्ट्री का हुआ? या क्या सिर्फ ये एक माली नुक़सान था? कई बेगुनाह जानों का जो नुक़सान हुआ है वो किस फाइल में दर्ज हो के बंद होने वाला है? इस तरह के हादसे, कई हँसते-खेलते जनजीवन को बर्बाद कर देते हैं। फैक्ट्री से सटे मकानों का नुक़सान वहीं कहीं राख में मिला पड़ा है। 2014 में या शायद उससे भी पहले इसी फैक्ट्री में छोटा धमाका हुआ था, जिसके चलते फैक्ट्री की शिकायत की गई, लेकिन ये फैक्ट्री बंद नहीं हुई। तब कोई खासी सुनवाई नहीं हुई, क्यों नहीं हुई..?

क्या सरकार इंतज़ार में थी इस तरह के बड़े धमाके के, जिसमें कई ज़िंदगियाँ राख़ हो जाये, तब एक्शन लिया जाए, फिर दौरा किया जाए और चंद लाख रुपयों से इस तरह तबाह हुई ज़िन्दगियों का मुआवज़ा दे कर पाने आप को जिम्मेदार बताए।

हादसे के बाद अब कई-कई तरह के विरोध हो रहे हैं। पटाखों की माला पहन कर विरोध अब क्यों? दर्जनों लाशों के बोझ का हार पहले ही इस हादसे ने हम सब के गले में डाल दिया है।

इंदौर की बात करें, तो पटाख़ों की दुकानें रिहाइशी इलाकों से हटा दी गयी हैं। तो क्यों..? अब भी आस-पास के किसी कोने से इस तरह के ब्लास्ट की खबरें आती रहने वाली हैं। कई बार इस तरह के हादसे होते हैं, फिर ना जाने कहाँ दफ़न हो जाते हैं? बारूद के ढेर पर कार्यरत तमाम लोगों की जान तब भी खतरे में थी और अब भी खतरे में ही हैं। ऐसे पटाखों और बारूद की फैक्ट्रियों को रिहाइशी इलाकों से हटाने की माँग तब तब उठती है, जब ऐसी कोई घटना कई ज़िन्दगियों की बलि लेकर 'कांड' का रूप धारण कर लेती है। फिर जागरूक होकर कई वादे-इरादे किये जाते हैं, तफ्तीशें होती हैं और कुछ दिनों में सब वापस से वैसा का वैसा चलने लगता है। थोड़ा बहुत ये भी गौर किया जाना चाहिए, है ना..? मुद्दा गरमा-गरम होगा तो ही चिंता का विषय है, लेकिन उसके बाद का क्या?

जो करना है आज ही करो, क्योंकि किसे पता कल हो न हो

14

जो करना है आज ही करो, क्योंकि किसे पता कल हो न हो

"पूरा दिन पड़ा है, शाम को करता हूँ", "इतना भी क्या जरुरी है, बाद में हो जाएगा", "जल्दी किस बात की है, अभी नहीं तो बाद में हो ही जाएगा", कई बार यह बाद, बाद ही रह जाता है, क्योंकि आजकल समय का कोई भरोसा नहीं है।

हम सभी अपने सपनों को पूरा करने की तलाश में होते हैं, लेकिन कभी-कभी हम अपने सपनों और कामों को पूरा करने के लिए किसी विशेष मौके का इंतजार करते रहते हैं। हम अक्सर कहते हैं, "कल से शुरू करूँगा" या "बाद में कर लूँगा", लेकिन न जाने क्यों यह नहीं समझते हैं कि कल कभी नहीं आता? हम न जाने क्यों, यह नहीं समझते कि भविष्य न सिर्फ अनदेखा, बल्कि अनिश्चित भी है। कल के भरोसे न बैठते हुए हमें अपने सपनों और कामों को पूरा करने का निर्णय आज ही लेना चाहिए।

कभी-कभी हम अपने जीवन को किसी महत्वपूर्ण काम को नजरअंदाज करके बर्बाद कर देते हैं, यह सोचकर कि हम अभी ऐसे क्या अड़ी पड़ी है, कल कर लेंगे। हम यह मान लेते हैं कि कल के लिए हमारे पास समय है, लेकिन वास्तव में कल की ग्यारंटी देता कौन है? जीवन इतनी अनिश्चितता से भरा हुआ है कि हम आज को छोड़कर कल की उम्मीद पर निर्भर नहीं कर सकते।

काम को टालने की हमारे भीतर की आदत बहुत बुरी है, क्योंकि हम इस धोखे में खुद को रखते हैं कि हमारे पास पर्याप्त समय है, और फिर एक दिन वह पर्याप्त समय देखते ही देखते गुजर जाता है, और हमारे पास सिवाए पछतावे के कुछ भी नहीं बचता है। हमारी यह आदत कई अवसरों को स्वाहा कर देती है। "कल कभी नहीं आता" हमें याद दिलाता है कि हमें अपने सपनों को पूरा करने के लिए आज ही और इसी वक्त काम करना होगा।

काल करे सो आज कर, आज करे सो अब।
पल में परलय होएगी, बहुरि करेगा कब।

संत कबीर दास एक अरसे पहले ही हमें यह सीख दे गए हैं कि कार्यों को टालना और आलस्य करना हमारे लिए सिवाय हानि कुछ भी लेकर नहीं आता है। हमारे पास समय बहुत कम है, इसलिए जो काम कल करना है, वह आज करें, और जो आज करना है, वह अभी और इसी वक्त करें, क्योंकि यदि ऐसा समय या स्थिति आ गई, जिसकी वजह से आप अपना काम करने के योग्य ही नहीं रहे, तो फिर काम कब पूरा होगा। लेकिन कहते हैं न कि मुफ्त में मिलने वाली सीख कोई लेना ही नहीं चाहता। मैं एक उदाहरण के रूप में अपनी इस बात को समझाने की कोशिश करता हूँ। कुछ समय पहले की बात है, एक गाँव में एक छोटा-सा लड़का रहता था। वह बहुत ही समझदार था। खुलकर अपनी बात रखता और मन भरकर आज में जीता। एक दिन, उसने अपने दोस्तों से एक सवाल पूछा, "यदि तुम्हें पता चले कि कल तुम्हारी जिंदगी का आखिरी दिन है, तो तुम क्या काम करोगे?" उसे अपने दोस्तों ने विभिन्न जवाब मिले। एक ने कहा, "उस एक दिन बहुत बड़ी पार्टी का आयोजन करूँगा, ताकि लोग मुझे याद रखें", एक ने कहा, "एक दिन के लिए सैर-सपाटे पर निकल जाऊँगा", उसका एक दोस्त बड़ा ही पेटू था, तो स्वाभाविक रूप से उसने कहा कि अलग-अलग जगहों के प्रसिद्ध और स्वादिष्ट व्यंजनों के चटखारे लेना पसंद करूँगा, तब तक, जब तक कि मेरा पेट जवाब न दे जाए।

इन जवाबों पर उस बच्चे के चेहरे पर मंद-सी मुस्कान थी। इतने में एक दोस्त ने उसे टोकते हुए कहा कि हँस क्या रहा है, इस स्थिति में तू क्या करता? इस पर जवाब देते हुए उस समझदार बच्चे ने कहा "मैं कल के लिए वह सब कुछ करूँगा, जो मुझसे हो सकता है और जिसका होना बहुत जरुरी है, ताकि जब मैं न रहूँ, तो मेरे मन में उस काम को लेकर यह मलाल नहीं रहे कि शायद समय रहते कर लेता, तो आज मुझे पछतावा नहीं रहता। सच कहूँ, तो मैं अपने साथ किसी भी तरह का बोझ लेकर नहीं जाना चाहता, जो भी मेरी जिम्मेदारियाँ हैं, उन्हें पूरा करके जाना चाहता हूँ।"

अब हँसने की बारी दोस्तों की थी, क्योंकि उनकी नज़रों में उनका काम ज्यादा जरुरी था। इस बात के बाद भी वे मुफ्त की इस सीख को अपने जीवन में नहीं उतार सकें। बच्चा छोटा है, बात भी छोटी है, लेकिन सीख बहुत बड़ी है। इस बच्चे का उदाहरण हमें यह याद दिलाता है कि हमारे पास जीने का एक ही दिन है, जो कि आज है। कल का क्या होगा, कैसा होगा, हम नहीं जानते। इसलिए अपने आज में जीना सीखो, अपने आज को जीना सीखो और अपने आज को खुलकर जीना सीखो।

कई बार कई ख्वाहिशें मन में पलती हैं, जिन्हें पूरा करने का मन जोरों पर होता है, लेकिन कुछ जिम्मेदारियों आदि के चलते इंसान उन्हें मन में भरकर जीने को मजबूर हो जाता है और मन भरकर जी ही नहीं पाता। माना कि जीवन में परेशानियाँ बहुत हैं, जिम्मेदारियाँ भी हैं, लेकिन अपने आज को खुलकर जीने और मन भरकर जीने की आदत डाल लें, क्योंकि किसे पता कल हो न हो?

समाचार पत्रों से

अंग्रेजी का बढ़ता प्रचलन, दूर कर रहा हमें मातृभाषा से : अतुल मलिकराम, लेखक

भोपाल। बात शुरू करता हूँ अंग्रेजी के बढ़ते प्रचलन से। आज सभी अंग्रेजी के पीछे भाग रहे हैं। हमारे देश में अंग्रेजी का प्रचलन बढ़ता ही जा रहा है। आजकल शिक्षा व्यवस्था खासतौर पर अंग्रेजी विद्यालयों में हिंदी का कोई विशेष महत्व नहीं है। तो क्षेत्रीय भाषा की बात ही कौन करे? इसकी वजह से बच्चे हिंदी की अहमियत को अच्छे से समझ नहीं पाते। इसी कारण हिंदी भाषा हमारे समाज से धीरे-धीरे गायब होती जा रही है। दूसरा बड़ा कारण, जब कोई युवा नौकरी के लिए जाता है तो उसके सामने सबसे पहले अंग्रेजी बोलने की शर्त रख दी जाती है। इससे युवा पीढ़ी में गलत संदेश जाता है। हम पचास भाषाएँ सीखें, अच्छी बात है, लेकिन क्या मातृभाषा या क्षेत्रीय भाषा को अनदेखा करना सही है? शिक्षा का माध्यम अंग्रेजी है। उच्च स्तर की किताबें अंग्रेजी में हैं। हिंदी या अन्य भारतीय भाषाओं के शब्द भण्डार को बढ़ाने के लिए कोई काम नहीं हो रहा है। साक्षात्कार, प्रतियोगी परीक्षाएँ आपको अंग्रेजी में देना है, तो हिंदी या बाकि भाषाओं का महत्व ही क्या है?

अच्छी लाइफ सेट करने में कौन-सा सिलेबस बड़ाः स्कूल का या फिर जिंदगी का?:अतुल मालिकराम , पी आर कंसलटेंट

आपको 3 इडियट्स का यह गाना तो याद ही होगा

"गिव मी सम सनशाइन
गिव मी सम रेन
गिव मी अनदर चांस
आई वॉना ग्रो उप वन्स अगेन"

"99 परसेंट मार्क्स लाओगे, तो घड़ी वरना छड़ी"

अक्सर आपने यह भी सुना होगा कि 10वीं कक्षा अच्छे अंकों से पास कर लो, फिर लाइफ सेट हो जाएगी। या 12वीं कक्षा अच्छे अंकों से पास कर लो, फिर लाइफ सेट हो जाएगी।

क्या सच में ऐसे लाइफ सेट होती है? क्या स्कूल की पढ़ाई पूरी कर लेने के बाद भी आप संतुष्ट हैं? बिलकुल नहीं। स्कूल में बिताया समय या सिलेबस सिर्फ आने वाली परीक्षा की तैयारी के लिए था। लेकिन कौन-सी परीक्षा? इस परीक्षा का नाम है 'जिंदगी'। जब स्कूल का यह सिलेबस आपकी जिंदगी से मेल ही खाता, तो क्या लाइफ सेट हो पाएगी? क्या आपके मन में भी कभी यह प्रश्न उठा कि उन कई-कई रातों की नींद नीलाम कर और बस्तों का बोझ ढोकर जो पन्ने पढ़े गए, वो एक सार्थक जीवन जीने के लिए कैसे उपयोगी होंगे?

हमें बेहतर नौकरी पाने के लिए और अधिक पढ़ाई करने के लिए कहा गया था, जो हमें जिंदगी की सारी सुख-सुविधाएँ दे सके, लेकिन क्या केवल पैसा ही काफी है? माना

कि पैसे का अपना महत्व है, जिसे हम बखूबी समझते हैं, पैसे जीवन के कई क्षेत्रों में हमें बहुत मदद करते हैं। लेकिन स्कूल में और भी अच्छी बातें सीखना भी जरूरी है, जो स्कूल के बाद भी काम आती हैं; ऐसी बातें, जो सिलेबस से अलग हों; ऐसी बातें, जो एक बार सीख ली, तो भविष्य में आने वाली तमाम चुनौतियों से पार पाया जा सकता है; ऐसी बातें, तो जरूरतमंदों की मदद करने का पाठ पढ़ाती हैं; ऐसी बातें, जो खुद से ऊपर सोचने के लिए हमें प्रेरित करती हैं।

कैसा हो, यदि स्कूल में हमें अपनी भावनाओं को संभालने, अपने और दूसरों के साथ अपने संबंधों को समझने, संकट में दूसरों की मदद करने, बेहतर निर्णय लेने के लिए जागरूक करने, असफलताओं से सीखने और उनका सामना करने, पैसों का सही तरीके से उपयोग करने और अपना खर्च खुद उठाने के बारे में सिखाया जाए? साथ ही, हमें बेहतर तरीके से समय बिताने, खुलकर स्वस्थ जीवन जीने, खुशमिजाज रहने और अपने जुनून या पसंदीदा काम को करने के लिए आगे बढ़ना सिखाया जाए। और भी बहुत से उदाहरण पड़े हैं, जिन्हें यदि हम स्कूलों में ही सीख लेंगे, तो बाद में यह सब सीखने की जरूरत नहीं पड़ेगी।

आपके संस्कार ही आपकी पहचान हैं -अतुल मलिकराम , समाजसेवी
कैसे संस्कार हैं इसके? कैसे संस्कार दिए हैं माता-पिता ने? इत्यादि।

जब भी हम किसी बच्चे को उद्दंडता करते देखते हैं या किसी भी व्यक्ति चाहे वह किसी भी उम्र का हो, को बुरा व्यवहार

करते देखते हैं, तो पहला शब्द ही हमारे दिमाग में आता है %संस्कार%। कहते हैं बच्चों के संस्कार उनके खुद के जीवन की ही नहीं, बल्कि पूरे समाज की दिशा और दशा तय करते हैं। बच्चों में ज्यादातर संस्कार उनके माता-पिता से आते हैं। यह तो मैं पहले ही बता चुका हूँ। लेकिन वे अपने आस-पास के वातावरण से भी वे प्रभावित होते हैं। बच्चों में संस्कारों की कमी के लिए सबसे ज्यादा दोषी हम सोशल मीडिया और टेलीविजन या फिर सोशल साइट्स को दे सकते हैं। सोशल साइट्स को हम चाहें, तो अच्छे काम के लिए उपयोग कर सकते हैं या फिर बुरे कामों के लिए, यह हमारे ऊपर है। लेकिन आजकल बहुत से बच्चे इसका उपयोग बुरे कामों के लिए कर रहे हैं, जिसका असर उनके जीवन पर भी पड़ रहा है। आजकल के बच्चों को मोबाइल फोन का उपयोग करने की बहुत ही आदत पड़ गई है, जिसे वे अच्छे काम के लिए कम और खराब काम के लिए ज्यादा इस्तेमाल करते हैं। बहुत-से पेरेंट्स आजकल अपने बच्चों की छोटी-सी जिद के आगे झुक जाते हैं। जिद न करे, इसलिए हाथों में मोबाइल थमा देते हैं। अपने बच्चों के प्यार में वो इस बात से अनजान हैं कि वो मोबाइल फोन का दुरूपयोग भी कर सकते हैं। वे यह देखना भी जरूरी नहीं समझते कि उनका बच्चा मोबाइल में देख क्या रहा है? फिर भी वे मोबाइल फोन बच्चों को दे देते हैं। बस फिर बच्चे बिना कुछ सोचे समझे गेम्स, सोशल साइट्स आदि का उपयोग करना शुरू कर देते हैं। उन्हें इन सबकी आदत लग जाती है और बच्चे अपने संस्कारों को भूलने लगते हैं। उन्हें अपने आस-पास के लोगों से इतना टाइम नहीं होता कि बात करें, यदि बात भी करते हैं, तो इतने ईगो में कि उनसे बड़ा और कोई नहीं। इसमें गलती बच्चों की नहीं है, यह उनके पेरेंट्स की है, जो सही उम्र से पहले ही मोबाइल फोन और सोशल साइट्स चलाने की अनुमति दे रहे हैं। मैं यह नहीं कह रहा हूँ कि यह गलत है। पेरेंट्स को एक एज गैप के बाद बच्चों को मोबाइल फोन और अन्य सोशल साइट्स को जॉइन करने की अनुमति देनी चाहिए। आज के माता-पिता अपने बच्चों को संस्कार नहीं देते हैं कि बड़ों से कैसा व्यवहार करना चाहिए। पैर छूना चाहिए इत्यादि। इसलिए बच्चों में संस्कार नहीं हैं। ऊपर से गुरुकुल तो अब खत्म ही हो चुके हैं, तो संस्कार आएँगे कहाँ से?

वह कहावत है ना कि बच्चे को यदि उपहार ना दिए जाएँ, तो वह कुछ ही समय तक रोएगा, लेकिन संस्कार ना दिए जाएँ, तो वह जीवन भर रोएगा। वैसे तो संस्कार व्यक्त करने की चीज बिलकुल नहीं है, लेकिन बचपन में इसे व्यक्त किया जाना चाहिए, फिर तो समयानुसार ये मनुष्य में अपने-आप आते जाते हैं, सिर्फ माहौल वैसा मिलना चाहिए।

जिस पिता ने उड़ना सिखाया ना भूलें उनका प्यार-त्याग

रिश्ता / अतुल मलिकराम

अपनी संतान की बेहतरी, उसकी खुशी और उसके सपने पूरे करने के लिए पिता कुछ भी कर गुजरने को तैयार रहते हैं। ऐसे में हर संतान का दायित्व है कि उनके प्यार और त्याग को कभी ना भुलाए, उन्हें हर संभव खुशी दे।

अपनी खुशियां न्यौछावर करके एक पिता, अपने बच्चों को लाखों-करोड़ों रुपए कमाने के लायक बनाता है, लेकिन इस काबिल होने के बाद भी कई बार वही संतान पिता की उपेक्षा करने लगता है। यह ऐसा कटु सत्य है, जिससे नए ज़माने का कोई भी शख्स इंकार नहीं कर सकता।

पितृ सम्मान की रही आदर्श परंपरा : भारत जैसे देश के लिए आज के समाज की कटु सच्चाई बहुत दुर्भाग्यपूर्ण है, क्योंकि अतीत के दो युग, यानी त्रेता और द्वापर के ऐसे अनगिनत किस्सों का हमारे ग्रंथ और पुराण शंखनाद करते हैं, जो एक पिता और पुत्र के पवित्र रिश्ते का बखान करते हुए थकते नहीं हैं। ये ग्रंथ और पुराण इसलिए लिखे गए हैं कि आने वाली पीढ़ियां इनसे सीख सकें कि हमारे देश की संस्कृति कितनी महान रही है और रिश्तों का हमारे जीवन में कितना मूल्य होता है। श्रवण कुमार कावड़ में बैठाकर अपने नेत्रहीन माता-पिता को तीर्थ यात्रा कराने ले गए थे। मर्यादा पुरुषोत्तम श्रीराम ने अपने पिता के वचन को पूरा करने के लिए, अपना सुखद जीवन और अगले ही दिन मिलने वाला राजसिंहासन त्याग कर 14 वर्षों के लिए वनवास स्वीकार कर लिया। अपने पिता वासुदेव को न्याय दिलाने के लिए, श्रीकृष्ण अपने जीवन से हर कदम पर अपनी सबसे कीमती वस्तुएं और उनके दिल के सबसे समीप लोग एक-एक करके पीछे छोड़ते चले गए, वह भी चेहरे पर बिना किसी शिकन के।

आधुनिकता में टूटने लगी परंपरा: पुराणों में वर्णित विभिन्न जीवंत उदाहरणों से प्रेरणा लेकर कलयुग के कई पुत्र भी अपने-अपने पिता के लिए अपना सर्वस्व न्यौछावर करने से पीछे नहीं हटे। माता-पिता का सम्मान, उनसे आंखें नीचे करके बात करने की आदत, माता-पिता ने जो कह दिया, पत्थर की लकीर मान अपने पिता के लिए कुछ कर गुजर जाने की ललक, ये सारे गुण पुरानी पीढ़ियों में बेशक सहजता से देखने को मिलती थी, लेकिन अब यह सब कुछ यादों, किताबों और किस्से-कहानियों में ही सीमित होकर रह गया है। आज के समय में लगता है इनसे लोगों का कोई नाता नहीं रहा, क्योंकि आधुनिकता का बवंडर कुछ ऐसा चल पड़ा है कि सब उसी में खोते जा रहे हैं। इसके भयावह परिणाम साफ-साफ दिखने लगे हैं।

बच्चों पर सब न्यौछावर करते हैं पिता: एक पिता अपने बच्चे को श्रेष्ठ जीवन देने में कोई कसर नहीं छोड़ता है। उसकी मंशा सारे जहान भर की खुशियां अपने बच्चे की झोली में डाल देने की होती है। हर पिता यही चाहता है कि अपने जीवन में जो कुर्बानियां उसने दी हैं, वह अपने बेटे के साथ ऐसा कुछ नहीं होने देगा। खुद अपने कपड़ों की परवाह नहीं करता, लेकिन बच्चे को एक से बढ़कर एक कपड़े पहनाता है। खुद फटे जूते पहनता है, लेकिन अपने बच्चे को महंगे से महंगे जूते दिलाता है। उसकी हर ख्वाहिश पूरी करता है। अपनी अंगुली पकड़ कर बच्चे को चलना सिखाता है, अपने कंधे पर बैठाकर दुनिया की सैर कराता है और उसके हर अरमान पूरे करता है, उसे उड़ना सिखाता है। पिता हमेशा ही अपने बच्चे को मानवीय मूल्यों, ईमानदारी और मेहनत के महत्व के बारे में सिखाता है। बचपन से ही वह अपने बच्चों को यह सिखाने की कोशिश में लगा रहता है कि सच्ची दौलत उसे उन्हीं रिश्तों से मिलेगी, जो परिवार और नैतिकता से जुड़े होते हैं। इतना सब सिखाने के बावजूद वही संतान अगर आगे चलकर पिता को भूल जाए या उनको वृद्धाश्रम का रास्ता दिखाए तो इससे बड़ी विडंबना कुछ और नहीं हो सकती है।

पिता का सम्मान भूल रही संतान: इससे बड़ी विडंबना क्या हो सकती है कि नए दौर के बच्चे, अपने पिता के मान-सम्मान को ठेस पहुंचाने में थोड़ा भी संकोच नहीं करते हैं, क्योंकि उनके अपने मान-सम्मान से अधिक उनकी नजरों में कुछ भी नहीं होता है। मिलावट के इस दौर में अब रिश्तों में भी मिलावट होने लगी है। आज के समय में एक-एक वृद्धाश्रम सैकड़ों बेसहारा बुजुर्गों से भरे पड़े हैं। कुछ ही होंगे, जिनका इस दुनिया में कोई नहीं है, लेकिन एक बड़ी संख्या ऐसे बुजुर्गों की है, जिनके बाल-बच्चे तो हैं ही, साथ ही वे काफी सक्षम परिवारों से ताल्लुक रखते हैं। ऐसे कई कलयुगी बेटे मिल जाएंगे, जिनके पास करोड़ों की प्रॉपर्टी है, रहने के लिए एक से ज्यादा घर हैं, वे करोड़ों रुपयों की गाड़ी में घूम रहे हैं, लेकिन घर में अपने ही माता-पिता के लिए स्थान नहीं रहता है। अपनी ही संतान से उपेक्षित ऐसे पिता की जगह पर खुद को रखकर कभी सोचें तो अहसास होगा, वह किसी से क्या ही शिकायत कर पाता होगा? आंसुओं का सैलाब भी आंखों के बाहर नहीं, बल्कि अंदर ही बहता होगा। अच्छे पिता की जिम्मेदारियां निभाते-निभाते कब बाल सफेद हो गए, खुद का जीवन तो कभी जिया ही नहीं, ऐसी हजारों बातें, यादें उनके मन को विचलित कर देती होंगी। आज फादर्स-डे पर हम अपने पिता को बिल्कुल ना भूलें, उनके साथ कुछ प्यार भरे पल गुजारें।

अपने बच्चों को जरूर दें ये सीख

[illegible]

करोड़ों कमाने लायक बनकर पिता को कौड़ी तुल्य समझता है पुत्र

अपनी खुशियाँ न्यौछावर करके एक पिता अपने बेटे को करोड़ों रुपए कमाने के लायक बनाता है और इस काबिल होने के बाद वही बेटा उस पिता से कौड़ियों की भाँति व्यवहार करने लगता है।

यह एक ऐसा कटु सत्य है, जिससे कलयुग और विशेष रूप से इस मॉडर्न जमाने का कोई भी व्यक्ति मुकर नहीं सकता। इससे पहले के दो युग, यानि त्रेता और द्वापर के ऐसे अनगिनत किस्सों का हमारे ग्रन्थ और पुराण शंखनाद करते हैं, जो एक पिता और पुत्र के पवित्र रिश्ते का बखान करते हुए थकते नहीं हैं। ये ग्रन्थ और पुराण इसलिए लिखे गए हैं कि आने वाली पीढ़ियाँ इनसे सीख सकें कि हमारे देश की संस्कृति कितनी अपार और विराट है, और रिश्तों एवं जीवन का आखिर क्या मूल्य होता है।

श्रवण कुमार कावड़ में बैठाकर अपने नेत्रहीन माता-पिता को तीर्थ यात्रा कराने ले गए थे। मर्यादा पुरुषोत्तम श्री राम ने अपने पिता के वादे को पूरा करने के लिए अपना सुखद जीवन और अगले ही दिन मिलने वाला राज-पाट त्याग कर 14 वर्षों के लिए वनवास अपना लिया। अपने पिता वासुदेव को न्याय दिलाने के लिए श्री कृष्ण अपने जीवन में हर कदम पर अपनी सबसे कीमती वस्तुएँ और उनके दिल के सबसे समीप लोग एक-एक करके पीछे छोड़ते चले गए, वह भी चेहरे पर बिना शिकन के।

ऐसे विभिन्न जीवंत उदाहरणों से प्रेरणा लेकर कलयुग के कई पुत्र भी अपने अपने पिता के लिए अपना सर्वस्व न्यौछावर करने तलक से पीछे नहीं हटे। माता-पिता का सम्मान, उनसे आँखें नीचे करके बात करने की आदत; माता-पिता ने जो कह दिया, पत्थर की लकीर; अपने पिता के लिए कुछ कर गुजर जाने की ललक; ये सारे गुण पुरानी पीढ़ियों में बेशक गहनता से देखने को मिलती थी, लेकिन अब यह सब कुछ यादों, किताबों और किस्से-कहानियों में ही सीमित होकर रह गया है। आज के समय में इनसे इंसान का कोई नाता नहीं, क्योंकि आधुनिकता का बवंडर कुछ ऐसा चल पड़ा है कि कलयुग के कुछ

चरणों के बाद ही इसके दयनीय और भयावह परिणाम साफ-साफ दिखने लगे हैं। अब कलयुगी बेटे अपने पिता के मान-सम्मान को ठेस पहुँचाने में थोड़ा भी संकोच नहीं करते हैं, क्योंकि उनके अपने मान-सम्मान से अधिक उनकी नजरों में कुछ भी नहीं है, पिता भी नहीं.. मिलावट के इस दौर में अब रिश्तों में भी मिलावट होने लगी है। आज के समय में एक-एक वृद्धाश्रम सैकड़ों बेसहारा बुजुर्गों से भरे पड़े हैं। कुछ ही होंगे, जिनका इस दुनिया में कोई नहीं है, लेकिन एक बड़ी संख्या ऐसे बुजुर्गों की है, जिनके बाल-बच्चे तो हैं ही, साथ ही वे काफी सक्षम परिवारों से ताल्लुक रखते हैं। इंटरनेट पर ऐसे कई कलयुगी बेटे मिल जाएँगे, जिनके पास करोड़ों की प्रॉपर्टी है, रहने के लिए एक से ज्यादा घर हैं, वे करोड़ों रुपयों की गाड़ी में घूम रहे हैं, लेकिन घर में अपने ही माता-पिता के लिए स्थान नहीं है।

इंसानियत वहाँ जाकर दम तोड़ देती है, जब जीवित माता-पिता अपना स्वयं का पिंड दान और मरणोपरांत के सभी संस्कार खुद ही करने लगे हैं। यह वृद्धाश्रम होने से भी ज्यादा पीड़ादायक है। इंटरनेट पर ऐसे इंटरव्यूज भरे पड़े हैं, जिनमें जीवन के अंतिम पड़ाव में नम आँखों से विलाप करते माता-पिता अपनी ही संतान के लिए यह कहते मिल जाते हैं कि जब जीते-जी बच्चों ने हमारी कद्र नहीं की, तो मरने के बाद इनके पत्थर दिलों में हमारे लिए कौन-सा प्रेम छलक जाएगा। ये तो तब यही सोचेंगे कि अच्छा हुआ, बला टली। इसलिए हम जीते-जी ही खुद का पिंड दान किए देते हैं।

मर गया हमारे भीतर का जीव – मैं आज तक समझ नहीं पाया कि हमारे भीतर का जीव आखिर कहाँ मर गया है? क्या वास्तव में यह दिन देखने के लिए उन्होंने हमें एक काबिल इंसान बनाया? क्या इसलिए ही उन्होंने हमें अपने पैरों पर खड़ा किया कि अपना संतुलन संभालते ही हम उन्हें लात मार दें? यदि इंसान के रूप में जन्म लिया है, तो अपने उन दिनों को याद जरूर करना, जब तुम्हारे पास कुछ भी नहीं था, तुम्हारे माता-पिता तब तुम्हारे साथ थे। इस दुनिया में जब तुम्हारा कोई नाम नहीं था, तब उन्होंने तुम्हें अपना नाम दिया। जब इस दुनिया में तुम्हारी कोई पहचान नहीं थी, तब वो तुम्हारी पहचान बने। जब तुम इस काबिल भी नहीं थे कि अपनी ख्वाहिशें, अपनी जिदें खुद पूरी कर सको, तब उन्होंने तुम्हारी ख्वाहिशों को सर-आँखों पर रखा। तुम्हें इस काबिल बनाया कि लोग तुम्हारी इज्जत करें। ये ऐसे एहसान हैं, ऐसे कर्ज हैं, जिन्हें तुम सात जन्मों में भी चुकता नहीं कर सकते, लेकिन वे तुम्हारी तरह एहसान फरामोश नहीं हैं न! इसलिए कभी कहकर तुम्हें सुनाया नहीं, जिसका भुगतान आज वे खुद कर रहे हैं, लेकिन फिर भी तुम्हें कभी भला-बुरा नहीं कहते, हाँ, तुम भले ही कितना ही कह लो।

अपने माता-पिता को खुद से अलग करने का इतना ही शौक है न! तो उनके साथ-साथ उस नाम को भी अलग करने की हिम्मत खुद के भीतर ले आओ, जो उन्होंने तुम्हें दिया है, जो कि असल में तुम्हारा है ही नहीं। अरे! नाम तो क्या, यह जो उपनाम तुम इस्तेमाल कर रहे हो, वह भी तुम्हारा नहीं है, वह भी उन्होंने ही तुम्हें दिया है। उस आश्रय, उस चार दीवारी को खुद से अलग करके दिखाओ, जिसकी छवि में तुम आज इतने बड़े हुए और उसी का मोल भूल गए। उस शोहरत को खुद से अलग करके दिखाओ, जो उनकी वजह से तुम्हें मिली है। उन अरमानों से खुद को अलग करके दिखाओ, जो एक पिता अपने बच्चे के लिए पालता है। अपनी रगों में बहते खून को खुद से अलग करके दिखाओ, जो उन्हीं का है, जिसके बूते आज तुम जिंदा कहलाते हो। यह जो शोहरत तो कमा रहे हो, मैं पूछना चाहता हूँ कि आखिर किस काम की है? यदि आप सोने के घर में भी रह रहे हैं, और आपके घर का बुजुर्ग सदस्य सुखी नहीं है, तो मुझे कहने में कोई तकलीफ नहीं है कि उस घर से बदतर इस दुनिया में और कुछ भी नहीं है। और इससे भी बदतर है उस इंसान का जीवन, जो ईश्वर समान अपने माता-पिता को पैरों की धूल समझता है। वेदों और पुराणों से भले ही कुछ नहीं सीख पाए अपने जीवन में, लेकिन ऐसे बेटों को इतना तो सीख ही लेना चाहिए कि जो वो आज बो रहे हैं, कल वही वो काटेंगे। हो सकता है उनके बच्चे उन्हें ब्याज सहित इस भूल को लौटाएँ। बेशक पढ़ने में यह बात दिल पर काँटे की तरह चुभ रही होगी, लेकिन ध्यान देने वाली है।

एक पिता अपने बच्चे को श्रेष्ठ जीवन देने में कोई कसर नहीं छोड़ता है। उसकी मंशा सारे जहान भर की खुशियाँ अपने बच्चे की झोली में डाल देने की होती है। एक पिता यही चाहता है कि अपने जीवन में जो कुर्बानियाँ उसने दी हैं, वह अपने बेटे को नहीं देने देगा। खुद अपने कपड़ों की परवाह नहीं करता, लेकिन बेटे को एक से बढ़कर एक कपड़े पहनाता है। खुद फटे जूते पहनता है, लेकिन अपने बच्चे को हर त्यौहार पर महँगे से महँगे जूते दिलाता है। उसकी हर ख्वाहिश पूरी करता है। वही पिता, जो अपनी उँगली पकड़कर बच्चे को चलना सिखाता है, अपने कँधे पर बैठाकर दुनिया की सैर कराता है, और उसके हर अरमान पूरे करता है, तरक्की कर लेने और शोहरत हासिल करने के बाद उसी पिता को वह बेटा वृद्धाश्रम का रास्ता दिखाने चल पड़ता है, वह भी उन दिनों में जब उस उम्रदराज व्यक्ति को सबसे ज्यादा जरुरत अपने बच्चे की होती है।

अतुल मलिकराम

कम उम्र के लोगों को तेजी से अपना शिकार बना रहा कैंसर : अतुल मालिकराम

सूर्योदय भारत समाचार सेवा

युवाओं को अपनी चपेट में लेने को उतारू- कैंसर

मेरे एक परिचित हैं रोहन, पिछले साल उनमें अचानक तेज पेट दर्द की समस्या पनपने लगी। इसे सामान्य समस्या समझकर उन्होंने प्रारंभिक उपचार के लिए डॉक्टर से सलाह ली। डॉक्टर ने संबंधित जाँचें लिख दी यह पता लगाने के लिए कि कहीं पेट में ट्यूमर तो नहीं पनप रहा है। यह पहली बार था, जब जाँचों के बारे में सोचकर ही वे कुछ असहज हो गए, लेकिन फिर भी ट्यूमर या कैंसर जैसी खतरनाक बीमारी का ख्याल भी उन्होंने अपने दिमाग में नहीं आने दिया। भीतर से जीव बेशक खाए जा रहा था, लेकिन रोहन ने बाहर किसी को अपनी चिंता का एहसास भी नहीं होने दिया और अपनी दिनचर्या को हमेशा की तरह बरकरार रखा। दो दिन बाद ब्लड और अन्य टेस्ट्स की रिपोर्ट आई, बस फिर क्या, रोहन का सब कुछ जैसे खत्म हो गया। डॉक्टर ने उन्हें बताया कि वे आँतों के कैंसर से जूझ रहे हैं और यह अपने उन्नत चरण में आ चुका है, जो उनके लिवर तक फैल गया था। रोहन एक ऐसे व्यक्ति हैं, जो एक मल्टीनेशनल कॉर्पोरेशन में नौकरी करते हुए बेहद व्यस्त दिनचर्या का अनुसरण करते हैं और अपने करियर के प्रति बेहद समर्पित युवाओं में से एक हैं। करियर को लक्ष्य मानते हुए वे अपने जीवन में लगातार आगे बढ़ रहे थे। सुनियोजित योजनाओं में 23 की उम्र में नौकरी, 30 की उम्र में शादी, 35 की उम्र में बच्चे और एक उच्च स्तर के जीवन के साथ 60 की उम्र में रिटायरमेंट हो जाएगा, उन्हें लगता था कि जीवन कुशलता से आगे बढ़ता जाएगा। लेकिन, कहते हैं न कि जो आपको मंजूर हो, वही नियति को भी मंजूर हो, जरुरी नहीं। 28 वर्ष की उम्र में शरीर में कैंसर का विकसित होना कुछ ऐसा महसूस हुआ, जैसे मुट्ठी से जीवन रूपी रेत पूरी की पूरी ही फिसल गई हो। बेशक, यह जानलेवा बीमारी उनके निर्धारित भविष्य का कतई हिस्सा नहीं थी। जीवन में आने वाली तमाम चुनौतियों का डटकर सामना करने का हुनर रखने वाले उस शख्स को महज एक बीमारी ने भीतर तक चूर-चूर कर दिया। उसने खुद को भाग्य की ऐसी कसौटी में उलझा हुआ पाया, जिसकी उसने कभी कल्पना भी नहीं की थी। यह कहानी एक रोहन की नहीं है। ऐसे लाखों रोहन हैं, जो तेजी से इस जानलेवा बीमारी की चपेट में आ रहे हैं। हाल के वर्षों में, युवा लोगों में कैंसर के विकसित होने की घटनाओं में चिंताजनक और उल्लेखनीय वृद्धि देखने को मिली है। परंपरागत रूप से इसे बढ़ती उम्र में होने वाली बीमारी माना जाता था, लेकिन वर्तमान समय में जिस प्रकार यह

युवा आबादी को अपना शिकार बना रही है, ऐसे में यह गंभीर चिंता का विषय बन बैठी है। शोधकर्ता निरंतर रूप से युवाओं में इसके व्यापक रूप से पनपने के मूल कारणों की जाँच कर रहे हैं। हालाँकि, इस बीमारी के शरीर में पनपने के कई कारण हैं, लेकिन एक करीबी जाँच से कैंसर की दर में वृद्धि में पर्यावरण, जीवन शैली और आहार संबंधी कारकों के बीच एक चिंताजनक संबंध का पता चलता है। कैंसर की सबसे बड़ी वजहों में धूम्रपान, तंबाकू और शराब का सेवन, मोटापा, शरीर में पोषक तत्वों और फिजिकल एक्टिविटी की कमी शामिल है। यह स्पष्ट है कि नई पीढ़ी सबसे बेहतर जीवन शैली की होड़ में लगी हुई है। यह सबसे बड़े कारणों में से एक है कि हाल के वर्षों में, युवाओं में धूम्रपान की प्रवृत्ति तेजी से बढ़ी है। हम मानें या न मानें, लेकिन यह भविष्य के लिए खतरे का स्पष्ट सूचक है। इससे भी अधिक चिंताजनक बात यह है कि यह उन युवाओं को भी अपने घेरे में ले रहा है, जो धूम्रपान से परहेज करते हैं। वातावरण में धूम्रपान का आवरण इस कदर बढ़ रहा है कि इसमें शामिल न होने के बावजूद वे छोटी उम्र से ही खुद को सिगरेट आदि के धुएँ और प्रदूषण में घिरा हुआ पाते हैं। वायु प्रदूषण और सिगरेट के धुएँ की खतरनाक जोड़ी के अलावा, अन्य असंख्य कारक युवा व्यक्तियों के शरीर को कैंसर का घर करने में योगदान करते हैं। हमारी आधुनिक जीवनशैली में अत्यधिक शराब का सेवन, नींद की कमी, धूम्रपान, मोटापा और अत्यधिक प्रोसेस्ड फूड्स का सेवन जैसी आदतें शामिल हैं, जो जाने-अनजाने में कैंसर के शुरुआती लक्षणों के पनपने का कारण बनती हैं। शोधकर्ताओं का कहना है कि आज के युवाओं को तुलनात्मक रूप से नींद काफी कम मिल रही है। लम्बे समय तक इसकी निरंतरता न सिर्फ जीवन में कई तरह की परेशानियाँ, बल्कि शुरुआती कैंसर में वृद्धि करने का कारण भी बनती है। शोधकर्ताओं ने इस बात पर भी जोर दिया कि समाज में प्रचलित पश्चिमी भोजन और जीवनशैली कैंसर के शुरुआती लक्षणों को तेजी से बढ़ाती है, जिसमें अब भी बदलाव न लाया गया, तो बहुत देर हो जाएगी। रोगप्रतिरोधक क्षमता कम करने वाली दवाइयों और रसायनों का उपयोग धड़ल्ले से हो रहा है। महानगरों में इसकी अधिकता है, क्योंकि यहाँ प्रकृति के साथ हर दिन छेड़छाड़ की जा रही है। अधिक मुनाफे के चक्कर में लोगों के शरीर में जहर उतारा जा रहा है। खाद्य पदार्थों आदि में भारी मात्रा में मिलावट हो रही है। इसी मिलावट का परिणाम है कि कैंसर रोगी दिन-ब-दिन बढ़ते जा रहे हैं। आज केमिकल्स का प्रयोग करके चंद दिनों में ही सब्जियाँ पकाई जा रही हैं। सब्जियों की पैदावार से लेकर पकाने तक में कीटनाशकों का प्रयोग हो रहा है। इसके अलावा, बचता है पानी और मिट्टी, सो हमने उन्हें भी प्रदूषित कर दिया है। इंडस्ट्री का गंदा पानी नदियों में छोड़ा जा रहा है, वही पानी बिना ट्रीटमेंट के लोगों के घरों तक पहुँच रहा है। लोगों के शरीर और बालों को नुकसान पहुँचाते हुए इस जहरीले पानी का सीधा प्रभाव लोगों की पाचन शक्ति और प्रजनन शक्ति पर पड़ता है। ये विषाक्त पदार्थ आने वाली पीढ़ियों में जन्म के समय से ही शामिल रहते हैं और वे जन्मजात विकृत पैदा हो रहे हैं। बेशक, आज जन्म दर बढ़ी है, लेकिन इन कारणों से मृत्यु दर भी बहुत ज्यादा बढ़ चुकी है। हमारे पर्यावरण में प्रदूषण का बढ़ता स्तर एक "साइलेंट किलर" का भयानक रूप ले रहा है, जो न सिर्फ हमारी युवा पीढ़ी के स्वास्थ्य, बल्कि उनके भविष्य को भी बुरी तरह प्रभावित कर रहा है। यह जोखिम उनकी तत्काल जीवनशैली को ही नहीं दबोच रहा है, बल्कि धूम्रपान से जुड़े खतरों को भी बुरी तरह बढ़ावा दे रहा है, जिससे कैंसर का शिकार होने की संभावना काफी हद तक बढ़ जाती है। यह एक मूक खतरा है, जो हमारे युवाओं के बेहतर स्वास्थ्य को गंभीरता से लेने और इस पर तत्काल ध्यान देने और निर्णायक कार्रवाई करने की माँग करता है। भारत में, हर वर्ष 16 लाख नए कैंसर के मामले सामने आते हैं। नेशनल इंस्टीट्यूट ऑफ हेल्थ के शोधकर्ताओं ने पाया कि कणीय वायु प्रदूषण के उच्च स्तर वाले क्षेत्र में रहने से स्तन कैंसर की घटनाओं में वृद्धि हो रही है। उच्च प्रदूषक जोखिम वाले क्षेत्रों में रहने से स्तन कैंसर की घटनाओं में 8% की वृद्धि हुई है। हालाँकि यह अपेक्षाकृत मामूली वृद्धि है, लेकिन ये निष्कर्ष महत्वपूर्ण हैं, क्योंकि वायु प्रदूषण एक सर्वव्यापी जोखिम है, जिससे सभी प्राणी प्रभावित होते हैं। पंजाब के फाजिल्का के अबोहर शहर के एक क्षेत्र को "कैंसर स्ट्रीट" के नाम से जाना जाता है, क्योंकि यहाँ के रहवासी बड़ी संख्या में कैंसर से पीड़ित हैं। गौंसपुर, चूड़ीवाला, धारंगवाला और बुर्जमोहर जैसे गाँवों में भी कैंसर से होने वाली मौतों का आँकड़ा काफी अधिक है। इतना ही नहीं, यहाँ के लोगों में गंभीर त्वचा व दाँतों की समस्या और बच्चों में बौद्धिक विकलांगता जैसी बीमारियाँ भी बहुत सामान्य हैं।

"कर भला तो हो भला"; अब भी समय है, इस कहावत को जीवन में उतार लीजिए - अतुल मलिकराम, लेखक

जब हम किसी के लिए सहानुभूति और उदारता का भाव रखते हैं, तो समय अपनी झोली में उस सहानुभूति और उदारता का कुछ हिस्सा हमारे लिए सहेजता जाता है। फलस्वरूप कुछ सुनी-सुनी सी प्रतीत हो रही है न! आप सही समझे हैं, हम सभी ने अपने स्कूल के दिनों में हिंदी विषय में 'कर भला तो हो भला' अध्याय पढ़ा है, लेकिन अफसोस, कच्ची उम्र में दी गई इस पक्की सीख के मायने हमारी असली कक्षा में आते-आते फीके पड़ने लगे और अब तो यह कहावत सामने आने पर हम यह सोच रहे हैं कि इसे हमने आखिर पढ़ा कब और कहाँ था?

अब बात निकली है, तो बचपन में दी गई इस अनमोल सीख को एक बार आपके सामने पेश कर ही देता हूँ। यह कहानी है चींटी और कबूतर की। एक बार एक चींटी एक जंगल में नदी किनारे खड़े एक पेड़ की शाखा पर चल रही थी। अचानक तेज हवा चली और उसके झोंके से चींटी नदी में गिर गई और पानी में बहने लगी। चींटी ने बचने की खूब कोशिश की, लेकिन असफल रही। उसी पेड़ की टहनी पर बैठे एक कबूतर की नजर अचानक से उस नन्ही चींटी पर पड़ी और उसने बिना एक सेकंड की भी देर किए अपनी चोंच की सहायता से पेड़ पर से एक

अतुल मलिकराम | राजनीतिक रणनीतिकार

पत्ता तोड़ा और चींटी के ठीक पास पानी में डाल दिया। नदी में डूबने को तिनके का सहारा मिल गया और चींटी उस पत्ते पर बैठ गई। अब वह बिलकुल सुरक्षित थी। कबूतर ने जल्दी से उड़कर वह पत्ता पुनः चोंच से उठाकर पेड़ पर रख दिया। इस प्रकार, चींटी को जीवन दान मिल गया और वो दोनों अच्छे मित्र बन गए। कुछ दिनों बाद उस जंगल में एक शिकारी आया और उसने पेड़ पर आराम कर रहे कबूतर को निशाना बनाना चाहा।

इस बात का अंदाजा कबूतर को बिलकुल भी नहीं था कि शिकारी के वेश में मौत उसके सामने खड़ी है। लेकिन पेड़ के तने पर बैठी चींटी ने जैसे ही शिकारी को देखा, वह तुरंत उसकी मंशा को भाँप गई। इस बार उसके प्राणों की रक्षा करने वाले कबूतर और उसके सबसे अच्छे मित्र का जीवन संकट में था। उसने तुरंत ही अपने नन्हे-नन्हे कदमों से तने से उतरना शुरू कर दिया और शिकारी की पीठ पर चढ़ गई। जैसे ही शिकारी ने अपना निशाना साधा, चींटी ने उसे जोरदार डंक मार दिया, फिर क्या था, शिकारी का निशाना चूक गया और तीर दूसरी टहनी से टकरा कर सीधा निकल गया। कबूतर ने जैसे ही नीचे देखा कि शिकारी उसकी जान लेना चाहता है, वैसे ही वह अपने स्थान से उड़ गया। इस बार चींटी ने कबूतर की जान बचा ली।

बचपन में सिखाई गई यह कहानी हमें सीख देती है कि संसार में हम लोगों के साथ जैसा व्यवहार करते हैं, बिलकुल वही व्यवहार हमारे पास लौट कर आता है। यह भी सत्य है कि कोई कितना ही संपन्न या समृद्ध हो, मुसीबत सबके जीवन में आती है। इसलिए यदि हम चाहते हैं कि हमारे संकट के समय में हमें उचित सहायता मिले, तो पहले हमें यह रवैया अपनाना होगा और किसी मुसीबत में फँसे लोगों और अन्य प्राणियों की निःस्वार्थ भाव से सहायता करना होगी। चींटी और कबूतर की कहानी इसी सोच को प्रकट करती है। जीवन अनगिनत सफलताओं और असफलताओं का सफर है, और इस सफर में हमें अनगिनत चुनौतियों का सामना करना पड़ता है। जब समय मुश्किल दौर से गुजर रहा होता है और सफलता के रास्ते धुँधले नजर आते हैं, तो "कर भला तो हो भला" कहावत ही हमारे सामने सच्ची मार्गदर्शक बनकर सामने आती है। यह कहावत अपने में जीवन का सबसे बड़ा सबक लिए है, जो हमें यह सिखाती है कि यदि हमारे भीतर दूसरों का भला करने की प्रवृत्ति है, तो वह किसी न किसी रूप में हमारे लिए भी भला ही लेकर आएगी। इस उक्ति का मतलब यह नहीं है कि हमें अपने स्वार्थ के लिए ही कार्य करते रहना चाहिए, बल्कि यह बताती है कि यदि हम दूसरों की मदद करते हैं, तो इससे सिर्फ दूसरों का ही नहीं, बल्कि हमारा भी भला होता है। एक सही कार्य करने से न सिर्फ हमारी आत्मा पवित्र होती है, बल्कि यह हमें समर्पण की भावना का उत्थान भी देता है।

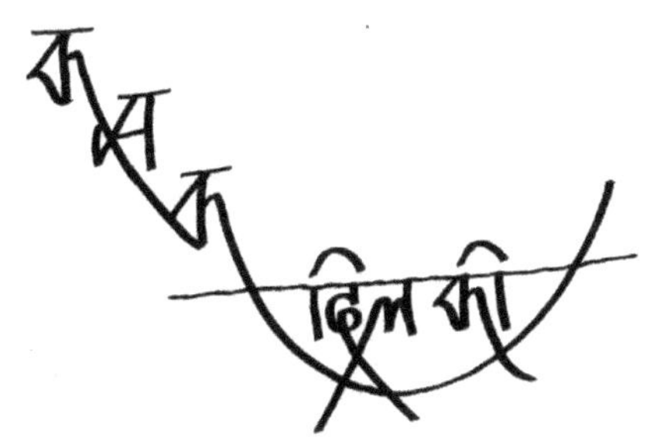

शिक्षा और प्रेरणा

कहाँ गई वो जादू की पाठशाला?

01

कहाँ गई वो जादू की पाठशाला?

एक बच्चे के रूप में मेरा स्कूल बहुत अलग था। आज के बच्चे ऐसी शिक्षा और ऐसे बचपन से कोसों दूर हैं। चीज़ें पहचान से परे हो गई हैं। बूढ़े लोग अक्सर अतीत के बारे में बातें करते हैं। हमारे समय में ऐसा था वैसा था और न जाने क्या-क्या? लेकिन वे सही कहते हैं। आप पूछ सकते हैं कि मेरे स्कूल में ऐसा क्या अलग था?

दसवीं कक्षा तक मैंने एक ऐसे स्कूल में पढ़ाई की, जो बुनियादी शिक्षा के सिद्धांतों का पालन करता था। इनमें से मैंने वास्तव में चार साल राजकोट के सेवाग्राम आश्रम में स्थित स्कूल में बिताए। शिक्षा को प्रकृति से दूर उबाऊ विषयों को लेकर कक्षा की चारदीवारी तक ही सीमित नहीं रखा जाना चाहिए। बच्चे प्रकृति की गोद में सामाजिक रूप से उपयोगी कार्य करके सबसे अच्छा सीखते हैं। इस तरह बच्चों का दिमाग विकसित होगा और वे कई तरह के उपयोगी कौशल सीखते हैं। स्कूल में शिक्षा के ऐसे नये प्रयोग आगे कभी नहीं दिखे। यहाँ, मैं उनमें से कुछ आपके साथ साझा करना चाहूँगा।

जानवरों का परिचय

आज प्रकृति और वन्य जीवन के संरक्षण की बहुत चर्चा हो रही है। लेकिन सालों पहले यह विषय इतना प्रचलन में नहीं था। हमारे एक शिक्षक श्री तिवारी अक्सर उद्यानों पर बैठकर अपनी कक्षाएँ चलाते थे। वे हमें जंगल की कहानियाँ सुनाते थे। उन्होंने हमें अपने अनुभवों के बारे में कहानियाँ भी सुनाईं।

एक बार उन्होंने एक घायल मोर देखा। चूँकि, मनुष्य को देखकर अक्सर वन्यजीव डर के कारण भागते हैं, वह अत्यंत पीड़ा में था, इसलिए भाग न सका। वे उसे घर लेकर आए और उसकी देखभाल की। वह मानो उनका मित्र बन गया। और खुद उनके हाथों से दाने खाने आता था। उन्होंने जो कहानियाँ हमें सुनाईं, उनसे जानवरों के प्रति उनके गहरे प्रेम और करुणा का पता चलता है।

उनकी कहानियाँ सुनना अचेतन अवस्था में जाने जैसा था, मानों हम स्वयं जंगल की पगडंडी पर चल रहे हों। श्री तिवारी शब्दों के विशेषज्ञ थे और जंगल का चित्र शब्दों में उकेर कर रख देते थे। उनकी कहानियों ने मुझ पर गहरा प्रभाव डाला और मैं जल्द ही जंगल और उसके वन्य जीवन से प्यार करने लगा।

आजकल पाठ्य पुस्तकों में जानवरों पर अध्याय आमतौर पर एक नीरस वाक्य से शुरू होता है, जानवर भी जीवित प्राणी हैं। क्या ऐसे बेतुके शब्द कभी बच्चों की कल्पना को जगाने और उन्हें प्रेरित करने में सफल होंगे?

संत उत्सव और संस्कृति

तुलसीदास, सूरदास, मीराबाई, कबीरदास, संत तुकाराम के दोहों को हमें कड़वी गोली की तरह नहीं निगलना था। प्रत्येक वसंत पंचमी में हमारे विद्यालय में संतों का उत्सव आयोजित किया जाता था। हम निबंध लिखेंगे, चित्र बनाएँगे, भित्ति चित्र बनाएँगे, काव्य पाठ करेंगे और संतों के जीवन की प्रेरक घटनाओं को दर्शाने वाले लघु नाटक करेंगे। इस आयोजन में एकाध नहीं, बल्कि हर एक बच्चे ने हिस्सा लिया। पूरे स्कूल में उत्सव मनाया गया। इन्हीं संगीत मंडलियों में से मैंने पहली बार राग 'यमन' गाना सीखा। एक साप्ताहिक प्रतियोगिता भी होती थी, जिसमें आपको चौपाई और दोहों की अंताक्षरी खेलना होता था। यहाँ मैंने कई दोहे और चौपाई खेल-खेल में ही सीख लिए। खेल के उत्सवी माहौल में हमने कई महत्वपूर्ण सबक सीखे।

मैंने वनस्पति विज्ञान कैसे सीखा?

अधिकांश स्कूलों में वनस्पति विज्ञान अच्छी तस्वीरों या रेखाचित्रों वाली पाठ्यपुस्तकों के माध्यम से या जार में रखे जीवित नमूनों के साथ पढ़ाया जाता है। बच्चे पौधों की विभिन्न प्रजातियों और उनकी पत्तियों और जड़ों की विभिन्न किस्मों के वानस्पतिक नामों का उच्चारण करने में कठिन प्रयास करते हैं। परीक्षा के बाद वे जल्द ही यह सब शब्दजाल भूल जाते हैं। हमारे स्कूल के पास बहुत सारे बगीचे और मैदान थे, जिनमें विविध प्रकार के पौधे थे। सबसे अच्छी बात यह थी कि हमारे शिक्षक हमें नियमित रूप से क्षेत्र भ्रमण और भ्रमण पर ले जाते थे। इन सैर पर हम पौधों को करीब से देख सकें और उसे जान सकें। किसी भी पौधे से हमारा पहला परिचय उसके सामान्य नाम से होता था ताकि हम उसके दोस्त बन सकें।

वास्तविक जीवन से गणित का संबंध

"आपको एक रुपए में 40 केले मिलते हैं, 3 रुपए में 1 आम मिलता है और 5 रुपए में 1 सेब मिलता है।

अब आप कितने सेब, केला और आम खरीदेंगे कि आपको 100 रुपए में 100 फल मिल जाएँ?" गणित पर हमारी किताबें ऐसे बेतुके सवालों से भरी पड़ी हैं। विवादास्पद प्रश्न यह है, "क्या गणित और वास्तविक जीवन के अनुभवों के बीच कोई संबंध है?" हाँ बिल्कुल है, जैसे:

बुनियादी संचालन: कक्षा में विद्यार्थियों की संख्या, कितने उपस्थित/अनुपस्थित? कितने लड़के बनाम लड़कियाँ? जन्मतिथि के महीने, उम्र, भाई-बहनों की संख्या, पसंदीदा पालतू जानवर, भोजन, रंग। कमरे में कितने जूते?

अनुमान लगाना: वे स्कूल से कितनी दूर रहते हैं? स्कूल भवन के चारों ओर एक बार, पाँच बार घूमने में कितना समय लगेगा? कब तक घर चलना है? वे प्रतिदिन कितना समय अवकाश पर बिताते हैं? प्रति सप्ताह एक भरी स्कूल बस में कितने बच्चे बैठे हैं? यदि कक्षा के छात्र एक पंक्ति में सिर से पैर तक लेटे हों, तो पंक्ति कितनी लंबी होगी? कक्षा का आकार क्या है?

फ्रैक्शन: समूह/वर्ग का कौन सा फ्रैक्शन स्नीकर्स पहन रहा है? क्या लाल पहना हुआ है? क्या आपके पास कुत्ता है? कोई बहन है? केले पसंद हैं? यदि कक्षा में 24 छात्र हैं, तो कक्षा का आधे छात्र कितने हैं?

पैसा: प्रत्येक छात्र प्रत्येक सप्ताह दोपहर के भोजन पर कितना खर्च करता है? घर से किसी एक वस्तु की क्लास 'टैग बिक्री' करें, वे कीमत लगा सकते हैं और बेचने का दिखावा कर सकते हैं। सबसे ज्यादा खर्च कौन करेगा? कम से कम? इनमें से कौन सा बहुत महँगा/अधिक कीमत वाला है? 25% छूट वाली बिक्री के साथ कीमतें बदलें।

यह बच्चों के लिए गणित सीखना मज़ेदार और प्रासंगिक बनाता है। दुर्भाग्य से, आधुनिक गणित पाठ्यक्रम इस तरह की बुनियादी शिक्षा की अनुमति नहीं देती। लेकिन एक कुशल शिक्षक हमेशा, गणित को बच्चों के जीवन से जोड़ने के तरीके ढूँढ़ते हैं।

कृषि में प्रयोग

स्कूल में रहते हुए, प्रत्येक बच्चे को सब्जियाँ उगाने के लिए जमीन का एक छोटा टुकड़ा आवंटित किया गया था। हमें खुद ही जुताई, निराई, पानी और सामान उगाना पड़ता था। अक्सर अपनी फसलों की सिंचाई के लिए पानी निकालने के लिए कुओं पर छात्रों की लंबी कतार लगी रहती थी। इसलिए, कई बच्चों को रात में ही अपने खेतों में पानी देना पड़ता था। अपने स्वयं के फल और सब्जियाँ उगाकर हमने कृषि विज्ञान का सहारा लिया। एक बीज को बोने से लेकर उसके अंकुरण फूटने तक की क्रिया को देखना बहुत ही अद्भुत था। ऐसे गतिशील माहौल में हमने कृषि के बारे में बहुत कुछ सीखा।

जीवन के लिए शिक्षा

नई तालीम पद्धति पर अक्सर शारीरिक श्रम पर बहुत अधिक जोर देने का आरोप लगाया जाता है, जो ज्ञान प्राप्त करते समय हानिकारक हो जाता है। जब मद्रास प्रांत में बुनियादी शिक्षा शुरू की गई, तो लोगों ने कहा, "शारीरिक श्रम में बहुत समय बर्बाद होता है, और इसलिए हमारे बच्चे अपनी पढ़ाई में पिछड़ रहे हैं।" ऐसे आरोपों के कारण मद्रास के तत्कालीन मुख्यमंत्री राजाजी को इस्तीफा देना पड़ा।

मेरा मानना है कि यदि कोई बच्चा ए फॉर एप्पल ही जान रहा है, दस अलग-अलग चीजें नहीं जान रहा है, तो उसके ज्ञान का आधार कमजोर है। बुनियादी शिक्षा का मतलब ही यही है कि दस और चीजें जानें, दस और तरीके जानें। फालतू के विषय ही क्यों पढ़ाना? जो जरूरी विषय हैं, यानि जिनसे शिक्षा के साथ उनकी रोज़ी भी चल जाए, ऐसे विषयों पर ज़ोर देने की जरूरत है। मैं आप सब से इस लेख के माध्यम से पूछना चाहता हूँ, बेमतलब बच्चों पर सिलेबस का बोझ लादने से क्या बच्चों की शिक्षा पूरी हो जाएगी?

अंग्रेजी का बढ़ता प्रचलन, दूर कर रहा हमें मातृभाषा से

02

अंग्रेजी का बढ़ता प्रचलन, दूर कर रहा हमें मातृभाषा से

क्या मातृभाषा को अनदेखा करना सही है?

बात शुरू करता हूँ अंग्रेजी के बढ़ते प्रचलन से। आज सभी अंग्रेजी के पीछे भाग रहे हैं। हमारे देश में अंग्रेजी का प्रचलन बढ़ता ही जा रहा है। आजकल शिक्षा व्यवस्था खासतौर पर अंग्रेजी विद्यालयों में हिंदी का कोई विशेष महत्व नहीं है। तो क्षेत्रीय भाषा की बात ही कौन करे? इसकी वजह से बच्चे हिंदी की अहमियत को अच्छे से समझ नहीं पाते। इसी कारण हिंदी भाषा हमारे समाज से धीरे-धीरे गायब होती जा रही है। दूसरा बड़ा कारण, जब कोई युवा नौकरी के लिए जाता है तो उसके सामने सबसे पहले अंग्रेजी बोलने की शर्त रख दी जाती है। इससे युवा पीढ़ी में गलत संदेश जाता है। हम पचास भाषाएँ सीखें, अच्छी बात है, लेकिन क्या मातृभाषा या क्षेत्रीय भाषा को अनदेखा करना सही है?

शिक्षा का माध्यम अंग्रेजी है। उच्च स्तर की किताबें अंग्रेजी में हैं। हिंदी या अन्य भारतीय भाषाओं के शब्द भण्डार को बढ़ाने के लिए कोई काम नहीं हो रहा है। साक्षात्कार, प्रतियोगी परीक्षाएँ आपको अंग्रेजी में देना है, तो हिंदी या बाकि भाषाओं का महत्व ही क्या है?

अपने ही देश में, अपनी ही भाषाओं की इज्जत नहीं हैं। मैंने देखें हैं वो निराश चेहरे, जो कितने भी योग्य क्यों न हों, अंग्रेजी न आने या ठीक से न बोल पाने की वजह से अवसादग्रस्त हैं। और ऊपर से इसे उच्च वर्ग की भाषा मान लिया गया है। होटलों में, कार्यालयों में, जहाँ कहीं भी आप जाओ, यदि अंग्रेजी में बोले, तो आपको स्पेशल ट्रीटमेंट मिलेगा। क्या यह गुलामी की मानसिकता का प्रतीक नहीं?

ऐसा लगता है कि आज आर्थिक और तकनीकी विकास के साथ-साथ हिंदी भाषा अपने महत्व को खोती चली जा रही है। आज हम सफलता पाने के लिए अंग्रेजी भाषा सीखना और बोलना चाहते हैं। हर माता-पिता यही चाह रहे हैं कि हमारे बच्चे अंग्रेजी माध्यम से पढ़ाई करें और फर्राटेदार अंग्रेज बोलें। एक हद तक ठीक है, लेकिन इस बात को भी नज़रअंदाज नहीं किया जा सकता है कि अंग्रेजी हम सभी को मानसिक रूप से कमजोर कर रही है।

अंग्रेजी का दुष्परिणाम भी दिन प्रतिदिन देखने को मिल ही रहा है। आजकल के बच्चों को अपनी मातृभाषा ही बोलते नहीं आ रही, और लिखना तो फिर बहुत दूर की बात है। प्रश्न यह है कि इस स्थिति में बच्चे अपने ही देश में अपने ही देश की भाषा को बढ़ावा देने में कैसे योगदान देंगे ?

यह बात निस्संकोच कही जा सकती है कि जिस ईमानदारी से फ्रांस में फ्रेंच भाषा को प्राथमिकता दी जाती है या चीन में चीनी भाषा को, उस ईमानदारी से भारत देश में हिंदी का वह मूल नहीं है। यही कटु सत्य है, जिसके साथ विशेष रूप से नई पीढ़ी जी रही है। हिंदी के नाम से तमाम तरह के आन्दोलन चलाने, भावुक वक्तव्य प्रस्तुत करने और हिंदी में स्तुति गाने के बजाए एक हिंदी भाषी को हिंदी सीखने पर ध्यान देना चाहिए। समझना चाहिए कि हिंदी की परिभाषा सिर्फ भावना तक ही सीमित नहीं है, बल्कि यह एक व्यवहार है।

बोलचाल की भाषा में अछूत प्रथा मानना हमारी राष्ट्र भाषा पर कई सवाल दागता है। अंग्रेजी भाषा को अनिवार्य करने के बजाए हिंदी को अनिवार्य करने पर ध्यान देने की बहुत जरुरत है, क्योंकि हिंदी भाषा अनिवार्य होगी, तो न सिर्फ बोलने, बल्कि लिखने की आदत भी छात्रों में आएगी, और अभी की तुलना में वे अपने हिंदी कौशल को प्रत्यक्ष रूप से बढ़ा सकेंगे।

शिक्षक को समय-समय पर स्वयं को अपडेट करना क्यों है जरूरी?

03

शिक्षक को समय-समय पर स्वयं को अपडेट करना क्यों है जरूरी?

शिक्षक कौन होता है? जो आपको अच्छी शिक्षा देता है, है न! सिर्फ ज्ञानी होना शिक्षक होना तो नहीं कहला सकता और फिर शिक्षकों का तो कर्तव्य ही होता है कि वे अपने छात्रों में उच्च नैतिकता और मजबूत चरित्र का विकास करें। यदि शिक्षक ऐसा करने में विफल रहते हैं, तो इसका मतलब है कि वे अपनी सामाजिक और राष्ट्रीय जिम्मेदारियों से विमुख हो रहे हैं और इस तरह, वे अपने महान पद के प्रति निष्ठाहीन ही हैं। एक शिक्षक दूसरों से क्यों अलग होता है? क्योंकि वह किसी भी व्यक्ति के लिए किताबी ज्ञान के साथ ही नैतिक आचरण और मजबूत चरित्र का भी निर्माण करता है। मेरे हिसाब से एक अच्छा शिक्षक वह है, जो श्रेष्ठ बनाने के बजाए आपको उत्तम बनाने का प्रयास करे।

प्रत्येक बच्चे में कोई न कोई ऐसे गुण जरूर होते हैं, जिन्हें व्यक्तित्व के विरासत में मिले गुण भी कहा जा सकता है; इसलिए प्राथमिक स्तर पर, एक छात्र की गुणवत्ता और योग्यता की पहचान उसके शिक्षक द्वारा की जाना चाहिए। शिक्षक को चाहिए कि बिना भेद-भाव किए बच्चे के उस गुण को पहचाने और उसे उन्हीं कार्यकलापों के लिए प्रेरित करे। इसके लिए यह आवश्यक है कि एक निश्चित स्तर तक की पढ़ाई पूरी करने के बाद नैतिक ज्ञान के अतिरिक्त तकनीकी ज्ञान प्राप्त करने की सुविधाएँ भी प्रदान की जाएँ, उस विशेष गुण के साथ जिसकी पहचान उसके शिक्षक द्वारा पहले ही उसके व्यक्तित्व में की जा चुकी है। चूँकि स्वभाव से ही उसकी रुचि उस ज्ञान में है, इसलिए वह उसे आसानी से प्राप्त कर लेगा और साथ ही उसमें निपुण हो जाएगा।

जब वह स्नातक स्तर तक अपनी पढ़ाई पूरी कर लेता है और इस अतिरिक्त ज्ञान के साथ किसी कॉलेज या विश्वविद्यालय से बाहर आता है, तो उसके पास एक दिशा होती है। ऐसे में, भले ही उसे प्राइवेट या सरकारी नौकरी मिले या न मिले, लेकिन वह अपने तकनीकी ज्ञान के आधार पर किसी न किसी तरह का स्वरोजगार हासिल करने में सफल होगा।

इसके लिए शिक्षकों की भी ट्रेनिंग हो, टेस्ट हो, शिक्षक स्वयं भी इसके लिए प्रयास करें और समय के साथ स्वयं को अपडेट रखें, जैसे कि नई शिक्षण विधियों, नवीनतम तकनीकों और विषय विशेष के साथ अपडेट रहने से आप अपने छात्रों को बेहतर ढंग से पढ़ा पाएँगे।

टीचर्स को छात्रों के साथ प्रैक्टिकल अनुभव साझा करना चाहिए। प्रैक्टिकल अनुभव से टीचर्स छात्रों की जरूरतों को समझ सकते हैं और उन्हें बेहतर ढंग से पढ़ा सकते हैं।

अपने अंदर संवेदनशीलता और धैर्य को विकसित कर शिक्षक अपने छात्रों की जरूरतों और चुनौतियों को समझ सकते हैं और उन्हें उचित मार्गदर्शन प्रदान कर सकते हैं। और जब टीचर्स खुद को अपडेट रखेंगे, तो ही पुरानी प्रणाली को बदलने के लिए उचित माँग कर पाएँगे। मेरे हिसाब से, इन्हीं सिद्धांतों के आधार पर शिक्षकों के वेतन में वृद्धि होना सुनिश्चित किया जाना चाहिए और कम से कम तभी उनकी शिक्षा को परिणामोन्मुख माना जाएगा।

स्कूलों की रटंत शिक्षा नहीं, सीखने वाली शिक्षा है जीवन के लिए जरूरी

04

स्कूलों की रटंत शिक्षा नहीं, सीखने वाली शिक्षा है जीवन के लिए जरूरी

सिर्फ एक डिग्री नहीं, बल्कि रोजगार की ओर पहल का माध्यम भी हो शिक्षा

जब बात आती है एक निहित शिक्षा प्रणाली की, मेरा ख्याल है कि इससे अधिकांश लोग प्रभावित होते हैं। कठिन पाठ्यक्रम संरचना से लेकर मैरिट स्कोरिंग प्रणाली तक, सब कुछ बहुत पुराना है।

कुछ देशों को छोड़कर दुनिया भर में कहानी एक-सी है। मौजूदा शिक्षा प्रणाली की सबसे चौंकाने वाली समस्या यह है कि यह छात्रों को डिग्री धारक बनाने की प्रवृत्ति होती है। मुझे गलत न समझें। मैं किसी भी डिग्री के मूल्य को कम नहीं कर रहा हूँ। हालाँकि, जब एक छात्र के जीवन में एक डिग्री हासिल करना ही एकमात्र प्रेरणा बन जाती है, तो शिक्षा का पूरा उद्देश्य ही चकनाचूर हो जाता है।

जब कोई बच्चा अपनी औपचारिक शिक्षा शुरू करता है, तो वह प्राथमिक स्तर पर प्रवेश करता है और धीरे-धीरे, बीस या बाईस वर्ष की आयु में, स्नातक की डिग्री प्राप्त कर लेता है। इतने सालों के बाद भी यदि उसे अपना करियर शुरू करने के लिए कोई लक्ष्य नहीं मिल रहा है या कोई दिशा नहीं मिल रही है, तो ऐसी शिक्षा का फायदा ही क्या? उसके हाथ में जो डिग्री है, उसका फायदा ही क्या? डिग्री प्राप्त करने के बाद, छात्रों के पास अपने भविष्य के लिए एक स्पष्ट दिशा होना चाहिए; उन्हें अपने भविष्य के लक्ष्य के प्रति कोई संदेह नहीं होना चाहिए; उन्हें नौकरी के बारे में चिंतित नहीं होना चाहिए।

लेकिन हकीकत में आजकल हम देखते हैं कि हमारी युवा पीढ़ी दिशाहीन है। हमारे युवा भटके हुए हैं और उनमें असहायता और निराशा की भावना घर कर रही है। एक सर्वेक्षण के अनुसार, ऐसे लाखों पुरुष और महिलाएँ हैं, जो स्नातक, स्नातकोत्तर और डॉक्टरेट स्तर पर अपनी पढ़ाई पूरी करने के बाद भी अपनी पसंद का रोजगार ढूँढ पाने में असफल रहते हैं। क्या यह हमारी सामाजिक एवं शैक्षणिक व्यवस्था की विफलता नहीं है? अपने जीवन के स्वर्णिम वर्ष उच्च शिक्षा प्राप्त करने में व्यतीत करने के बाद भी हमारे युवा आत्मनिर्भर नहीं हैं।

ऐसे में, वे अपनी रोजमर्रा की समस्याओं से कैसे छुटकारा पा सकेंगे और समाज व राष्ट्र के लिए कुछ योगदान देंगे भी तो क्या? इसलिए इस समस्या को हल करना न सिर्फ इस देश के युवाओं के सामने, बल्कि शिक्षाविदों, विद्वानों और सरकार में बैठे लोगों के सामने भी एक चुनौती है।

इसलिए आज परिणामोन्मुख शिक्षा की आवश्यकता है। मेरी राय में, शिक्षा एक ऐसी जीवनदायी प्रक्रिया है, जो किसी को भी इतना कुशल बना सकती है कि वह खुद की और समाज की प्रगति में योगदान कर सके। यह कक्षाओं और डिग्रियों तक ही सीमित नहीं है। यह सिर्फ शैक्षिक ज्ञान ही प्रदान नहीं करती, बल्कि जीवन के स्कूल में भी अतुल्य ज्ञान प्रदान करती है।

विज्ञान, साहित्य, इतिहास, भूगोल आदि के ज्ञान के अलावा, व्यक्तित्व के निर्माण, सेवा, सार्वजनिक भाषण, संवाद कला, नेतृत्व, ग्रूमिंग, गृहस्थ जीवन कला, स्वास्थ्य और फिटनेस के क्षेत्रों में भी युवा पीढ़ी को दक्ष बनने की जरुरत है। मुझे यह काफी देर समझ में आया, जब मुझे एकेडमिक्स के अलावा और स्थितियाँ भी डोलती हुई दिखाई पड़ी। मेरे सामाजिक कौशल अछूते थे और मेरी डिग्री के अलावा अन्य क्षेत्रों के ज्ञान मुझ में कम था।

जब से मैंने इस पर काम करना शुरू किया है, तब से खुद को अधिक आत्मविश्वासी महसूस किया है और अब अधिक सीखने और जानने के लिए प्रेरित हूँ। शिक्षा की सार्थकता इसी में है कि शिक्षा आवश्यक रूप से रोजगार में सहायक हो और उसकी नींव सदाचार पर रखी जाए। मेरे हिसाब से शिक्षा में जिज्ञासा को पकड़ कर रखिए, इससे खुद-ब-खुद आपका विकास होगा।

शैक्षणिक संस्थानों में काउंसलर्स और साइकॉलजिस्ट्स की जरुरत समय की माँग

05

शैक्षणिक संस्थानों में काउंसलर्स और साइकॉलजिस्ट्स की जरुरत समय की माँग

शिक्षा निरंतर रूप से चलने वाली यात्रा है, मंजिल नहीं। कारण कि जीवन में शिक्षा और ज्ञान जितना भी अर्जित किया जाए, इसका पिटारा कभी नहीं भरता। यह सतत रूप से चलने वाली प्रक्रिया है, जो इंसान को कक्षाओं और पाठ्यपुस्तकों की सीमा से परे वृद्धि और विकास की सुगम राह पर ले जाती है। जैसे-जैसे छात्र इस यात्रा में आगे बढ़ते हैं, उनके व्यवहार, दृष्टिकोण और ज्ञान में महत्वपूर्ण बदलाव होते चले जाते हैं। हालाँकि, ये बदलाव सकारात्मक होते हैं, लेकिन जैसा कि कहा जाता है 'हर सिक्के के दो पहलू होते हैं', ठीक उसी प्रकार अच्छे के साथ ही साथ ये कुछ स्थितियों में बुरे परिणाम अपने साथ ले आते हैं। ये बदलाव कभी-कभी छात्रों के सीखने के कौशल में चुनौतियाँ पैदा कर सकते हैं, जो कई दफा जानलेवा भी साबित होते हैं। ऐसे में, स्कूलों और कॉलेजों में काउंसलर्स और साइकॉलजिस्ट्स की विशेषज्ञता अपरिहार्य हो जाती है।

एक अध्ययन के अनुसार, जिन स्कूलों में निरंतर रूप से काउंसलिंग प्रोग्राम्स का आयोजन होता है, उन स्कूलों के छात्रों में उल्लेखनीय सकारात्मक परिणाम देखने को मिले हैं। ऐसे संस्थानों में पाया गया कि वे अपने आसपास सकारात्मक माहौल महसूस करते हैं, परिसर में खुशी की भावना और सुरक्षा की अधिकता महसूस करते हैं और एक-दूसरे से मजबूत संबंध साझा करते हैं। यह न सिर्फ उच्च शैक्षणिक उपलब्धि है, बल्कि एक छात्र द्वारा सामना करने वाली समस्याओं को कम करने में भी सहायक है। स्कूल काउंसलर्स विभिन्न प्रकार के मुद्दों को संबोधित करके छात्रों के जीवन को आकार देने में महत्वपूर्ण भूमिका निभाते हैं। इस माहौल में, सामाजिकता और स्वस्थ रिश्ते बनाने की चुनौतियाँ इन स्कूल काउंसलर्स के मार्गदर्शन से पार हो जाती हैं, जो अथक रूप से न सिर्फ छात्रों को उचित सलाह देते हैं, बल्कि उनकी बात को गहनता से सुनते भी हैं।

एक ऐसे युग में, जहाँ मानसिक स्वास्थ्य संबंधी चिंताएँ दिन-ब-दिन बढ़ती ही जा रही हैं, स्कूल काउंसलर्स पहली पंक्ति में आकर खड़े हो गए हैं और संभावित मानसिक स्वास्थ्य समस्याओं से निपटने में छात्रों को सक्रिय रूप से समर्थन दे रहे हैं।

शिक्षण संस्थानों में उनके शामिल होने से छात्रों के बीच आत्महत्या की संभावना को काफी हद तक कम करने में मदद मिल रही है। ये परिणाम महज संयोग से हासिल नहीं हो रहे हैं, बल्कि कुशल स्ट्रेटेजीस के संयोजन से प्राप्त हो रहे हैं।

ये काउंसलर्स, गार्डियन्स की तरह किरदार निभाते हैं। वे जोखिम वाले छात्रों और उनके माता-पिता के साथ कँधे से कँधा मिलाकर चलते हैं और एक सुरक्षा कवच बनाते हैं, जो कक्षा की दीवारों तक ही सीमित नहीं होता, बल्कि बाहर की दुनिया में चल रही उनकी परेशानियों से भी उन्हें बचाकर रखता है। वे रोकथाम के उद्देश्य से विशेष एजुकेशनल प्रोग्राम्स के आयोजन भी करते हैं। इन प्रोग्राम्स की परिभाषा महज पाठ की सीमा के कहीं अधिक हैं, ये जीवन के पाठ हैं, जो छात्रों को जरूरत पड़ने पर खुलकर मदद माँगने की अमूल्य कला सिखाते हैं।

यदि कोई छात्र डिप्रेशन का शिकार हो रहा है या फिर उसका मस्तिष्क ऐसी राह की ओर बढ़ रहा है, जो उसके लिए हानिकारक है, तो ये काउंसलर्स उसे पुनः ट्रैक पर लाने का हुनर रखते हैं। आज बड़े-बड़े संस्थानों आदि में पढ़ने वाले छात्रों द्वारा लगातार आत्महत्या के मामले सामने आ रहे हैं। यह दर्शाता है कि हमारे बच्चों की मानसिक स्थिति उतनी मजबूत नहीं रही, जितनी कि पहले के समय में हुआ करती थी। वर्तमान समय में प्रतियोगिता की होड़ इस कदर बढ़ गई है कि छात्र थोड़ी-सी हार में ही खुद को पूरी तरह हारा हुआ समझ लेते हैं। उनमें वह क्षमता अब कम ही देखने को मिलती है कि इस बार सकारात्मक परिणाम नहीं आया, तो क्या हुआ, कल भी हमारा ही है। कुल मिलाकर प्रयास जारी रखने के लिए उन्हें निरंतर रूप से प्रेरित करने वाले एक कुशल शख्स की जरुरत समय की माँग है, जिसमें काउंसलर्स ने खुद को श्रेष्ठ साबित किया है।

प्रोफेशनल काउंसलर्स शिक्षा के दूरदर्शी हैं, जो पारंपरिक तरीकों के विपरीत, मुख्य रूप से कागजी कार्रवाई और प्रशासनिक कार्यों पर भी ध्यान केंद्रित करते हैं। आज के प्रोफेशनल काउंसलर्स में बच्चों को उनकी भलाई की कोई भी बात सिखाने की महारत हासिल है, वे छात्रों के लिए जटिल अवधारणाओं को समझकर, उनसे उन्हीं के सलीके से बात करके, उन पर गहनता से ध्यान केंद्रित करके और तमाम मुश्किलों से बाहर लाकर शिक्षा के दौरान उन्हें अपना सर्वश्रेष्ठ देने के लिए सक्रिय रूप से तैयार करते हैं। वे छात्रों के नवीन तरीके से सोचने और सीखने को आकर्षक ही नहीं, बल्कि प्रभावी भी बनाते हैं, क्योंकि वे समझते हैं कि शिक्षा की परिभाषा सिर्फ किताबों तक ही सीमित नहीं है; यह छात्रों के दिल और दिमाग के बारे में है।

कई छात्रों को करियर का रास्ता चुनने में कई चुनौतियों या कठिनाइयों का सामना करना पड़ता है, जो उनके जीवन के लिए भारी पड़ सकता है। परिणामस्वरूप, कुछ छात्र अपनी रुचियों और प्राथमिकताओं पर विचार किए बिना ही सिर्फ आगे की शिक्षा के लिए बेहतर पाठ्यक्रमों में दाखिला ले सकते हैं।

स्कूलों और कॉलेजों में मजबूत मार्गदर्शन और काउंसलिंग छात्रों को सही करियर विकल्प चुनने में मदद करते हैं। काउंसलर्स छात्रों की रुचियों, प्रतिभा और जुनून की पहचान करने में उनकी सहायता करते हैं, जो अंततः उन्हें उनकी व्यक्तिगत आकांक्षाओं के आधार पर सबसे उपयुक्त पाठ्यक्रमों का चयन करने के लिए उचित मार्गदर्शन करते हैं।

नई शिक्षा नीति के पन्नों में शासन का आदेश शामिल है, सिर्फ शब्दों में नहीं, बल्कि अनगिनत युवा जिंदगियों की खामोश गूँज में भी। यह एक अधिदेश है, जो शिक्षा के सार को ढालने में स्कूल काउंसलर्स की अपूरणीय भूमिका को मान्यता प्रदान करता है। प्रत्येक स्कूल के लिए इन काउंसलर्स को अपनाने को दायित्व के रूप में पेश करके, शिक्षा नीति इस गहन सत्य को स्पष्ट करती है कि शिक्षा सिर्फ पाठ्यपुस्तकों और परीक्षाओं के बारे में नहीं है, बल्कि यह हमारे छात्रों के कोमल दिलों और नाजुक सपनों को पोषित करने पर भी आधारित है।

शैक्षणिक संस्थानों में काउंसलर्स और साइकॉलजिस्ट्स छात्रों की शैक्षणिक यात्रा में उनके लिए अमूल्य संपत्ति हैं। वे शैक्षणिक और व्यक्तिगत विकास दोनों के लिए आवश्यक सहायता प्रदान करते हैं, मानसिक स्वास्थ्य चुनौतियों का सामना करने वाले लोगों के लिए जीवन रेखा प्रदान करते हैं और यह सुनिश्चित करते हैं कि छात्र अपने भविष्य के लिए सर्वश्रेष्ठ निर्णय लें। शिक्षा एक आजीवन प्रयास है, जिसमें ये प्रोफेशनल्स छात्रों को उनकी पूरी क्षमता को उजागर करने में मदद करने में महत्वपूर्ण भूमिका निभाते हैं। उनका समर्पण और विशेषज्ञता मान्यता और सराहना के पात्र हैं, क्योंकि वे देश के भविष्य यानि मौजूदा छात्र और परिवर्तन-निर्माताओं को सकारात्मक दिशा की ओर अग्रसर करने में महत्वपूर्ण योगदान दे रहे हैं।

मुद्दा नजरिए का है, गलत वो भी नहीं, गलत हम भी नहीं..

06

मुद्दा नजरिए का है, गलत वो भी नहीं, गलत हम भी नहीं..

"यह छह है, अरे नहीं, नहीं यह नौ है.. अरे भई! साफ दिखाई दे रहा है यह छह है.. नहीं, यह नौ है, तुम मेरी जगह पर आकर देखो.."

इस दुनिया में रहने वाले प्रत्येक व्यक्ति के पास अपना मस्तिष्क है, तो स्वाभाविक-सी बात है कि हर एक व्यक्ति एक अलग सोच और स्वतंत्र विचार भी रखता है। इस बात से भी मुकरा नहीं जा सकता है कि जीवन का हर एक क्षण हमें नए दृष्टिकोण और अनुभवों के साथ मिलता है। हर किसी का अपना व्यक्तिगत नजरिया होता है, जिससे वह अपने आस-पास की दुनिया को देखता है। इसी दृष्टिकोण की वजह से जीवन एक रंगीन चित्र बन जाता है, जिसमें हर रंग अपनी अलग और महत्वपूर्ण भूमिका निभाता है।

जैसा कि मैंने शुरुआत में कहा, अपनी-अपनी जगह सब सही होते हैं। जहाँ एक व्यक्ति की जगह से एक अंक छह दिखता है, वही सामने वाले व्यक्ति को उसकी जगह से वही अंक नौ दिखता है। दोनों ही व्यक्ति अपनी-अपनी स्थिति में सही हैं। लेकिन इसका यह अर्थ कतई नहीं है कि हम सही हैं, तो सामने वाला गलत ही होगा। कई बार हम सामने वाले की बात ही नहीं सुनते हैं, क्योंकि हमें लगता है कि हम सही हैं। सामने वाला भी अपनी जगह सही हो सकता है, इस तलक तो हम कभी सोच ही नहीं पाते हैं। यदि सामने वाले की पूरी बात सुनने का गुण आप में है, तो बेशक आप एक समझदार इंसान हैं।

जब आप उस व्यक्ति के दृष्टिकोण से देखेंगे, तो वाकई उपरोक्त अंक नौ ही दिखाई देगा। लेकिन, हम यहाँ भी संतुष्ट नहीं होते हैं, क्योंकि हमारे दृष्टिकोण से तो वह अंक छह ही दिखाई दे रहा था। मसला सिर्फ और सिर्फ खुद को सही साबित करने का है। यह हमें सिखाता है कि दो लोग एक ही समस्या को दो अलग-अलग दृष्टिकोण से देख सकते हैं और उनका नजरिया भी बिलकुल अलग हो सकता है। इससे हमें यह भी सिखने को मिलता है कि जब हम किसी समस्या का समाधान ढूँढ रहे होते हैं, तो हमें सिर्फ अपने दृष्टिकोण को ही नहीं, बल्कि दूसरों के नजरिए को भी महत्व देना चाहिए।

यह समृद्धि और सामंजस्य ही सफलता की कूँजी हैं।

कई बार ऐसी स्थिति सामने आती है, जिसमें ऐसा महसूस होता है, जैसे हमें वह तवज्जो नहीं मिल रही, जो वास्तव में मिलना चाहिए, या फिर हमारी बात, हमारी सलाह या हमारे मतों पर ध्यान नहीं दिया जा रहा है। घर-परिवार, समाज, दफ्तर आदि ऐसे कई स्थान होते हैं, जहाँ हम ऐसा महसूस करने को मजबूर हो जाते हैं। इसमें कमी हम में या सामने वाले में नहीं है, यहाँ नजरिया प्रखरता पर आ जाता है। हो सकता है कि अलग दृष्टिकोण की वजह से उस स्थिति विशेष में हमारे विचार मेल नहीं खा रहे हों।

कुल मिलाकर, हर किसी का अपना व्यक्तिगत दृष्टिकोण होने के कारण हमें कभी-कभी लग सकता है कि दुनिया हमारे साथ नहीं है, हमारा समर्थन नहीं कर रही है। लेकिन यह याद रखना भी महत्वपूर्ण है कि हर किसी की अपनी-अपनी प्राथमिकताएँ और मुद्दे होते हैं। गलत वे भी नहीं हैं, और गलत हम भी नहीं हैं। हमारा दृष्टिकोण हमारे अनुभवों, शिक्षाओं और सीखों का परिणाम होता है। लेकिन कभी-कभी हम अपने आत्मविश्वास को खो बैठते हैं, क्योंकि हमारा ही दृष्टिकोण हमें दूसरों से मिलने वाली प्रतिक्रियाओं का सामना करवा सकता है। लेकिन, इस बात को ध्यान में रखते हुए कि हम सभी अलग-अलग हैं, हमारे विचार अलग-अलग हैं, हमें अपने स्वयं के मूल्यों को समझने के लिए उचित समय लेना चाहिए।

अपने-अपने नजरिए के साथ चलकर हम आत्म-समर्पण, सहानुभूति और समझदारी की दिशा में आगे बढ़ सकते हैं। हमें यह सीखना होगा कि दूसरों की बातें सुनना भी महत्वपूर्ण है और उन्हें समझने की कोशिश करना भी। जब हम अपने दृष्टिकोण को समझते हैं और अपनी शक्तियों को सही दिशा में ले जाते हैं, तो हम अपने लक्ष्यों की प्राप्ति में सफल हो सकते हैं। वहीं जब हम दूसरों के दृष्टिकोण और विचारों को सुनने का हुनर रखते हैं, तो उस स्थिति में हमारी सफलता सिर्फ हमारी ही नहीं रह जाती है, हम उस शख्स को भी सफल बना देते हैं, जिसके विचार हमने बिना उसे रोके-टोके शांतिपूर्वक सुने। विश्वास कीजिए, यह प्रक्रिया महज़ सफलता से कहीं अधिक है, क्योंकि इसके बाद उस शख्स की नजरों में आपके लिए मान-सम्मान कई गुना बढ़ जाएगा, जिसकी आपको खबर भी नहीं होगी।

सबका अपना-अपना नजरिया है, और हमें यह समझना चाहिए कि जैसे हम महत्वपूर्ण हैं, हमारी बातें महत्वपूर्ण हैं, ठीक वैसे ही सामने वाला और उसकी बातें भी महत्वपूर्ण हैं। इसलिए हमें चाहिए कि हम एक-दूसरे का समर्थन करने की ललक खुद में लाएँ और एक सकारात्मक बदलाव की अलख जगाएँ, क्योंकि हम सभी अपने जीवन की यात्रा में एक-दूसरे के साथी हैं, जो इस यात्रा में एक-दूसरे के साथ चल रहे हैं।

किताबी ज्ञान तक ही सीमित न हों शिक्षा के मायने

07

किताबी ज्ञान तक ही सीमित न हों शिक्षा के मायने

क्या असल जिंदगी के दोहे सिखा सकेगा किताबी ज्ञान?

शिक्षा कैसी होना चाहिए? आखिर शिक्षा के मायने क्या होने चाहिए? क्या रट-रट कर हासिल किए गए श्रेष्ठ अंक ले आना बेहतर शिक्षा कहला सकती है? किताबी कीड़ा बनकर एक बेहतर शिक्षार्थी बना जा सकता है? क्या आप भी यही सोचते हैं कि शिक्षा महज़ किताबी ज्ञान हो? सिर्फ चंद किताबें पढ़ लेने और उनके हिसाब से परीक्षा में शामिल होकर अच्छे अंक ले आना ही क्या वाकई में शिक्षा की परिभाषा है? किताबी ज्ञान की असल जीवन में यदि महत्ता हासिल न कर सके, तो क्या ही शिक्षा अर्जित की? पास हो जाने का नाम शिक्षा नहीं है।

लेकिन तथ्य की ओर देखा जाए, तो आज की शिक्षा सच-मुच इसी ढर्रे पर आगे बढ़ रही है, और पीछे छोड़ती जा रही है इससे मिलने वाली वास्तविक सीख को। आज की शिक्षा से मिलने वाला किताबी ज्ञान महज़ किताबों तक ही सीमित है, जिसका जीवन के पाठ से कोई लेना-देना नहीं। ज़रा बताएँ कि जीवन के किस मोड़ पर वो रटे-रटाए सूत्र और समीकरण काम आए? असल जीवन में कहाँ लगाया आपने वह गणित का साइन थीटा, कॉस थीटा, डेल्टा या फिर सिग्मा? क्या कभी पानी माँगने या साधारण रूप से पानी की बात ही निकलने पर इसे इसके वैज्ञानिक नाम H2O से पुकारा है? $(a+b)^2= a^2 + 2ab + b^2$ का उपयोग कहाँ किया? या फिर x और y की वैल्यू स्कूल और कॉलेज की शिक्षा पूरी करने के बाद निकालने की कहाँ जरुरत पड़ी?

पहले के समय में लोग गुरुकुल में रहकर शिक्षा अर्जित किया करते थे, जहाँ उनकी पहचान सिर्फ शिक्षा अर्जित करने तक ही नहीं थी, वे यहाँ जीवन जीने की कला भी सीखते थे। गुरु के आश्रम में उनके सानिध्य में रहकर सदाचार और बुद्धि ज्ञान प्राप्त करते थे। संस्कार भी तो गुरु से ही प्राप्त करने का सौभाग्य कच्ची उम्र में शिष्यों को मिलता था। इसे कच्ची उम्र में मिली पक्की सीख कहना, मुझे नहीं लगता कि तनिक भी गलत होगा। फिर गुरु भी जीवन भर के तजुर्बे हासिल किए हुए होते थे।

धूप में तपकर सोना हुए महान व्यक्तित्व के धनी गुरु, पत्थर रुपी अपने शिष्यों को अद्भुत मूर्ती के रूप में तराशने का काम करते थे। बच्चे भी काफी मेहनती हुआ करते थे, सबसे श्रेष्ठ बनने का जुनून जैसे उनकी रगों में दौड़ता था, शायद यही वजह थी कि वे हर क्षेत्र में अव्वल आते थे। इतना ही नहीं, जीवन के कौशल को भी बखूबी सीखते थे और एक महान इंसान बनने की राह पर आगे बढ़ते थे।

बदलते ज़माने के साथ-साथ शिक्षा के मायने और उसूल भी दिन-ब-दिन बदलते चले गए और धीरे-धीरे इस क्षेत्र में भी नए-नए बदलाव देखे जाने लगे। शिक्षा की परिभाषा भी साथ-साथ संकुचित होती चली गई। आज के समय में होते-होते यही इतनी संकुचित हो गई है कि बच्चों का पूरा ध्यान सिर्फ और सिर्फ अपनी कक्षा पास करने पर है। अव्वल आने का दर्जा प्राप्त करने और जीवन के अपने लक्ष्यों को प्राप्त करने का जुनून अब कम ही छात्रों में देखने को मिलता है। यदि तुलना की जाए, तो अपनी पढ़ाई को लेकर गंभीर रहने वाले छात्रों का आँकड़ा कम ही निकलेगा। इसके पीछे का सबसे बड़ा कारण यह है कि बच्चों को शिक्षा की महत्ता से आज के समय में वंचित रखा जाने लगा है।

सही मायने में बच्चों को समझाया ही नहीं जाता है कि आखिर में ग्रेविटी थ्योरी क्यों बनी? क्यों विज्ञान को एक अलग विषय बनाया गया? सामाजिक विज्ञान क्यों पढ़ाया जा रहा है? इतिहास के क्या मायने हैं? गणित की परिभाषा सिर्फ कैल्क्युलेशन्स तक ही सीमित नहीं है। सामान्य ज्ञान भी जीवन में जरुरी है। असल में बच्चों को ऐसी चीजें सिखाई जाना चाहिए, जिससे उनमें कौशल निखर कर सामने आए। हो सकता है कि एक इंजीनियर की पढ़ाई कर रहा बच्चा एक बहुत अच्छा लेखक या गायक हो सकता है। जरुरी नहीं है कि सिर्फ पढ़-लिख कर ही कुछ बना जा सकता है, कभी-कभी मन से सीखा हुआ काम भी हमें कुशल साबित कर सकता है। यहाँ हरगिज़ मैं पढ़ाई को दूसरी प्राथमिकता देने की बात नहीं कर रहा हूँ।

आपने गौर किया है कि आज की शिक्षा प्रणाली पूरी तरह डिजिटल होने लगी है, शिक्षा प्रणाली क्या, पूरी दुनिया ही डिजिटल होने लगी है। बेशक बदलाव अच्छे हैं, लेकिन तब, जब इनसे लोगों को लाभ अधिक और नुकसान कम हों। कभी इसकी गंभीरता आँकी है कि डिजिटल की दुनिया में लिप्त बच्चे सीख क्या रहे हैं? वे बच्चे होकर भी बच्चों का आचरण भूलने लगे लगे हैं। सोशल मीडिया सारे सवालों के जवाब अपने में लिए बैठा है। जिस उम्र में पठन-पाठन पर ध्यान होना चाहिए, उस उम्र में नन्हें-नन्हें बच्चे युवाओं को पीछे छोड़ ऐसी-ऐसी रील्स बना रहे हैं, जिन्हें देखने वाला एक क्षण को दंग रह जाए। मुझे कहने में बिल्कुल भी हर्ज नहीं है कि वे छोटी उम्र में ही उम्र का एक पड़ाव पार कर चुके हैं और खुद को कच्ची उम्र में ही युवा बना चुके हैं।

अब जब मन दुनियादारी और सोशल मीडिया में लगने लगा है, तो शिक्षा में कैसे लगेगा, यह आज के समय का बहुत बड़ा सवाल है। कैसे बच्चों को पता लगेगा कि आखिर हमारा इतिहास क्या है? अंग्रेजों से आज़ादी का संग्राम क्या था? क्यों और कैसे बने नियम व कानून? क्या है जीवन चक्र? और भी बहुत कुछ, जो बच्चे अब सिर्फ रट लेते हैं और परीक्षा में भर-भर कर लिख देते हैं। क्या यहीं तक आकर सीमित हो गए हैं शिक्षा के मायने?

वर्तमान समय की सबसे बड़ी माँग है कि रटी-रटाई किताबी बातें और किताबी ज्ञान से बच्चों को दूर किया जाए। और सबसे विशेष, पढ़ाई की गंभीरता से दूर जा रहे बच्चों को पुनः ट्रैक पर लाया जाए और उन्हें पढ़ाई की महत्ता समझाई जाए। पास होने या परीक्षा में अच्छे अंक लाने के बजाए बच्चों को सही मायने में शिक्षा लेने और अपनी पढ़ाई पर ध्यान देने के लिए प्रेरित किया जाना चाहिए।

यदि इस बात को गंभीरता से नहीं लिया गया, तो मुझे लगता है कि आने वाले समय में बच्चे स्कूल जाना ही भूल जाएँगे। वे स्कूली शिक्षा और पढ़ाई के महत्व से खुद को दूर पाएँगे, जबकि स्कूल ही वह बुनियाद होती है, जो हमें बचपन से अनुशासन सिखाती है, जो हमें बताती है कि आपस में कैसा व्यवहार रखना चाहिए। शिक्षा में सुधार बेशक किए जा रहे हैं। समय-समय पर विभिन्न अभियान चलाए जाते हैं, नियम और कानून भी बनाए जाते हैं, लेकिन ये काफी नहीं हैं, क्योंकि कहीं न कहीं ये अपने अंतिम लक्ष्य तक पहुँचने में खुद को असहाय पाते हैं।

यहाँ सबसे अधिक आवश्यकता है हमारी शिक्षा प्रणाली की बुनियाद को मजबूत करने की। यदि अब भी एक कुशल शिक्षा प्रणाली के सृजन पर काम नहीं किया गया, तो वास्तव में बहुत देर हो जाएगी। छात्रों से अधिक आवश्यकता शिक्षकों को कुशल और निपुण बनाने की है। ठीक उसी प्रकार, जैसे एक मोबाइल को समय-समय पर अपग्रेड किया जाता है, तो क्यों छात्रों और शिक्षकों को अपग्रेड करने का सिलसिला बचपन रुपी नींव से और इस नींव को मजबूत बनाने वाली शिक्षा तक बरकरार रखा जाए?

अच्छी लाइफ सेट करने में कौन-सा सिलेबस बड़ा: स्कूल का या फिर जिंदगी का?

08

अच्छी लाइफ सेट करने में कौन-सा सिलेबस बड़ा: स्कूल का या फिर जिंदगी का?

आपको 3 इडियट्स का यह गाना तो याद ही होगा

"गिव मी सम सनशाइन
गिव मी सम रेन
गिव मी अनदर चांस
आई वॉना ग्रो उप वन्स अगेन"

"99 परसेंट मार्क्स लाओगे, तो घड़ी वरना छड़ी"

अक्सर आपने यह भी सुना होगा कि 10वीं कक्षा अच्छे अंकों से पास कर लो, फिर लाइफ सेट हो जाएगी। या 12वीं कक्षा अच्छे अंकों से पास कर लो, फिर लाइफ सेट हो जाएगी।

क्या सच में ऐसे लाइफ सेट होती है? क्या स्कूल की पढ़ाई पूरी कर लेने के बाद भी आप संतुष्ट हैं? बिलकुल नहीं। स्कूल में बिताया समय या सिलेबस सिर्फ आने वाली परीक्षा की तैयारी के लिए था। लेकिन कौन-सी परीक्षा? इस परीक्षा का नाम है 'जिंदगी'। जब स्कूल का यह सिलेबस आपकी जिंदगी से मेल ही खाता, तो क्या लाइफ सेट हो पाएगी? क्या आपके मन में भी कभी यह प्रश्न उठा कि उन कई-कई रातों की नींद नीलाम कर और बस्तों का बोझ ढोकर जो पन्ने पढ़े गए, वो एक सार्थक जीवन जीने के लिए कैसे उपयोगी होंगे?

हमें बेहतर नौकरी पाने के लिए और अधिक पढ़ाई करने के लिए कहा गया था, जो हमें जिंदगी की सारी सुख-सुविधाएँ दे सके, लेकिन क्या केवल पैसा ही काफी है? माना कि पैसे का अपना महत्व है, जिसे हम बखूबी समझते हैं, पैसे जीवन के कई क्षेत्रों में हमें बहुत मदद करते हैं।

लेकिन स्कूल में और भी अच्छी बातें सीखना भी जरुरी है, जो स्कूल के बाद भी काम आती हैं; ऐसी बातें, जो सिलेबस से अलग हों; ऐसी बातें, जो एक बार सीख ली, तो भविष्य में आने वाली तमाम चुनौतियों से पार पाया जा सकता है; ऐसी बातें, तो जरूरतमंदों की मदद करने का पाठ पढ़ाती हैं; ऐसी बातें, जो खुद से ऊपर सोचने के लिए हमें प्रेरित करती हैं।

कैसा हो, यदि स्कूल में हमें अपनी भावनाओं को संभालने, अपने और दूसरों के साथ अपने संबंधों को समझने, संकट में दूसरों की मदद करने, बेहतर निर्णय लेने के लिए जागरूक करने, असफलताओं से सीखने और उनका सामना करने, पैसों का सही तरीके से उपयोग करने और अपना खर्च खुद उठाने के बारे में सिखाया जाए? साथ ही, हमें बेहतर तरीके से समय बिताने, खुलकर स्वस्थ जीवन जीने, खुशमिज़ाज़ रहने और अपने जुनून या पसंदीदा काम को करने के लिए आगे बढ़ना सिखाया जाए। और भी बहुत से उदाहरण पड़े हैं, जिन्हें यदि हम स्कूलों में ही सीख लेंगे, तो बाद में यह सब सीखने की जरुरत नहीं पड़ेगी।

शिक्षा प्रणाली में परिवर्तन केवल एक सैद्धांतिक प्रस्ताव नहीं, बल्कि एक व्यावहारिक आवश्यकता है

09

शिक्षा प्रणाली में परिवर्तन केवल एक सैद्धांतिक प्रस्ताव नहीं, बल्कि एक व्यावहारिक आवश्यकता है

दुनिया की शिक्षा प्रणाली लगातार बदल रही है, ऐसे में पढ़ाने के तरीके और पाठ्यक्रम में बड़ा बदलाव लाना बहुत जरूरी हो गया है। रटने और सख्त नियमों में ऐसे बदलाव किए जाने चाहिए, जहाँ छात्रों को केंद्र में रखते हुए, उनकी रचनात्मकता, सोचने की क्षमता और जिंदगी भर सीखने की ललक को जगाया जाए। और यह तो सच ही है कि हमारी मौजूदा शिक्षा प्रणाली पुरानी पद्धतियों में फँसी हुई है, जिससे खुद से काम करने की क्षमता, कौशल जैसे आलोचनात्मक सोच, रचनात्मकता और समस्या-समाधान का विकास रुक जाता है। तो कक्षाओं में कैसा माहौल बनाया जाना चाहिए? जाहिर है, जो जिज्ञासा जगाए, नवाचार को बढ़ावा दे और किताबों की सीमा से परे सीखने का जुनून पैदा करे।

यहाँ पर मैं एक फिल्म का उदाहरण देना चाहूँगा। फिल्म 'तारे जमीन पर' में दिखाया गया है कि एक 8 साल का लड़का ईशान, जिसे अपने आयु वर्ग के अन्य लोगों के साथ रंगों, पतंगों और जानवरों की दुनिया से मेल खाना मुश्किल लगता है, जो पढ़ाई और होमवर्क में अधिक रुचि रखते हैं। और शिकायत आने पर ईशान के माता-पिता उसे बोर्डिंग स्कूल में भेजने का फैसला लेते हैं। बोर्डिंग स्कूल में उसका जीवन भी कुछ अलग नहीं होता है, अपने शिक्षकों द्वारा उत्पीड़ित और अपमानित होने के बावजूद, वह कक्षा में हँसी का पात्र बना रहता है। अब जब वह घर से दूर होता है, तो वह खुद को और भी अधिक निराश व हीन महसूस करता है और उसे अपनी असमर्थताओं से निपटना कठिन लगता है।

राम शंकर निकुंभ (आमिर खान) को बोर्डिंग स्कूल में अस्थायी कला शिक्षक के रूप में नियुक्त किया जाता है। अन्य शिक्षकों के विपरीत, जो बच्चों को शिक्षित करने में निश्चित मानदंडों का पालन करते हैं, राम उन्हें किताबों से बाहर, कक्षा की चार-दीवारी के बाहर सोचने और उनकी कल्पनाओं को चित्रित करने के लिए प्रेरित करते हैं। ईशान को छोड़कर कक्षा का प्रत्येक बच्चा अत्यधिक उत्साह के साथ प्रतिक्रिया देता है। राम ईशान और उसकी समस्याओं को समझने का प्रयास करते हैं।

वे ईशान के माता-पिता और अन्य शिक्षकों को यह एहसास दिलाते हैं कि वह असामान्य नहीं है, बल्कि अपनी ही प्रतिभाओं वाला एक बहुत ही विशेष बच्चा है। समय, धैर्य और देखभाल के साथ राम ईशान के आत्मविश्वास के स्तर को बढ़ाने में सफल होते हैं। और इस तरह फिल्म के अंत में, ईशान एक प्रतिभाशाली कलाकार बन जाता है। वह अपनी कला के माध्यम से दुनिया को बदलने का सपना देखने लगता है।

ऐसी शिक्षा प्रणाली हमारे स्कूलों में क्यों नहीं अपनाई जा सकती? जहाँ छात्र वास्तविक समस्याओं को हल करने वाली परियोजनाओं में सक्रिय रूप से शामिल हों सकें, जो न सिर्फ उनकी समस्या-समाधान की क्षमता बढ़ाए, बल्कि उनकी पढ़ाई में उद्देश्य और प्रासंगिकता को भी बढ़ाए। मेरे हिसाब से याद करने से ज्यादा, ज्ञान को व्यवहार में लाने पर ध्यान देने से छात्र भविष्य की चुनौतियों के लिए बेहतर रूप से तैयार होंगे।

पारंपरिक रोजगार के लिए छात्रों को तैयार करने के बजाए, ऐसी शिक्षा प्रणाली विकसित की जाना चाहिए, जिससे छात्र चुनौतियों को अवसरों के रूप में देखें और उनका समाधान विकसित करने के लिए जुट जाएँ। ऐसी शिक्षा प्रणाली न केवल नौकरी की चाह रखने वालों को तैयार करती है, बल्कि व्यक्तियों को नौकरी देने वाले बनने के लिए भी तैयार करती है, जो आर्थिक विकास और सामाजिक उन्नति में योगदान करते हैं। व्यावहारिक कौशल या ज्ञान वर्तमान शिक्षा प्रणाली में एक उपाय ही नहीं, आवश्यकता भी है। हमें शिक्षा को बेहतर बनाने की जरुरत है, ताकि छात्र सीखने में रुचि लें और उन्हें अपनी रुचियों और योग्यताओं के अनुसार विकसित किया जा सके। इससे हम एक बेहतर भविष्य की दिशा में कदम बढ़ा सकते हैं, जहाँ हर छात्र को खोजने और सीखने का मौका मिलता रहेगा।

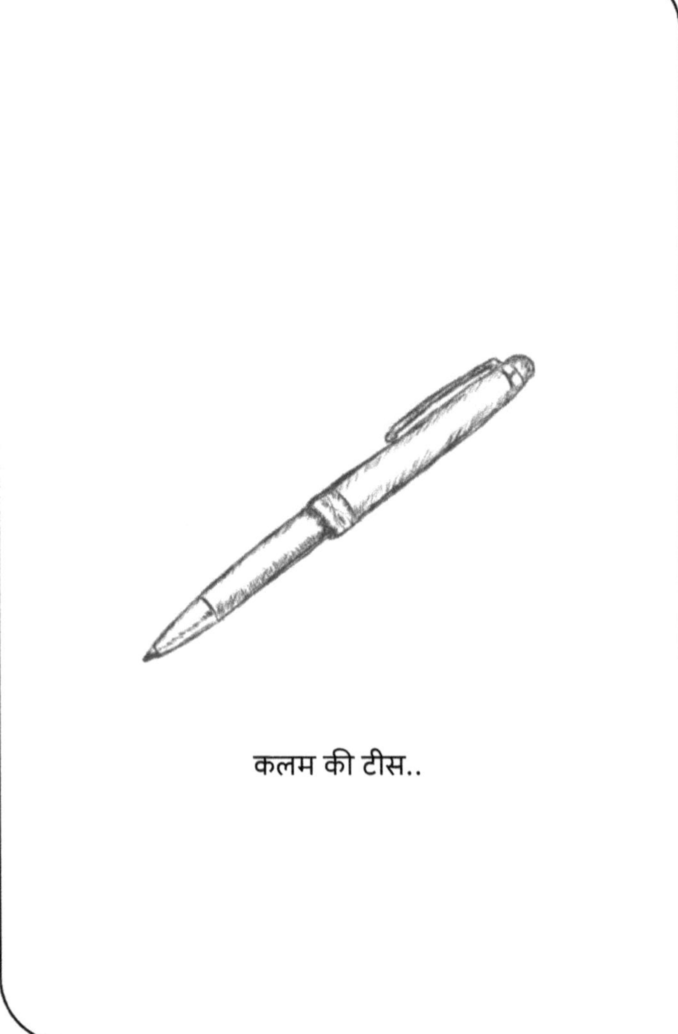

कलम की टीस..

10

कलम की टीस..

मैं कलम हूँ। लोग मुझे अक्सर एक निर्जीव वस्तु मानते हैं, जो न हिल सकती है, न साँस ले सकती है। वे मुझे सिर्फ एक प्लास्टिक की बनी वस्तु समझते हैं, लेकिन हकीकत उनकी सोच से कहीं परे है। मैं क्या कर सकती हूँ, यह वही व्यक्ति समझ सकता है, जिसके विचारों में शक्ति हो और उँगलियों में उन विचारों को पन्ने पर उतारने की ताकत हो। जब कोई मुझे लिखने के लिए उठाता है, तो मैं गहरी साँस लेकर चलने-फिरने के लिए तैयार हो जाती हूँ। मैं एक कोरे कागज को विचारों के माध्यम से अर्थ में बदल देती हूँ।

कलम होने के नाते, मैं अहंकारी स्वभाव से मुक्त हूँ। मैं सस्ती होती हूँ, इसलिए हर कोई मुझे खरीद सकता है। मुझे बहुत खुशी होती है जब कोई व्यक्ति अपने विचारों को मुझसे व्यक्त करता है या किसी को उपहार स्वरूप मुझे देता है। मैं खिल जाती हूँ यह सोचकर कि एक बार फिर मैं कोरे कागज पर विचार बन कर अंकित हो जाऊँगी। मैं हमेशा सच लिखने की कोशिश करती हूँ।

एक टीस है जो बार-बार उठती है दिल पर, जब अदालत में एक न्यायाधीश किसी अपराधी की मौत का कागज पर हस्ताक्षर करता है। वह केवल उस व्यक्ति को नहीं मारता, वह मुझे भी मार देता है। वह उस हस्ताक्षर के साथ ही मुझे वहीं पर तोड़ देता है। मुझे बहुत दुःख होता है, जब भी किसी गलत काम के लिए मुझे उपयोग किया जाता है। मैं तो हमेशा अच्छा और उपयोगी लिखना पसंद करती हूँ। फिर क्यों मेरा गलत इस्तेमाल होता है?

मैं खुद को अभिव्यक्त करने के अनेक तरीकों से परिचित हूँ। एक कवि जब मुझे उठाता है, तो मैं उसके दिल की गहराइयों को कागज पर उतारती हूँ। एक लेखक जब मुझे उठाता है, तो मैं उसकी कहानियों को जीवंत कर देती हूँ। एक पत्रकार जब मुझे उठाता है, तो मैं उसकी रिपोर्ट में जान दाल देती हूँ। मैं हर बार अपने उपयोगकर्ता के विचारों और भावनाओं को बिना किसी भेदभाव के व्यक्त करती हूँ।

मेरे पास भी एक मन है, जो शायद किसी को दिखता नहीं, या फिर यूँ कहूँ कि कोई देखना ही नहीं चाहता। मेरे मन को सबसे बड़ी टीस तब पहुँचती है, जब मेरा उपयोग झूठ, धोखे या अन्याय के लिए किया जाता है। सच कहूँ, मुझे बहुत कष्ट होता है, जब मैं किसी निर्दोष को दोषी साबित करने के लिए उपयोग की जाती हूँ या जब मेरा उपयोग किसी निर्दोष की मौत की सजा के लिए किया जाता है। हाँ, माना कि मैं एक साधारण-सी कलम हूँ, लेकिन मेरे पास सच को उजागर करने और न्याय की आवाज़ को बुलंद करने की शक्ति है।

एक कलम की टीस सिर्फ यही हो सकती है:

"छीन गई मेरी शिनाख़्त मुझसे,
ख़ून-ए-काग़ज़ पर तोड़ा है दम मैंने.."

मेरे लिए सबसे बड़ी संतुष्टि तब होती है जब मैं किसी की मदद कर पाती हूँ, जब मैं किसी की आवाज़ बन पाती हूँ। मैं चाहती हूँ कि लोग समझें कि मेरे पास सच और न्याय को उजागर करने की शक्ति है। मुझे सच्चाई और ईमानदारी के लिए उपयोग करें न कि झूठ और धोखे के लिए।

मुझे गर्व है कि मैं एक कलम हूँ। मैं गर्व करती हूँ कि मेरे माध्यम से लोग अपने विचार व्यक्त कर पाते हैं और अपनी भावनाओं को साझा कर पाते हैं। मैं हमेशा उम्मीद करती हूँ कि लोग मेरे महत्व को समझें और मुझे सही तरीके से उपयोग करें। आखिरकार, मैं विचारों की शक्ति हूँ, सच्चाई की आवाज़ हूँ और न्याय की प्रतीक हूँ।

हमारी शिक्षा प्रणाली में सेक्स एजुकेशन का क्या स्थान है?

11

हमारी शिक्षा प्रणाली में सेक्स एजुकेशन का क्या स्थान है?

मैं उस पीढ़ी से हूँ, जहाँ "सेक्स" शब्द को अत्यधिक आपत्तिजनक शब्द माना जाता है। सच कहूँ तो, मैं उस पीढ़ी से हूँ, जहाँ यदि कोई "सेक्स" शब्द का इस्तेमाल करता है, तो हम अपने कान बंद कर लेते हैं, क्योंकि आपत्तिजनक शब्द का तमगा लग जाने से इस विषय पर कहाँ कोई बात करेगा या शिक्षा देगा? परिणामस्वरूप, हमें सेक्स एजुकेशन (यौन शिक्षा) का अध्ययन करने में चुनौतियों का सामना करना पड़ता है। संभवतः इसी कारण से, यौन शोषण और हिंसा के कई मामलों में सज़ा नहीं मिल पाती है, क्योंकि हम इस विषय पर खुल कर बात ही नहीं कर पाते हैं।

हमारी शिक्षा प्रणाली में सेक्स एजुकेशन का क्या स्थान है, या वास्तव में इसका कोई स्थान है भी या नहीं? सेक्स विज्ञान दो प्रकार का होता है- एक, जिसका उपयोग यौन जुनून को नियंत्रित करने या उस पर काबू पाने के लिए किया जाता है, और दूसरा, जिसका उपयोग उसे उत्तेजित करने और पोषित करने के लिए किया जाता है। पूर्व में शिक्षा देना बच्चे की शिक्षा का उतना ही आवश्यक हिस्सा है जितना कि बाद में हानिकारक और खतरनाक है। सभी महान धर्मों ने इस काम को मनुष्य का कट्टर शत्रु माना है, क्रोध या घृणा दूसरे स्थान पर आते हैं।

हालाँकि, यह अभी भी इस प्रश्न का उत्तर नहीं है, अर्थात् क्या युवा विद्यार्थियों को जनन अंगों के उपयोग और कार्य के बारे में ज्ञान देना वाजिब है। मुझे ऐसा लगता है कि कुछ हद तक ऐसा ज्ञान देना आवश्यक है। वर्तमान में अक्सर उन्हें किसी भी तरह इस तरह का ज्ञान प्राप्त करने के लिए छोड़ दिया जाता है, जिसके परिणामस्वरूप वे अपमानजनक प्रथाओं में गुमराह हो जाते हैं। हम सेक्सुअल फीलिंग्स को नज़रअंदाज करके उसे ठीक से नियंत्रित या जीत नहीं सकते हैं, इसलिए मैं युवा लड़कों और लड़कियों को उनके रिप्रोडक्टिव अंगों के महत्व और सही उपयोग को सिखाने के पक्ष में हूँ।

लेकिन जिस सेक्स एजुकेशन के लिए मैं खड़ा हूँ, उसका उद्देश्य सेक्सुअल फीलिंग्स पर सही ज्ञान होना चाहिए।

प्रश्न यह है कि सेक्स का यह सच्चा विज्ञान कौन पढ़ाए? जाहिर है, जिसने अपने जुनून पर महारत हासिल कर ली है।

खगोल विज्ञान और संबंधित विज्ञान पढ़ाने के लिए हमारे पास ऐसे शिक्षक हैं, जो उनमें प्रशिक्षण पाठ्यक्रम से गुजर चुके हैं और अपनी कला में निपुण हैं। फिर भी सेक्स विज्ञान, यानी यौन-नियंत्रण के विज्ञान के शिक्षकों के रूप में हमारे पास वे लोग होने चाहिए, जिन्होंने इसका अध्ययन किया है और स्वयं पर महारत हासिल कर ली है।

आज हमारा पूरा वातावरण- हमारा पढ़ना, सोच, सामाजिक व्यवहार, आम तौर पर सेक्सुअल डिज़ायर को बढ़ावा देने और उसकी पूर्ति करने के लिए बना हुआ है। सेक्स एजुकेशन के लिए केवल स्कूलों पर निर्भर रहना भी सही नहीं है, क्योंकि एक प्राथमिक शिक्षा और पारिवारिक सांस्कृतिक दृष्टिकोण अलग-अलग होते हैं। माता-पिता को यह सुनिश्चित करना चाहिए कि उनके बच्चों को सेक्स एजुकेशन के बारे में चुप्पी तोड़ते हुए सटीक जानकारी मिले। माता-पिता के मार्गदर्शन की कमी के कारण बच्चे साथियों, मित्रों या इंटरनेट से सीख सकते हैं, जिससे संभवतः उन्हें गलत जानकारी मिल सकती है। कुल मिलाकर सही मार्गदर्शन में सेक्स एजुकेशन का ज्ञान बच्चों को दिया जाना चाहिए।

क्या हम सेक्स एजुकेशन का सच्चा विज्ञान जान पाए हैं?

12

क्या हम सेक्स एजुकेशन का सच्चा विज्ञान जान पाए हैं?

यूँ तो हमारा देश संस्कृति और सभ्यता के लिए जाना ही जाता है, लेकिन इसका यह मतलब कतई नहीं है कि हम संस्कृति और सभ्यता के आड़े सत्य को न जानें। जैसा कि पिछले आर्टिकल में मैंने बात की थी कि हमारे एजुकेशन सिस्टम में सेक्स एजुकेशन का क्या स्थान है? उसी को आगे बढ़ाते हुए, अतीत में सेक्स एजुकेशन को लोगों द्वारा एक बात करने योग्य विषय माना ही नहीं गया। जहाँ हमारा समाज झूठे और बेतुके दावे करता है कि "सेक्स एजुकेशन युवाओं को अधिक सेक्स की ओर ले जाती है, जिससे एसटीडी और अवांछित गर्भधारण का खतरा बढ़ जाता है।" हालाँकि, इसके विपरीत, शोध से पता चलता है कि सेक्स एजुकेशन से स्पष्ट रूप से यौन गतिविधियों में वृद्धि नहीं होती है। उदाहरण के लिए, यूथ रिस्क बिहेवियरल सर्विलांस सर्वे (वाईआरबीएसएस) के निष्कर्षों से पता चलता है कि हाई स्कूल के छात्रों का एक बड़ा हिस्सा (लगभग 40%) पहले से ही सेक्स में संलग्न है, और सेक्स एजुकेशन या इसके अभाव का इस आँकड़े पर कोई प्रभाव नहीं है।

महिलाओं, पुरुषों और बच्चों को सेक्स एजुकेशन के अंतर्गत जानकारी देना समय की माँग है और पुरुषों को अधिक, क्योंकि कहीं न कहीं जेंडर बायस्ड सबसे ज्यादा पुरुष ही होते हैं। महिला और पुरुषों की दोस्ती सामान्य हो, ताकि पुरुषों को महिलाओं की समस्याओं से रूबरू होने का मौका मिले, उन्हें मालूम पड़े कि उनकी दोस्त/पत्नी/प्रेमिका/बहन/बेटी या अन्य महिला, जिससे वे परिचित हैं, को महीने के उन दिनों (पीरियड्स) किस परेशानी से गुजरती है, ताकि वे अपनी महिला सहकर्मी पर उन दिनों का बहाना बनाने का आरोप लगा कर ठहाके न लगाएँ और कुछ संवेदनशील बनें। इसका परिणाम यह होगा कि कोई भी महिला उन दिनों की परेशानी अपने पुरुष मित्र से शेयर कर सकेगी और आवश्यकता पड़ने पर उससे सहायता भी ले सकेगी। इस बात से दरकिनार नहीं किया जा सकता है कि पीरियड एक बायलॉजिकल प्रोसेस है, ना कि शर्म का विषय। वैसे तो मुझे इस बात पर हँसी आती है कि अभी-भी हमारा समाज महिला और पुरुष की दोस्ती को ही सामान्य नहीं कर पाया है और बात हम सेक्स एजुकेशन की कर रहे हैं। खैर!

ओशो ने तो समाज के युवाओं को सेक्स के संबंध में चेताते हुए कहा भी है, "हजारों साल से पीढ़ियाँ सेक्स से भयभीत रही हैं। तुम भयभीत मत रहना। तुम समझने की कोशिश करना उसे। तुम बात करना। तुम सेक्स के संबंध में जो आधुनिक खोजे हुई हैं, उनके बारे में पढ़ना, चर्चा करना और समझने की कोशिश करना।"

अपने बच्चों और जूनियर्स को सेक्स एजुकेशन समझाने या बताने में कोई हिचक ना करें। इस हिचक ने आपके और मेरे पुराने ख्यालों की वजह से लम्बे दशक से सेक्स जागरुकता का गला घोंट रखा है। हमें यह नहीं भूलना चाहिए कि इसी राष्ट्र में सेक्शुअल विज्ञापन, शॉर्ट मूवी, फोटोज, ऐप और तो और समाज में व्याप्त फैलती रेप और छेड़छाड़ की खबरें इत्यादि जो हमारे बच्चों व जूनियर्स के मन को कुंठित और भयभीत करती हैं, वो कई प्रश्नों के उत्तर जानने के लिए उनके विचार को बार-बार उकसाती हैं। ऐसे में, जब बच्चे इस विषय को लेकर जागरूक नहीं रहते हैं, तो कई बार इस तरह की न जाने कितनी ही अंजान गलतियों के शिकार हो जाते हैं। उन्हें इस गर्त से बाहर निकालना हमारी जिम्मेदारी है, हमें इस बात की गहनता को समझना ही होगा।

सेक्स एजुकेशन गलत नहीं, आज की आवश्यकता है

13

सेक्स एजुकेशन गलत नहीं, आज की आवश्यकता है

हमारी वर्तमान शिक्षा प्रणाली द्वारा कलंक और रूढ़िवादिता के कारण होने वाली सामाजिक प्रतिक्रिया से बचने के लिए सेक्स एजुकेशन को बहुत आसानी से समाप्त कर दिया गया है, लेकिन इसकी कीमत तो छात्र ही चुकाते हैं। यह गंभीर समस्या आज उचित समाधान की माँग कर रही है। इससे जुड़ी शर्म की उत्पत्ति का पता लगाने और सेक्स एजुकेशन को बढ़ावा देने के पिछले प्रयास विफल रहे हैं। और क्यों युवाओं द्वारा सामना किए जाने वाले संघर्ष जिनके वे हकदार थे, इस ज्ञान से वंचित हैं और समाधान जो अंततः इस मुद्दे को हल कर सकते हैं।

आज की शिक्षा जहाँ समाज में शिक्षा ज्ञान का वह प्रकाशस्तंभ होने का दावा करती है, जो बेतुके कलंक और रूढ़िवादिता को मिटाती है, बावजूद इसके यह विषय समाज में अभी-भी क्यों अछूता है?

आखिरी बार आपने वास्तविक जीवन में बीजगणित का उपयोग कब किया था? यदि आप इंजीनियर या वैज्ञानिक नहीं हैं, तो कहीं नहीं! तो अनर्गल शिक्षा देने से अच्छा जो तथ्य दैनिक जीवन से सरोकार रखते हैं, उन की शिक्षा देने में हर्ज़ क्या है? इसलिए युवा दिमागों को सेक्स एजुकेशन देने में कोई समस्या नहीं होनी चाहिए। अपने शरीर के बारे में जानना हमारा अधिकार है और माता-पिता की जिम्मेदारी है कि वे उन्हें वह ज्ञान और जागरूकता प्रदान करें, जो एक युवा दिमाग को जानना आवश्यक है। व्यापक सेक्स एजुकेशन तक पहुँच एक मानव अधिकार है। समाज अब अधूरे ज्ञान के साथ बच्चों के दिमाग का ब्रेनवॉश करने और युवाओं को इसे निष्क्रिय रूप से सड़कों या इंटरनेट पर नहीं छोड़ सकता है।

सेक्स एजुकेशन का उद्देश्य बच्चों और युवाओं को पुरुषों और महिलाओं दोनों के शरीर को समझने में मदद करना है। जेंडर के बीच अंतर और समानता को पहचानने से उन्हें बड़े होने के साथ-साथ अपने बदलते शरीर के बारे में ज्ञान मिलता है।

सेक्स एजुकेशन का महत्व न केवल स्वयं के, बल्कि दूसरों के स्वास्थ्य, कल्याण और गरिमा को समझने के लिए है, जो यह सुनिश्चित करती है कि युवा व्यक्ति शोषण के प्रति जागरूक हों। अच्छी यौन शिक्षा सूचित, जिम्मेदार और सम्मानित व्यक्तियों को आकार देने के लिए एक आवश्यक उपकरण है।

माता-पिता सेक्स एजुकेशन प्रदान करने में महत्वपूर्ण भूमिका निभाते हैं, क्योंकि इंटरनेट अक्सर खराब जानकारी प्रदान करता है, और बच्चे स्वाभाविक रूप से जिज्ञासु होते हैं। छोटी उम्र से ही सेक्स एजुकेशन सिखाने की पहल करना और बच्चे के बड़े होने पर इसे जारी रखना माता-पिता और उनके बच्चों के बीच सुरक्षा और खुले विचार की भावना को बढ़ावा देता है। यह खुला संवाद सेक्स से परे तक फैला हुआ है, जिससे बच्चों को युवावस्था की विभिन्न चुनौतियों, जैसे चिंता, अवसाद, नशीली दवाओं का उपयोग, शराब और अन्य यौन मुद्दों पर चर्चा करने की अनुमति मिलती है।

सोने की चिड़िया में फिर बसने लगे प्राण

14

सोने की चिड़िया में फिर बसने लगे प्राण

अपने पिंजरे की बेड़ियों को तोड़ते हुए अभूतपूर्व गति से उड़ने लगी सोने की चिड़िया

भारत एक ऐसा नाम है, जो दुनिया के शक्तिशाली देशों के दायरे से अरसे से अछूता रहा है, यह बात और है कि किसी ज़माने में हमारे देश का दूसरा नाम 'सोने की चिड़िया' विश्व में शंखनाद करता था। जिस देश का कोहिनूर सदियों से रानी विक्टोरिया के ताज की शोभा बढ़ा रहा है, उस देश को सोने की चिड़िया कहा जाना कहाँ गलत है। अतुल्य विरासत को सजेहने, अपनी अद्भुत संस्कृति को साथ लेकर आगे बढ़ने, तमाम मसालों की उपज करने, शून्य की खोज करने, बिना किसी उपकरण के पृथ्वी से सूर्य की दूरी नाप लेने, सहस्त्र रहस्यों की गोद में फलीभूत मंदिरों आदि का निर्माण करने, तथा योग और शल्य चिकित्सा का वरदान देने वाले भारत के परचम पूरी दुनिया में लहराते थे। फिर एक हवा ऐसी चली कि धीरे-धीरे हमारी सोने की चिड़िया अपनी पहचान खोती चली गई। लेकिन समय के पहिए के आगे बढ़ने के साथ एक बार पुनः विजय घोष करते हुए भारत दुनिया का हृदय बन चुका है।

यह एक ऐसा राष्ट्र है, जिसने विगत कुछ वर्षों में दृढ़ संकल्प के साथ चुनौतियों पर विजय प्राप्त करते हुए लगातार खुद को विकसित किया है। 1.42 अरब की आबादी के साथ, भारत की अद्भुत प्रगति की कहानी ने दुनिया को आश्चर्यचकित कर दिया है। चाहे बात इंफ्रास्ट्रक्चर की हो या अंतरिक्ष मिशन की, अर्थव्यवस्था की हो या खेल के क्षेत्र की, भारत ने इस सवाल का दृढ़ता से जवाब देते हुए हर कदम पर यह साबित किया है कि वह वैश्विक नेतृत्व के लिए एक योग्य दावेदार के रूप में क्यों खड़ा है।

हाल ही में आयोजित वाइब्रेंट गुजरात कार्यक्रम ने खुद को एक ऐसे मंच के रूप में स्थापित किया, जो प्रधान मंत्री नरेंद्र मोदी के लिए भारत को एक वैश्विक नेता की भूमिका में आगे बढ़ाने के अपने दृष्टिकोण को स्पष्ट करता है। जबकि भारत के संभावित रूप से दुनिया की तीसरी सबसे बड़ी अर्थव्यवस्था बनने की चर्चा अक्सर बनी रहती है, ऐसे में इस महत्वाकांक्षा का ठोस सबूत अब पूरी तरह स्पष्ट है।

भारत के विकास का पथ वैश्विक मंच पर इसके उचित स्थान को दृढ़ता से उजागर करता है।

इसरो की कॉस्मिक ओडिसी: भारत की अंतरिक्ष गाथा जारी है

भारत के अंतरिक्ष कार्यक्रम की यात्रा सन् 1962 में INCOSPAR के तहत शुरू हुई थी, जो वर्ष 2023 तक दुनिया की छठी सबसे बड़ी अंतरिक्ष एजेंसी के रूप में विकसित हुई। आर्यभट्ट और चंद्रयान-1 से लेकर मंगलयान और आगामी चंद्रयान-3 तक, लागत प्रभावी नवाचार के प्रति इसरो की प्रतिबद्धता देश में क्राँति लाने के लिए महत्वपूर्ण स्त्रोत बन चुकी है।

23 अगस्त को देश के नसीब में एक ऐतिहासिक क्षण आया, जब भारत ने चंद्रमा के दक्षिणी ध्रुव क्षेत्र में यान को सुरक्षित रूप से उतारने वाला पहला देश बनने की उपलब्धि हासिल की। यह मिशन, चंद्र अन्वेषण में एक अभूतपूर्व कदम का प्रतीक है, जो इसरो के रोवर द्वारा चंद्रमा की सतह पर सल्फर, लोहा, ऑक्सीजन और अन्य तत्वों की उपस्थिति की पुष्टि करने की राह पर है। इसके अतिरिक्त, इसरो द्वारा ₹400 करोड़ की लागत से निर्मित लगभग 1,500 किलोग्राम वजनी उपग्रह, आदित्य एल1 को तैयार करने का उद्देश्य उद्घाटन अंतरिक्ष-आधारित भारतीय वेधशाला के रूप में काम करना है, जो पृथ्वी से लगभग 1.5 मिलियन किलोमीटर दूर एक सुविधाजनक बिंदु से सूर्य का अध्ययन करने के लिए स्थित है।

रिकॉर्ड के मुताबिक, आदित्य-एल1 अंतरिक्ष में उस स्थान पर पहुँच चुका है, जहाँ से वह लगातार सूर्य पर नजर रख सकेगा।

अयोध्या का आर्थिक पुनर्जागरण: राम मंदिर का वैश्विक प्रभाव

अयोध्या में राम मंदिर के उद्घाटन ने दुनिया भर के हिंदू भक्तों के बीच खासा उत्साह जगाया है। यह पूरे भारत के व्यवसायों और निवेशकों के लिए एक सुनहरा अवसर बनकर सामने आया है। 85,000 करोड़ रुपए की प्रभावशाली लागत के साथ, यह अत्यंत प्राचीन और पवित्र शहर एक वैश्विक धार्मिक केंद्र में खुद को परिवर्तित करने के लिए पूरी तरह तैयार है, जो देश में अभूतपूर्व रूप से आर्थिक समृद्धि को बढ़ावा देगा।

श्री राम मंदिर निर्माण समिति के अध्यक्ष नृपेंद्र मिश्रा ने भविष्यवाणी की है कि मंदिर के उद्घाटन के बाद अयोध्या के आसपास के क्षेत्रों में आर्थिक गतिविधियों में अविश्वसनीय वृद्धि देखने को मिलेगी, जो काफी हद तक सही साबित हो रही है। भक्तों ने नकद, ज्वेलरी और यहाँ तक कि अनाज और अन्य खाद्य पदार्थ दान करके मंदिर परिसर के भंडारे भर दिए हैं, दान में सामग्री की मात्रा इतनी अधिक है कि उन्हें रखने का स्थान कम पड़ रहा है। वहीं, मंदिर के निर्माण के लिए इतनी दानराशि आई कि प्रथम तल का निर्माण उसी दानराशि से हो गया।

देश के भिखारी वर्ग ने भी इसमें बढ़-चढ़कर हिस्सा लिया और थोड़े बहुत नहीं, बल्कि 4 लाख रुपए की राशि राम लाला के महल के लिए दान कर दी। इसमें कोई दो मत नहीं है कि शहर में राष्ट्रीय राजधानी क्षेत्र के समान विस्तार हो सकता है, जिससे वृद्धि और विकास के नए रास्ते खुलेंगे।

माननीय प्रधान मंत्री नरेंद्र मोदी ने मंदिर में राम लला की प्राण प्रतिष्ठा के दौरान सभा को संबोधित करते हुए इस बात पर जोर दिया कि राम मंदिर भारत की प्रगति का एक प्रमाण है, जो एक भव्य और विकसित राष्ट्र के उद्भव का संकेत है। इस ऐतिहासिक स्थल की परिभाषा सिर्फ एक धार्मिक स्थल तक ही सीमित नहीं है, बल्कि यह समृद्धि और विकास की दिशा में भारत की महत्वपूर्ण प्रगति के लिए भी जिम्मेदार है।

इंफ्रास्ट्रक्चर का विजय घोष: खत्म दूरियाँ और अन्य देशों से जुड़ाव

नवी मुंबई में अटल सेतु के नाम से मशहूर अटल बिहारी वाजपेयी ट्रांस हार्बर लिंक का उद्घाटन एक अनूठी मिसाल है, जो इंफ्रास्ट्रक्चर के क्षेत्र में भारत की तीव्र प्रगति की एक सम्मोहक कहानी बयाँ करती है। इसका वास्तुशिल्प प्रभावशाली छह लेन तक फैला हुआ है और 21.8 किलोमीटर की दूरी तय करता है, जिसकी निर्माण लागत ₹18,000 करोड़ से भी अधिक है।

मुंबई के सेवरी से शुरू होकर रायगढ़ जिले के उरण तालुका के न्हावा शेवा में समाप्त होने वाला अटल सेतु कनेक्टिविटी की परिभाषा में क्राँति लाने के लिए तैयार है। पुल की स्ट्रेटेजिक लोकेशन मुंबई इंटरनेशनल एयरपोर्ट और नवी मुंबई इंटरनेशनल एयरपोर्ट दोनों तक तेजी से पहुँच बढ़ाने के साथ ही साथ मुंबई से पुणे, गोवा और दक्षिण भारत तक यात्रा के समय को कम करती है। इसके अलावा, यह मुंबई पोर्ट और जवाहरलाल नेहरू पोर्ट के बीच कनेक्शन बढ़ाते हुए क्षेत्र में परिवहन गतिशीलता को बदलने में महत्वपूर्ण भूमिका निभाएगा।

इंफ्रास्ट्रक्चर की यह असाधारण उपलब्धि सिर्फ प्रगति का ही प्रतीक नहीं है, बल्कि भारत के आर्थिक परिदृश्य के कनेक्टिविटी फ्रेमवर्क को मजबूत करने की दिशा में भी एक महत्वपूर्ण कदम है।

कूटनीतिक चमत्कार: G20 नेतृत्व और वैश्विक सहयोग

18वें G20 लीडर्स समिट का आयोजन 9 और 10 सितंबर को नई दिल्ली में किया गया था। इसमें जी20 नई दिल्ली नेताओं की घोषणा को सर्वसम्मति से अपनाया गया, जिसने वैश्विक चुनौतियों का समाधान करने के रूप में समावेशी, निर्णायक और कार्रवाई-उन्मुख तरीके से जी20 लीडर्स की प्रतिबद्धता को प्रदर्शित किया।

भारत, अमेरिका, सऊदी अरब और यूरोपीय संघ द्वारा आर्थिक एकीकरण की दिशा में एक महत्वपूर्ण कदम के रूप में, मेगा भारत-मध्य पूर्व-यूरोप शिपिंग और रेलवे कनेक्टिविटी कॉरिडोर का उद्घाटन किया गया। भारत-मध्य पूर्व-यूरोप इकनॉमिक कॉरिडोर (आईएमईई ईसी) के नाम से प्रसिद्ध यह कॉरिडोर एशिया, पश्चिम एशिया / मध्य पूर्व और यूरोप के बीच कनेक्टिविटी और एकीकरण को बढ़ावा देकर आर्थिक विकास को प्रोत्साहित करने के लिए तैयार है।

विशेष रूप से, जी20 समिट की भारत की अध्यक्षता ने अफ्रीकी संघ को स्थायी सदस्य के रूप में शामिल करके एक ऐतिहासिक उपलब्धि हासिल की, जो वैश्विक समावेशिता की दिशा में एक महत्वपूर्ण कदम है।

अप्रत्याशित तनाव: लक्षद्वीप प्रकरण और वैश्विक गतिशीलता पर इसका प्रभाव

घटनाओं के एक अप्रत्याशित मोड़ में, लक्षद्वीप और राष्ट्र के बीच चल रहे शीत युद्ध के माध्यम से वैश्विक मंच पर भारत का महत्व तेजी से सामने आया। इस राजनयिक तनाव का उत्प्रेरक प्रधान मंत्री नरेंद्र मोदी की लक्षद्वीप यात्रा थी, जिससे मालदीव में बड़ा हँगामा कटा।

यह असहमति तब और बढ़ गई, जब मालदीव में तीन मंत्रियों ने हमारे प्रदान मंत्री के खिलाफ अपमानजनक टिप्पणियाँ करना शुरू कर दीं। इसकी वजह से माहौल और भी अधिक गरमा गया। शुरुआत में जो सोशल मीडिया ट्रोल्स के बीच झड़प जैसा लग रहा था, देखते ही देखते वह अपनी आभासी सीमाओं को पार कर गया और एक पूर्ण राजनयिक स्थिति में तब्दील हो गया। संघर्ष की तीव्रता तब स्पष्ट हो गई जब मालदीव के तीन उपमंत्रियों और कुछ संसद सदस्यों ने प्रधान मंत्री मोदी के खिलाफ अपमानजनक भाषा का इस्तेमाल किया। दरअसल, मालदीव की सूचना और कला उप मंत्री मरियम शिउना ने भारत के खिलाफ अपमानजनक टिप्पणी की और भारत के लिए 'विदूषक' और 'इजरायल की कठपुतली' जैसे शब्दों का इस्तेमाल किया। इसके अलावा, प्रोग्रेसिव पार्टी ऑफ मालदीव के सदस्य जाहिद रमीज ने भारत के लक्षद्वीप पर तंज कसते हुए यह कहा था कि भारत हमसे कॉम्पिटिशन करना चाहता है। भारत हमारी जितनी व्यवस्थाएँ कैसे दे पाएगा और इतनी साफ-सफाई कैसे रख पाएगा।

यह अप्रत्याशित कूटनीतिक दरार वैश्विक स्तर पर स्थानीय विवादों के साथ भारत के प्रभाव का एक और प्रमाण है। यह घटना अंतर्राष्ट्रीय संबंधों की परस्पर जुड़ी प्रकृति और ऑनलाइन खिटपिट से वास्तविक दुनिया की राजनयिक चुनौतियों में तेजी से बदलाव को रेखांकित करती है।

आलम यह है कि प्रधान मंत्री नरेंद्र मोदी जिस स्थान पर जाकर खड़े हो जाते हैं, वहीं का टूरिज़्म नए आयाम छूने लगता है। प्रधान मंत्री का लक्षद्वीप दौरा इस बात का सबसे ताज़ा और जीता-जागता उदाहरण है। इजीमायट्रिप ने जहाँ एक तरफ मालदीव जाने वाले लोगों टिकट्स रद्द कर दिए, वहीं दूसरी तरफ लोग खुद भी मालदीव के बजाए लक्षद्वीप को बढ़ावा देने का मन बना चुके हैं। पीएम मोदी के खिलाफ की गई विवादित टिप्पणी के बाद मालदीव की राजनीतिक भूचाल आ चुका है। कुल मिलाकर भारतवासियों का एकजुट होना भारत के लिए एकता की सबसे बड़ी मिसाल बन खड़ा हुआ है।

खेल गौरव: क्रिकेट शतकों से ओलंपिक विजय तक

क्रिकेट के क्षेत्र में, विश्व कप के दौरान 50वें एकदिवसीय अंतर्राष्ट्रीय शतक के साथ विराट कोहली ने अपने कौशल का अद्भुत प्रदर्शन किया और खुद का नाम आधुनिक समय के श्रेष्ठतम खिलाड़ी के रूप में दर्ज कर लिया। हालाँकि, कहानी में ट्विस्ट लाते हुए ऑस्ट्रेलिया ने अंततः टूर्नामेंट के अंतिम चरण में भारत की पकड़ से प्रतिष्ठित खिताब जीत लिया। हार और जीत बेशक बनी रहती है, लेकिन यह टूर्नामेंट भारत के इतिहास में सबसे उम्दा खेलों के रूप में जगह बनाने में कामियाब रहा।

एशियाड और पैरा-एशियाई खेलों की बात करें, तो भारत ने विभिन्न खेलों में अपार संभावनाओं का प्रदर्शन करते हुए प्रगति का अपना पथ जारी रखा। जेवलिन थ्रोअर खिलाड़ी नीरज चोपड़ा ओलंपियन चैंपियन बनकर और हांग्जो एशियाई खेलों में प्रतिष्ठित स्वर्ण पदक हासिल करके राष्ट्रीय गौरव के रूप में उभर कर सामने आए।

एथलेटिक्स के क्षेत्र में, किशोर कुमार जेना ने एशियाई खेलों में रजत पदक हासिल किया और डब्ल्यूएसी में शीर्ष 10 में स्थान हासिल करके अपने कौशल का बखूबी प्रदर्शन किया, और भारत की वैश्विक खेल उपस्थिति में महत्वपूर्ण योगदान दिया। इतना ही नहीं, वे पेरिस ओलंपिक के लिए क्वालिफाई करने में भी सक्षम रहे।

अजरबैजान के बाकू में FIDE वर्ल्ड कप में युवा ग्रैंडमास्टर आर प्रगनानंद की आशाजनक यात्रा दुनिया के नंबर 1 मैग्नस कार्लसन के खिलाफ करीबी मुकाबले के बाद रजत पदक के साथ समाप्त हुई। टाई-ब्रेक में पिछड़ने के बावजूद, एशियाई खेलों में पदक समेत प्रगनानंद की उपलब्धियाँ उन्हें शतरंज की दुनिया में एक उभरते सितारे के रूप में चिह्नित करती हैं। इससे अंतर्राष्ट्रीय खेल क्षेत्र में भारत का कद कई स्तर बढ़ गया है।

असंभावित क्षेत्रों से आभार: भारत के उत्थान के लिए चीन की प्रशंसा

चीन के सरकारी मीडिया ग्लोबल टाइम्स ने प्रधानमंत्री नरेंद्र मोदी के कार्यकाल में भारत की आर्थिक वृद्धि और विदेश नीति की जमकर तारीफ की है। अपने लेख में ग्लोबल टाइम्स ने कहा कि भारत इंडिया नैरेटिव बनाने और उसे विकसित करने में रणनीतिक रूप से अधिक क्षमतावान हो गया है। चीनी कम्युनिस्ट पार्टी के मुखपत्र कहे जाने वाले ग्लोबल टाइम्स में भारत की तारीफ वाला लेख आना किसी चमत्कार से कम नहीं माना जा रहा। इस लेख को शंघाई के फुडन यूनिवर्सिटी में सेंटर फॉर साउथ एशियन स्टडीज के डायरेक्टर झांग जियाडोंग ने लिखा है, जिसमें पिछले चार वर्षों में भारत की उल्लेखनीय उपलब्धियों पर प्रकाश डाला गया है।

ग्लोबल टाइम्स के इस लेख को भारत की मजबूत आर्थिक वृद्धि, शहरी शासन में सुधार और अंतर्राष्ट्रीय संबंधों, विशेष रूप से चीन के साथ दृष्टिकोण में बदलाव के तौर पर देखा जा रहा है। अपने लेख में झांग ने कहा, "उदाहरण के लिए, चीन और भारत के बीच व्यापार असंतुलन पर चर्चा करते समय, भारतीय प्रतिनिधि पहले मुख्य रूप से व्यापार असंतुलन को कम करने के लिए चीन के उपायों पर ध्यान केंद्रित करते थे। लेकिन, अब वे भारत की निर्यात क्षमता पर अधिक जोर दे रहे हैं।" लेख में यह भी कहा गया है कि अपने तीव्र आर्थिक और सामाजिक विकास के साथ, भारत रणनीतिक रूप से अधिक आश्वस्त हो गया है और 'इंडिया नैरेटिव' बनाने और विकसित करने में अधिक सक्रिय हो गया है। पश्चिम के साथ भारत की बराबरी की सराहना करते हुए इस लेख में कहा गया, "वर्तमान में, लोकतांत्रिक राजनीति के भारतीय मूल पर और भी अधिक जोर दिया जा रहा है। यह बदलाव भारत की ऐतिहासिक औपनिवेशिक छाया से बचने और राजनीतिक और सांस्कृतिक रूप से 'विश्व गुरु' के रूप में कार्य करने की महत्वाकांक्षा को दर्शाता है। विदेश नीति में भी भारत की रणनीतिक सोच में बदलाव आया है और वह स्पष्ट रूप से एक महान शक्ति रणनीति की ओर बढ़ रहा है।"

चुनौतियों के बीच आर्थिक सुदृढ़ता: भारत की जीडीपी वृद्धि की कहानी

भारत की अर्थव्यवस्था ने कोविड-19 महामारी की वजह से वित्त वर्ष 20/21 में भारी दबाव के बाद वित्त वर्ष 21/22 में जोरदार वापसी करके सुदृढ़ता का प्रदर्शन किया। व्यापक वैक्सीन कवरेज के साथ-साथ उदार मौद्रिक और राजकोषीय नीतियों ने 2022 में भारत को वैश्विक स्तर पर सबसे तेजी से बढ़ती अर्थव्यवस्थाओं में से एक के रूप में उभरने में मदद की। वित्त वर्ष 22/23 में, वास्तविक सकल घरेलू उत्पाद में अनुमानित 6.9 प्रतिशत की वृद्धि हुई, जो मजबूत घरेलू माँग, सरकारी इंफ्रास्ट्रक्चर के निवेश और उच्च आय वाले लोगों के बीच मजबूत निजी खपत से प्रेरित है। हालाँकि, बढ़ती उधार लागत और मुद्रास्फीति के दबाव के कारण वित्त वर्ष 22/23 की तीसरी तिमाही में नरमी के संकेत सामने आए। अनुमान वित्त वर्ष 23/24 में विकास दर में 6.3 प्रतिशत की कमी का संकेत देते हैं।

राजकोषीय समेकन प्रयासों से राजस्व में वृद्धि और महामारी से संबंधित प्रोत्साहन उपायों की चरणबद्ध वापसी के कारण सामान्य सरकारी राजकोषीय घाटे और जीडीपी अनुपात में सार्वजनिक ऋण में गिरावट देखी गई। चुनौतियों के बावजूद, सरकार इंफ्रास्ट्रक्चर पर पूँजीगत व्यय बढ़ाकर विकास को बढ़ावा देने के लिए प्रतिबद्ध है।

भारत की भव्य यात्रा में 'विश्व गुरु' की ख्याति, हर कदम पर विजय, चुनौतियों को चीरते हुए आगे बढ़ने और महानता के लिए नियत राष्ट्र की अटूट भावना के मिश्रण के साथ पूरी दुनिया में भारत का शंखनाद करती है।

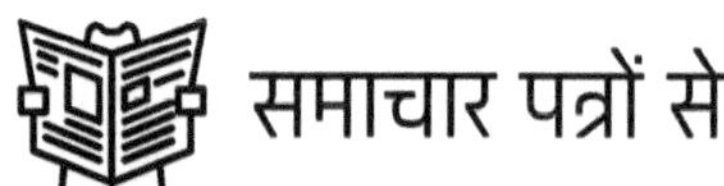

कहाँ गई वो जादू की पाठशाला - अतुल मलिकराम समाजसेवी

दौर। एक बच्चे के रूप में मेरा स्कूल बहुत अलग था। आज के बच्चे ऐसी शिक्षा और ऐसे बचपन से कोसों दूर हैं। चीजें पहचान से परे हो गई हैं। बूढ़े लोग अक्सर अतीत के बारे में बातें करते हैं। हमारे समय में ऐसा था वैसा था और न जाने क्या-क्या लेकिन वे सही कहते हैं। आप पूछ सकते हैं कि मेरे स्कूल में ऐसा क्या अलग था

कहाँ गई वो जादू की पाठशाला

दसवीं कक्षा तक मैंने एक ऐसे स्कूल में पढ़ाई की, जो बुनियादी शिक्षा के सिद्धांतों का पालन करता था। इनमें से मैंने वास्तव में चार साल राजकोट के सेवाग्राम आश्रम में स्थित स्कूल में बिताए। शिक्षा को प्रकृति से दूर उबाऊ विषयों को लेकर कक्षा की चारदीवारी तक ही सीमित नहीं रखा जाना चाहिए। बच्चे प्रकृति की गोद में सामाजिक रूप से उपयोगी कार्य करके सबसे अच्छा सीखते हैं। इस तरह बच्चों का दिमाग विकसित होगा और वे कई तरह के उपयोगी कौशल सीखते हैं। स्कूल में शिक्षा के ऐसे नये प्रयोग आगे कभी नहीं दिखे। यहाँ, मैं उनमें से कुछ आपके साथ साझा करना चाहूँगा।

जानवरों का परिचय

आज प्रकृति और वन्य जीवन के संरक्षण की बहुत चर्चा हो रही है। लेकिन सालों पहले यह विषय इतना प्रचलन में नहीं था। हमारे एक शिक्षक श्री तिवारी अक्सर उद्यानों पर लेकर अपनी कक्षाएँ चलाते थे। वे हमें जंगल की कहानियाँ सुनाते थे। उन्होंने हमें अपने अनुभवों के बारे में कहानियाँ भी सुनाईं। एक बार उन्होंने एक घायल मोर देखा। चूँकि, मनुष्य को देखकर अक्सर वन्यजीव डर के कारण भागते हैं, वह अत्यंत पीड़ा में था, इसलिए भाग न सका। वे उसे घर लेकर आए और उसकी देखभाल की। वह मानो उनका मित्र बन गया। और खुद उनके हाथों से दाने खाने आता था। उन्होंने जो कहानियाँ हमें सुनाईं, उनसे जानवरों के प्रति उनके गहरे प्रेम और करुणा का पता चलता है। उनकी कहानियाँ सुनना अचेतन अवस्था में जाने जैसा था, मानों हम स्वयं जंगल की पगडंडी पर चल रहे हों। श्री तिवारी शब्दों के विशेषज्ञ थे और जंगल का चित्र शब्दों में उकेर कर रख देते थे। उनकी कहानियों ने मुझ पर गहरा प्रभाव डाला और मैं जल्द ही जंगल और उसके वन्य जीवन से प्यार करने लगा।आजकल पाठ्य पुस्तकों में जानवरों पर अध्याय आमतौर पर एक नीरस वाक्य से शुरू होता है, जानवर भी जीवित प्राणी हैं। क्या ऐसे बेतुके शब्द कभी बच्चों की कल्पना को जगाने और उन्हें प्रेरित करने में सफल होंगे

संत उत्सव और संस्कृति

तुलसीदास, सूरदास, मीराबाई, कबीरदास, संत तुकाराम के दोहों को हमें कड़वी गोली की तरह नहीं निगलना था। प्रत्येक बसंत पंचमी में हमारे विद्यालय में संतों का उत्सव आयोजित किया जाता था। हम निबंध लिखेंगे, चित्र बनाएँगे, भित्ति चित्र बनाएँगे, काव्य पाठ करेंगे और संतों के जीवन की प्रेरक घटनाओं को दर्शाने वाले लघु नाटक करेंगे। इस आयोजन में एकाध नहीं, बल्कि हर एक बच्चे ने हिस्सा लिया। पूरे स्कूल में उत्सव मनाया गया। इन्हीं संगीत मंडलियों में से मैंने पहली बार राग %यमन% गाना सीखा। एक साप्ताहिक प्रतियोगिता भी होती थी, जिसमें आपको चौपाई और दोहों की अंताक्षरी खेलना होता था। यहाँ मैंने कई दोहे और चौपाई खेल-खेल में ही सीख लिए। खेल के उत्सवी माहौल में हमने कई महत्वपूर्ण सबक सीखे।

मैंने वनस्पति विज्ञान कैसे सीखा

अधिकांश स्कूलों में वनस्पति विज्ञान अच्छी तस्वीरों या रेखाचित्रों वाली पाठ्यपुस्तकों के माध्यम से या जार में रखे जीवित नमूनों के साथ पढ़ाया जाता है। बच्चे पौधों की विभिन्न प्रजातियों और उनकी पत्तियों और जड़ों की विभिन्न किस्मों के वानस्पतिक नामों का उच्चारण करने में कठिन प्रयास करते हैं। परीक्षा के बाद वे जल्द ही यह सब शब्दजाल भूल जाते हैं। हमारे स्कूल के पास बहुत सारे बगीचे और मैदान थे, जिनमें विविध प्रकार के पौधे थे। सबसे अच्छी बात यह थी कि हमारे शिक्षक हमें नियमित रूप से क्षेत्र भ्रमण और भ्रमण पर ले जाते थे। इन सैर पर हम पौधों को करीब से देख सकें और उसे जान सकें। किसी भी पौधे से हमारा पहला परिचय उनके सामान्य नाम से होता था ताकि हम उसके दोस्त बन सकें।

वास्तविक जीवन से गणित का संबंध

आपको एक रुपए में 40 केले मिलते हैं, 3 रुपए में 1 आम मिलता है और 5 रुपए में 1 सेब मिलता है। अब आप कितना सेब, केला और आम खरीदेंगे कि आपको 100 रूपये में 100 फल मिल जाएँ गणित पर हमारी किताबें ऐसे बेतुके सवालों से भरी पड़ी हैं। विवादास्पद प्रश्न यह है, क्या गणित और वास्तविक जीवन के अनुभवों के बीच कोई संबंध है हाँ बिल्कुल है, जैसेः

बुनियादी संचालनः कक्षा में विद्यार्थियों की संख्या, कितने उपस्थित/अनुपस्थित कितने लड़के बनाम लड़कियाँ जन्मतिथि के महीने, उम्र, भाई-बहनों की संख्या, पसंदीदा पालतू जानवर, भोजन, रंग। कमरे में कितने जूते उंगलियाँ

अनुमान लगानाः वे स्कूल से कितनी दूर रहते हैं स्कूल भवन के चारों ओर एक बार, पाँच बार घूमने में कितना समय लगेगा कब तक घर चलना है वे प्रतिदिन कितना समय अवकाश पर बिताते हैं प्रति सप्ताह एक भरी स्कूल बस में कितने बच्चे बैठे हैं यदि कक्षा के छात्र एक पंक्ति में सिर से पैर तक लेटे हों, तो पंक्ति कितनी लंबी होगी कक्षा का आकार क्या है

फ्रैक्शनः समूह/वर्ग का कौन सा फ्रैक्शन स्नीकर्स पहन रहा है क्या लाल पहना हुआ है क्या आपके पास कुत्ता है कोई बहन है केले पसंद हैं यदि कक्षा में 24 छात्र हैं, तो कक्षा का आधे छात्र कितने हैं

पैसाः प्रत्येक छात्र प्रत्येक सप्ताह दोपहर के भोजन पर कितना खर्च करता है घर से किसी एक वस्तु की क्लास %टैग बिक्री% करें, वे कीमत लगा सकते हैं और बेचने का दिखावा कर सकते हैं। सबसे ज्यादा खर्च कौन करेगा कम से कम इनमें से कौन सा बहुत महँगा/अधिक कीमत वाला है 25% छूट वाली बिक्री के साथ कीमतें बदलें।

यह बच्चों के लिए गणित सीखना मजेदार और प्रासंगिक बनाता है। दुर्भाग्य से, आधुनिक गणित पाठ्यक्रम इस तरह की बुनियादी शिक्षा की अनुमति नहीं देती। लेकिन एक कुशल शिक्षक हमेशा, गणित को बच्चों के जीवन से जोड़ने के तरीके ढूँढ़ते हैं।

कृषि में प्रयोग

स्कूल में रहते हुए, प्रत्येक बच्चे को सब्जियाँ उगाने के लिए जमीन का एक छोटा टुकड़ा आवंटित किया गया था। हमें खुद ही जुताई, निराई, पानी और सामान उगाना पड़ता था अक्सर अपनी फसलों की सिंचाई के लिए पानी निकालने के लिए कुओं पर छात्रों की लंबी कतार लगी रहती थी। इसलिए, कई बच्चों को रात में ही अपने खेतों में पानी देना पड़ता था। अपने स्वयं के फल और सब्जियाँ उगाकर हमने कृषि विज्ञान का सहारा लिया। एक बीज को बोने से लेकर उसके अंकुरण फूटने तक की क्रिया को देखना बहुत ही अद्भुत था। ऐसे गतिशील माहौल में हमने कृषि के बारे में बहुत कुछ सीखा।

जीवन के लिए शिक्षा

नई तालीम पद्धति पर अक्सर शारीरिक श्रम पर बहुत अधिक जोर देने का आरोप लगाया जाता है, जो ज्ञान प्राप्त करते समय हानिकारक हो जाता है। जब मद्रास प्रांत में बुनियादी शिक्षा शुरू की गई, तो लोगों ने कहा, शारीरिक श्रम में बहुत समय बर्बाद होता है, और इसलिए हमारे बच्चे अपनी पढ़ाई में पिछड़ रहे हैं। ऐसे आरोपों के कारण मद्रास के तत्कालीन मुख्यमंत्री राजाजी को इस्तीफा देना पड़ा।

मेरा मानना है कि यदि कोई बच्चा ए फॉर एप्पल ही जान रहा है, दस अलग-अलग चीजें नहीं जान रहा है, तो उसके ज्ञान का आधार कमजोर है। बुनियादी शिक्षा का मतलब ही यही है कि दस और चीजें जानें, दस और तरीके जानें। फालतू के विषय ही क्यों पढ़ाना जो जरूरी विषय हैं, यानि जिनसे शिक्षा के साथ उनकी रोजी भी चल जाए, ऐसे विषयों पर ज़ोर देने की जरूरत है। मैं आप सब से इस लेख के माध्यम से पूछना चाहता हूँ, बेमतलब बच्चों पर सिलेबस का बोझ लादने से क्या बच्चों की शिक्षा पूरी हो जाएगी

किताबी ज्ञान तक ही सीमित न हों शिक्षा के मायने

शिक्षा कैसी होना चाहिए? आखिर शिक्षा के मायने क्या होने चाहिए? क्या रट-रट कर हासिल किए गए श्रेष्ठ अंक ले आना बेहतर शिक्षा कहला सकती है? किताबी कीड़ा बनकर एक बेहतर शिक्षार्थी बना जा सकता है? क्या आप भी यही सोचते हैं कि शिक्षा महज किताबी ज्ञान हो? सिर्फ चंद किताबें पढ़ लेने और उनके हिसाब से परीक्षा में शामिल होकर अच्छे अंक ले आना ही क्या वाकई में शिक्षा की परिभाषा है? किताबी ज्ञान की असल जीवन में यदि महत्ता हासिल न कर सके, तो क्या ही शिक्षा अर्जित की? पास हो जाने का नाम शिक्षा नहीं है।

लेकिन तथ्य की ओर देखा जाए, तो आज की शिक्षा सच-मुच इसी ढर्रे पर आगे बढ़ रही है, और पीछे छोड़ती जा रही है इससे मिलने वाली वास्तविक सीख को। आज की शिक्षा से मिलने वाला किताबी ज्ञान महज किताबों तक ही सीमित है, जिसका जीवन के पाठ से कोई लेना-देना नहीं। ज़रा बताएँ कि जीवन के किस मोड़ पर वो रटे-रटाए सूत्र और

समीकरण काम आए? असल जीवन में कहाँ लगाया आपने वह गणित का साइन थीटा, कॉस थीटा, डेल्टा या फिर सिग्मा? क्या कभी पानी माँगने या साधारण रूप से पानी की बात ही निकलने पर इसे इसके वैज्ञानिक नाम H2O से पुकारा है? $(a+b)^2 = a^2 + 2ab + b^2$ का उपयोग कहाँ किया?

अतुल मालिकराम
राजनीतिक विश्लेषक

आपको 3 इडियट्स का यह गाना तो याद ही होगा
'गिव मी सम सनशाइन
गिव मी सम रेन
गिव मी अनदर चांस
आई वॉना ग्रो उप वन्स अगेन'
'99 परसेंट मार्क्स लाओगे, तो घड़ी वरना छड़ी'

अक्सर आपने यह भी सुना होगा कि 10वीं कक्षा अच्छे अंकों से पास कर लो, फिर लाइफ सेट हो जाएगी। या 12वीं कक्षा अच्छे अंकों से पास कर लो, फिर लाइफ सेट हो जाएगी।

क्या सच में ऐसे लाइफ सेट होती है? क्या स्कूल की पढ़ाई पूरी कर लेने के बाद भी आप संतुष्ट हैं? बिलकुल नहीं। स्कूल में बिताया समय या सिलेबस सिर्फ आने वाली परीक्षा की तैयारी के लिए था लेकिन कौन-सी परीक्षा? इस परीक्षा का नाम है 'जिंदगी'। जब स्कूल का यह सिलेबस आपकी जिंदगी से मेल ही खाता, तो क्या

लाइफ सेट हो पाएगी? क्या आपके मन में भी कभी यह प्रश्न उठा कि उन कई-कई रातों की नींद नीलाम कर और बस्तों का बोझ ढोकर जो पन्ने पढ़े गए, वो एक सार्थक जीवन जीने के लिए कैसे उपयोगी होंगे?

हमें बेहतर नौकरी पाने के लिए और अधिक पढ़ाई करने के लिए कहा गया था, जो हमें जिंदगी की सारी सुख-सुविधाएं दे सके, लेकिन क्या केवल पैसा ही काफी है? माना कि पैसे का अपना महत्व है, जिसे हम बखूबी समझते हैं, पैसे जीवन के कई क्षेत्रों में हमें बहुत मदद करते हैं। लेकिन स्कूल में और भी अच्छी बातें सीखना भी जरुरी है, जो स्कूल के बाद भी काम आती हैं; ऐसी बातें, जो सिलेबस से अलग हों; ऐसी बातें, जो एक बार सीख ली, तो भविष्य में आने वाली तमाम चुनौतियों से पार पाया जा सकता है; ऐसी बातें, तो जरूरतमंदों की मदद करने का पाठ पढ़ाती हैं; ऐसी बातें, जो खुद से ऊपर सोचने के लिए हमें प्रेरित करती हैं।

कैसा हो, यदि स्कूल में हमें अपनी भावनाओं को संभालने, अपने और दूसरों के साथ अपने संबंधों को समझने, संकट में दूसरों की मदद करने, बेहतर निर्णय लेने के लिए जागरूक करने, असफलताओं से सीखने और उनका सामना करने, पैसों का सही तरीके से उपयोग करने और अपना खर्च खुद उठाने के बारे में सिखाया जाए? साथ ही, हमें बेहतर तरीके से समय बिताने, खुलकर स्वस्थ जीवन जीने, खुशमिजाज रहने और अपने जुनून या पसंदीदा काम को करने के लिए आगे बढ़ना सिखाया जाए। और भी बहुत से उदाहरण पड़े हैं, जिन्हें यदि हम स्कूलों में ही सीख लेंगे, तो बाद में यह सब सीखने की जरुरत नहीं पड़ेगी।

अतुल मालिकराम
पी आर कंसलटेंट

मुद्दा नजरिए का है, गलत वो भी नहीं, गलत हम भी नहीं..

यह छह है, अरे नहीं, नहीं यह नौ है.. अरे भई! साफ दिखाई दे रहा है यह छह है.. नहीं, यह नौ है, तुम मेरी जगह पर आकर देखो..

-अतुल मलिकराम, लेखक

इस दुनिया में रहने वाले प्रत्येक व्यक्ति के पास अपना मस्तिष्क है, तो स्वाभाविक-सी बात है कि हर एक व्यक्ति एक अलग सोच और स्वतंत्र विचार भी रखता है। इस बात से भी मुकरा नहीं जा सकता है कि जीवन का हर एक क्षण हमें नए दृष्टिकोण और अनुभवों के साथ मिलता है। हर किसी का अपना व्यक्तिगत नजरिया होता है, जिससे वह अपने आस-पास की दुनिया को देखता है। इसी दृष्टिकोण की वजह से जीवन एक रंगीन चित्र बन जाता है, जिसमें हर रंग अपनी अलग और महत्वपूर्ण भूमिका निभाता है।

जैसा कि मैंने शुरुआत में कहा, अपनी-अपनी जगह सब सही होते हैं। जहाँ एक व्यक्ति की जगह से एक अंक छह दिखता है, वही सामने वाले व्यक्ति को उसकी जगह से वही अंक नौ दिखता है। दोनों ही व्यक्ति अपनी-अपनी स्थिति में सही हैं। लेकिन इसका यह अर्थ कतई नहीं है कि हम सही हैं, तो सामने वाला गलत ही होगा। कई बार हम सामने वाले की बात ही नहीं सुनते हैं, क्योंकि हमें लगता है कि हम सही हैं। सामने वाला भी अपनी जगह सही हो सकता है, इस तलक तो हम कभी सोच ही नहीं पाते हैं। यदि सामने वाले की पूरी बात सुनने का गुण आप में है, तो बेशक आप एक समझदार इंसान हैं।

जब आप उस व्यक्ति के दृष्टिकोण से देखेंगे, तो वाकई उपरोक्त अंक नौ ही दिखाई देगा। लेकिन, हम यहाँ भी संतुष्ट नहीं होते हैं, क्योंकि हमारे दृष्टिकोण से तो वह अंक छह ही दिखाई दे रहा था। मसला सिर्फ और सिर्फ खुद को सही साबित करने का है। यह हमें सिखाता है कि दो लोग एक ही समस्या को दो अलग-अलग दृष्टिकोण से देख सकते हैं और उनका नजरिया भी बिलकुल अलग हो सकता है। इससे हमें यह भी सिखने को मिलता है कि जब हम किसी समस्या का समाधान ढूँढ रहे होते हैं, तो हमें सिर्फ अपने दृष्टिकोण को ही नहीं, बल्कि दूसरों के नजरिए को भी महत्व देना चाहिए। यह समृद्धि और सामंजस्य ही सफलता की कूँजी है।

कई बार ऐसी स्थिति सामने आती है, जिसमें ऐसा महसूस होता है, जैसे हमें वह तवज्जो नहीं मिल रही, जो वास्तव में मिलना चाहिए, या फिर हमारी बात, हमारी सलाह या हमारे मतों पर ध्यान नहीं दिया जा रहा है। घर-परिवार, समाज, दफ्तर आदि ऐसे कई स्थान होते हैं, जहाँ हम ऐसा महसूस करने को मजबूर हो जाते हैं। इसमें कमी हम में या सामने वाले में नहीं है, यहाँ नजरिया प्रखरता पर आ जाता है। हो सकता है कि अलग दृष्टिकोण की वजह से उस स्थिति विशेष में हमारे विचार मेल नहीं खा रहे हों।

कुल मिलाकर, हर किसी का अपना व्यक्तिगत दृष्टिकोण होने के कारण हमें कभी-कभी लग सकता है कि दुनिया हमारे साथ नहीं है, हमारा समर्थन नहीं कर रही है। लेकिन यह याद रखना भी महत्वपूर्ण है कि हर किसी की अपनी-अपनी प्राथमिकताएँ और मुद्दे होते हैं। गलत वे भी नहीं हैं, और गलत हम भी नहीं हैं। हमारा दृष्टिकोण हमारे अनुभवों, शिक्षाओं और सीखों का परिणाम होता है। लेकिन कभी-कभी हम अपने आत्मविश्वास को खो बैठते हैं, क्योंकि हमारा ही दृष्टिकोण हमें दूसरों से मिलने वाली प्रतिक्रियाओं का सामना करवा सकता है। लेकिन, इस बात को ध्यान में रखते हुए कि हम सभी अलग-अलग हैं, हमारे विचार अलग-अलग हैं, हमें अपने स्वयं के मूल्यों को समझने के लिए उचित समय लेना चाहिए।

अपने-अपने नजरिए के साथ चलकर हम आत्म-समर्पण, सहानुभूति और समझदारी की दिशा में आगे बढ़ सकते हैं। हमें यह सीखना होगा कि दूसरों की बातें सुनना भी महत्वपूर्ण है और उन्हें समझने की कोशिश करना भी। जब हम अपने दृष्टिकोण को समझते हैं और अपनी शक्तियों को सही दिशा में ले जाते हैं, तो हम अपने लक्ष्यों की प्राप्ति में सफल हो सकते हैं। वहीं जब हम दूसरों के दृष्टिकोण और विचारों को सुनने का हुनर रखते हैं, तो उस स्थिति में हमारी सफलता सिर्फ हमारी ही नहीं रह जाती है, हम उस शख्स को भी सफल बना देते हैं, जिसके विचार हमने बिना उसे रोके-टोके शांतिपूर्वक सुने। विश्वास कीजिए, यह प्रक्रिया महज सफलता से कहीं अधिक है, क्योंकि इसके बाद उस शख्स की नजरों में आपके लिए मान-सम्मान कई गुना बढ़ जाएगा, जिसकी आपको खबर भी नहीं होगी।

सबका अपना-अपना नजरिया है, और हमें यह समझना चाहिए कि जैसे हम महत्वपूर्ण हैं, हमारी बातें महत्वपूर्ण हैं, ठीक वैसे ही सामने वाला और उसकी बातें भी महत्वपूर्ण हैं। इसलिए हमें चाहिए कि हम एक-दूसरे का समर्थन करने की ललक खुद में लाएँ और एक सकारात्मक बदलाव की अलख जगाएँ, क्योंकि हम सभी अपने जीवन की यात्रा में एक-दूसरे के साथी हैं, जो इस यात्रा में एक-दूसरे के साथ चल रहे हैं।

शादी-ब्याह को चंगुल मानने लगी युवा पीढ़ी की बड़ी आबादी

विवाह एक खूबसूरत बंधन है, जहाँ सिर्फ दो व्यक्ति ही नहीं, बल्कि दो परिवार भी मिलते हैं। बेशक, यह एक नैतिक परंपरा रही है, लेकिन धीरे-धीरे नए दौर के बोझ तले दबती जा रही है। एक ऐसा नया दौर, जिसमें शादी का बंधन किसी कैद जैसा जान पड़ने लगा है। एक ऐसा नया दौर, जहाँ अपने ही हमसफर का कुछ कह मात्र देना सुई-सा चुभने लगा है। एक ऐसा नया दौर, जहाँ एकल परिवार और तो और अपने घर या शहर से कहीं दूर जाकर रहने वाला लड़का ढूँढ़ा जा रहा है। इसका सबसे बड़ा कारण है एकल परिवार। पहले के समय में संयुक्त परिवार हुआ करते थे, तो बच्चे सबके साथ घुल-मिलकर रहने के गुण आपों-आप ही सीख जाया करते थे, ये परिवार अब चार लोगों में सिमट कर रह गए हैं। यही वजह है कि वे किसी के साथ भी सहज नहीं होते, और युवा होते-होते अकेले रहना और किसी से मेल-जोल न बढ़ा पाना उनकी आदत बन चुकी होती है।

एक अन्य समस्या यह है कि आजकल के युवा शादी और बच्चों के चक्कर में पड़ना ही नहीं चाहते। उन्हें शादी अब सात जन्मों का पवित्र बंधन नहीं, बल्कि उम्रकैद की सज़ा लगने लगी है। एक रिपोर्ट की मानें तो, भारत में अविवाहित युवाओं का अनुपात लगातार बढ़ रहा है। साल 2011 में अविवाहित युवाओं की संख्या 17.2 फीसदी थी, जो 2019 में 23 फीसदी पहुँच गई। शादी न करने की सोच रखने वालों में से महिलाएँ भी पीछे नहीं हैं। 2011 में यह संख्या 13.5 फीसदी थीं, जो 2019 तक आते-आते 19.9 फीसदी हो गई। इस प्रकार, देखें तो देश के एक चौथाई से ज्यादा युवा लड़के-लड़कियाँ शादी ही नहीं करना चाहते।

लेकिन इस बात से भी दरकिनार नहीं किया जा सकता है कि भारत जैसे देश की संस्कृति में, विवाह को लड़के और लड़की दोनों के लिए जरुरी माना जाता रहा है। किसी परिवार में यदि अविवाहित बेटे या बेटी हैं, तो वे परिवारों, रिश्तेदारों और दोस्तों के बीच चर्चा का विषय बन जाते हैं, यह स्थिति सोचने पर मजबूर कर देती है और इसके कारणों को जानना बहुत जरूरी है।

वर्तमान में जैसे-जैसे लड़कियों की शिक्षा का स्तर बढ़ रहा है, वैसे-वैसे ये शादी से दूर होती जा रही हैं। इसका एक मुख्य कारण है कि शादी के बाद लड़कियों की जिंदगी पूरी तरह से बदल जाती है। उनके पहनावे से लेकर उनकी पसंद के खाने तक, हर चीज़ में ससुराल और पति की मर्जी शामिल हो जाती है। सास चाहती है कि बहू उनके अनुसार रहे; उनके अनुसार कपड़े पहने; उनके अनुसार अपनी पसंद व नापसंद को तय करे। इसके साथ ही, कई बार बहू की नौकरी को लेकर भी ससुराल में खिटपिट लगी रहती है। ससुराल वाले चाहते हैं कि बहू नौकरी तो करे, लेकिन घर भी बिल्कुल वैसे ही संभाले, जैसे बाकी गृहणियाँ संभालती हैं। इन सबके बीच यदि बहू औसत वेतन पर कोई प्राइवेट नौकरी कर रही है और ससुराल वाले आर्थिक रूप से पहले से ही समृद्ध हैं, तो वे यह दबाव बनाने लगते हैं कि तुम्हें कमाने की क्या ज़रूरत है, हमारे घर पर किसी चीज़ की कमी नहीं है; नौकरी छोड़ दो।

अपने समाज में इस तरह की भावनाओं को बढ़ता देख ही शायद लड़कियों के मन में शादी को लेकर नकारात्मक भाव आ रहे हैं। अब वे पढ़ाई-लिखाई करके अपने करियर पर फोकस करने और अपनी शर्तों पर जिंदगी जीने में यकीन रखती हैं। फिर एक सोच यह भी सामने आती है कि उच्च स्तर की शिक्षा प्राप्त करने के बाद लड़कियाँ अपने योग्य लड़के की तलाश में रहती है, जिससे कि वे उनकी शिक्षा की महत्ता को समझें और नौकरी न करने के लिए दबाव न बनाएँ। फिर एक डर मन में यह होता है कि ससुराल वाले इस बात को न समझे तो? यही वजह है कि लड़कियाँ अपनी शादी को लेकर अब असमंजस में रहने लगी हैं।

वहीं, लड़कों की बात की जाए, तो लड़कों की भी शादी न करने की तादाद ज्यादा ही है। इनके भी कई कारण हैं, सबसे बड़ा कारण बेरोजगारी और कम आय वाली नौकरी का होना है। मैंने अक्सर लड़कों को यह कहते हुए सुना है कि ÷शादी तो कर लेंगे, लेकिन खिलाएँगे क्या? पत्नी और बच्चों के खर्चे कैसे सँभालेंगे?÷ लगातार बढ़ रही बेरोजगारी और मँहगाई के चलते कम आय वाले व्यक्ति का अपने परिवार का भरण-पोषण, बीमारी और बच्चों को अच्छी शिक्षा दिला पाना बेहद मुश्किल हो रहा है, जिसके चलते अधिकांश युवा अब किसी की जिम्मेदारी उठाना ही नहीं चाहते हैं।

हालाँकि, ऐसा नहीं है कि सभी लड़के, जो शादी नहीं करना चाहते हैं, वे आर्थिक रूप से सक्षम नहीं हैं। इसका एक अन्य कारण पत्नी और अन्य पारिवारिक सदस्यों के बीच तालमेल न बिठा पाना भी है। शादी के बाद, लड़का पत्नी और अपने अन्य परिवार रूपी मोतियों के बीच एक डोर का कार्य करता है। किसी कारणवश यदि पत्नी व लड़के के परिवार वालों के बीच मतभेद होता है, तो लड़का बीच में घुन की तरह पिसता है। यदि लड़का अपनी पत्नी की तरफ बोले, तो घरवाले उसे %ज़ोरू का गुलाम% कहते हैं, और परिवार की तरफ बोले, तो पत्नी नाराज़ हो जाती है। कई बार इस स्थिति को संभाल पाना एक लड़के के लिए बहुत ही मुश्किल हो जाता है।

इसके अलावा, यह भी सच है कि आज के माहौल में पश्चिमी सभ्यता का असर काफी अधिक बढ़ गया है, जिसके चलते युवा शादी के बंधन में बंधने के बजाए डेटिंग और लिव इन रिलेशनशिप्स को पसंद कर रहे हैं। वहीं, कुछ युवाओं का मानना है कि आज के समय में अपनी भावनात्मक और शारीरिक जरूरतों को पूरा करने के लिए जरुरी नहीं है कि शादी की ही जाए। फिर अब तो रुझान ऐसे होने लगे हैं कि एक व्यक्ति के एक से अधिक रिलेशनशिप्स होने लगे हैं। ऐसे रुझानों के पथ पर चलने वाले युवा यह मानते हैं कि शादी के बाद इसकी स्वतंत्रता उनके हाथों से छीन जाएगी। यह भी बड़ा कारण है कि वे बिना शादी के खुश हैं और अपना जीवन अपने अंदाज में जीना चाहते हैं।

एक तथ्य यह भी है कि आज के समय में युवा लड़के-लड़कियाँ अपने अधिकारों को लेकर अधिक मुखर हो गए हैं। लड़कियों में भी अब पुराने ज़माने की महिलाओं की तरह सहनशीलता नहीं है। पति परमेश्वर होता है, अब वे इस सोच से मुक्त हो चुकी हैं। आज वे पति के बराबर कदम से कदम मिलाकर चल रही हैं, उसकी तरह कमा रही हैं, तो उसके बराबर सम्मान की भी उम्मीद करती हैं, जिसके चलते कई बार दोनों के अहम् का टकराव हो जाता है और रिश्तों पर दरार पड़ने लग जाती है। वहीं, लड़के भी शादी के बाद अचानक से होने वाली रोक-टोक, पूछताछ और ज़िम्मेदारी के बोझ को झेल नहीं पाते हैं। इन्हीं सब कारणों से समाज में विवाह टूटने के मामले तेजी से बढ़े हैं, जो अविवाहित युवाओं के मन में विवाह को लेकर संदेह पैदा कर देते हैं।

एक जरूरी बात यह भी है कि सभी शादियाँ खराब नहीं होती हैं। एक गलत शादी यदि जिंदगी बर्बाद करती है, तो एक सही जीवनसाथी मिलने पर जिंदगी बेहतरीन भी बन जाती है।

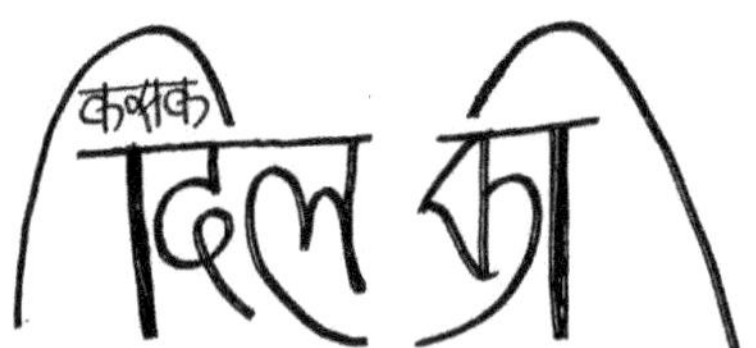

व्यापार

पीआर एजेंसी की जरुरत कब और क्यों?

01

पीआर एजेंसी की जरुरत कब और क्यों?

एल्विन एडम्स का मानना है कि संचार के इस युग में पब्लिक रिलेशन किसी भी ऑपरेशन के लिए महत्वपूर्ण है। आज के समय में हर तरह के ब्रांड्स, चाहे वे नए हो या पुराने, तेजी से विकास कर रहे हैं। तेजी से हो रहे इस विकास ने इंडस्ट्री के सामने अलग ब्रांड इमेज बनाने की चुनौती खड़ी कर दी है, जिसके लिए एक इनोवेटिव स्ट्रैटेजी की बेहद जरुरत है।

बेशक, आप इसके लिए एआई की मदद ले सकते हैं, लेकिन यह तरीका उतना कारगर नहीं होगा, जितना एक पीआर एजेंसी हो सकती है। पीआर एजेंसी एक अलग ब्रांड इमेज बनाने के लिए बेहतर स्ट्रैटेजी तो बनाएगी ही, इसके साथ ही यह आपके बिजनेस के विस्तार के लिए बेहतरीन कनेक्शन भी बना कर देगी, जो आपके ब्रांड के लिए फायदेमंद साबित होगा।

पीआर एजेंसी की मदद क्यों ली जाए?

आप चाहें माने या ना मानें, लेकिन ब्रांड इमेज और अवेयरनेस बढ़ाने के लिए पब्लिक रिलेशन्स (पीआर) एजेंसी की मदद लेना एक आसान तरीका है। अपने ब्रांड का विस्तार करने के लिए आपको एक अनुभवी पीआर एजेंसी की एक्सपर्टीज़ और कनेक्शन की जरुरत है, क्योंकि:

- **दर्शकों तक पहुँचने के लिए**

ब्रांड अवेयरनेस बढ़ाने के लिए अपनी पहुँच का विस्तार करना और दर्शकों से जुड़ना जरुरी है। इसके लिए एक बेहतरीन स्ट्रेटजी की जरुरत होती है। पब्लिक रिलेशन्स संस्थानों के पास इस जरुरत को पूरा करने और प्रभावशाली कैंपेन तैयार करने का अनुभव होता है।

पीआर न केवल ब्रांड की विजिबिलिटी बढ़ाता है, बल्कि इंगेजमेंट को भी बढ़ावा देता है, साथ ही एक ब्रांड और उसके दर्शकों के बीच के संबंध को भी मजबूत करता है।

- **एक नई सोच के लिए**

पीआर एजेंसीज़ की खासियत ही यही है कि वे हमारे रोजमर्रा के कामों के दायरे से परे सोचने की क्षमता रखती हैं। उनकी यही खासियत किसी बिजनेस को उसके लक्ष्य को पाने में मदद कर सकती है।

चाहे वह रिब्रांडिंग हो या सोशल मीडिया पर रीच बढ़ाना हो, एक पीआर एजेंसी का अनुभव उपयोगी हो सकता है। उनके क्रिएटिव और इनोवेटिव आइडिया हमारे लक्ष्य को एक नई ऊँचाई पर ले जा सकते हैं।

- **पीआर एजेंसी का नेटवर्क और कनेक्शन**

पीआर एजेंसीज़ किसी ऑर्गेनाइजेशन और उसकी टारगेट ऑडियंस के बीच की दूरी को कम करने में महत्वपूर्ण भूमिका निभाती हैं। हर पीआर एजेंसी के पास मजबूत नेटवर्क और कनेक्शन होते हैं, जिसमें पत्रकार, ब्लॉगर्स और इंडस्ट्री की प्रभावशाली शख्सियतों, जैसे लोग शामिल होते हैं। उनके यही कनेक्शन किसी बिजनेस के लिए उपयोगी साबित हो सकते हैं।

- **पीआर एजेंसी के रिसोर्स**

एक प्रभावी पीआर कैंपेन चलाने के लिए अच्छी प्लानिंग, बेहतरीन एग्जीक्यूशन और लगातार मॉनिटरिंग के साथ-साथ पर्याप्त टाइम और रिसोर्स की जरुरत होती है, लेकिन किसी बिजनेस के लिए अपने कोर ऑपरेशन और पब्लिक रिलेशन के बीच अपने टाइम और रिसोर्स का बैलेंस बना कर रखना मुश्किल हो सकता है।

पीआर एजेंसीज़ इन जिम्मेदारियों को बड़ी अच्छी तरह निभा सकती हैं, जिससे ऑर्गेनाइजेशन को अपने बिजनेस के अन्य पहलुओं पर ध्यान देने का मौका मिलता है। इसके साथ ही एजेंसीज़ के पास और भी कई तरह के रिसोर्सेस उपलब्ध होते हैं, जो आपके कैंपेन को बड़ी सफलता दे सकते हैं।

- **क्राइसिस से निपटने की क्षमता**

किसी भी क्राइसिस से कुशलतापूर्वक निपटने की क्षमता ही पीआर एजेंसीज़ को कम्युनिकेशन्स इंडस्ट्री का एक महत्वपूर्ण अंग बनाती है। पीआर एजेंसीज़ की मदद से कम्पनीज़ कठिन से कठिन परिस्थिति से निपट सकती हैं। पीआर एजेंसीज़ न सिर्फ किसी क्राइसिस से निपटने में मदद करती हैं, बल्कि यह भी सुनिश्चित करती हैं कि किसी क्राइसिस की स्थिति में कम से कम नुकसान हो और कड़ी मेहनत से कमाई ब्रांड की प्रतिष्ठा को बचाया जा सके।

- **कम लागत में ज्यादा फायदा**

एक पीआर एजेंसी को हायर करना कॉस्ट-इफेक्टिव हो सकता है, जहाँ कम लागत में ज्यादा फायदा लिया जा सकता है। एक ऑर्गेनाइजेशन के लिए अपने पीआर को बढ़ाने के लिए इन-हाउस हायरिंग करना महँगा साबित हो सकता है, जबकि एक पीआर एजेंसी को हायर करने से आपको पीआर प्रोफेशनल्स की पूरी टीम मिल सकती है। इसके साथ ही. आपको उनके एक्सपीरियंस और कनेक्शन का फायदा भी मिलता है।

इसके अलावा, पीआर फर्म के पास आमतौर पर मॉनिटरिंग और मेज़रमेंट के लिए खास प्रकार के टूल्स होते हैं, जो एजेंसी की फीस से भी महँगे हो सकते हैं। एक पीआर एजेंसी को हायर करके आप इन टूल्स का उपयोग भी कर सकते हैं। ये टूल्स आपकी पीआर एक्टिविटी की ट्रैकिंग और एनालिसिस के लिए जरुरी होते हैं।

पीआर एजेंसी को कब करना चाहिए हायर?

पीआर एजेंसी से मदद लेने का समय कंपनी की जरुरत पर निर्भर करता है।

- **जब आपको एक्सपर्ट्स की जरुरत हो**

ऐसे समय में, जहाँ एक छोटी-सी भी गलती आपकी प्रतिष्ठा के लिए नुकसानदायक हो सकती है। एक पीआर एजेंसी को हायर करके आप बिना किसी तनाव के कई कैम्पेन्स को एक साथ आसानी से संभाल सकते हैं। एक्सपर्ट्स की मदद लेने से आप कई तरह की परेशानियों से बच सकते हैं। साथ ही, एक पीआर एजेंसी आपके बिजनेस के लिए पॉजिटिव गुडविल बना सकती है।

- **जब किसी खास पीआर स्ट्रैटेजी की जरुरत हो**

पीआर एजेंसी से संपर्क करने का सही समय वह है, जब आपके पास एक खास बिजनेस गोल हो, जिसे पाने के लिए आपको किसी खास पीआर स्ट्रेटजी की जरुरत हो। चाहे आप किसी खास दर्शक वर्ग तक पहुँचना चाहते हैं या कोई महत्वपूर्ण संदेश अपने दर्शकों तक पहुँचाना चाहते हैं, एक पीआर एजेंसी आपके उद्देश्यों को प्रभावी ढंग से पूरा करने में आपकी मदद कर सकती है।

- **कम्युनिटी रिलेशन बढ़ाने के लिए**

चाहे आपकी कंपनी का लक्ष्य लोकल कम्युनिटी में अपनी प्रतिष्ठा बढ़ाना हो या वहाँ एक नया प्रोडक्ट लॉन्च करना हो। कम्युनिटी रिलेशन बढ़ाने के लिए एक पीआर फर्म की मदद लेना फायदेमंद हो सकता है। पीआर एजेंसी का अनुभव आपको मजबूत कनेक्शन बनाने में मदद कर सकता है। साथ ही, पीआर एजेंसीज़ यह सुनिश्चित करती हैं कि आपकी पहल हर समुदाय के साथ प्रभावी ढंग से जुड़े।

- **जब सीएसआर के लिए संबंध विकसित करना हो**

एक ऑर्गेनाइजेशन के लिए सामाजिक जिम्मेदारियों को निभाना भी जरुरी है। इसके लिए गैर-लाभकारी संगठनों के साथ जुड़ना एक समझदारी भरा निर्णय हो सकता है। इसमें पीआर एजेंसी आपकी मदद कर सकती है और आपके सामाजिक अभियान को सफल बना सकती है।

इसलिए, पीआर फर्म में निवेश करना एक समझदारी भरा निर्णय है, जो आपके व्यवसाय को नई ऊँचाइयों तक पहुँचा सकता है। उनकी विशेषज्ञता का लाभ उठाकर, आप अपने ब्रांड की विजिबिलिटी बढ़ा सकते हैं।

अपने पीआर को बढ़ाने का मौका न चूकें। आज ही एक प्रतिष्ठित पीआर फर्म के साथ साझेदारी करें और कम्युनिकेशन की बदलती दुनिया में अपना विस्तार करें

बॉस या........

02

बॉस या........

खड़ूस.. अकड़ू.. ये ऐसे अनकहे शब्द हैं, जो हमेशा ही मेरे कानों में गूँजते हैं, जब भी स्टाफ का कोई मेंबर तनी हुई भौहें लेकर गुस्से से आसपास से गुजर रहा होता है। मुँह पर कोई नहीं कह पाता, लेकिन मेरा मानना है कि बेशक स्टाफ के चुनिंदा लोगों के मन में यह नाम आ ही जाता होगा। यह तो हुई स्टाफ के मन की बात! लेकिन एक बॉस होने के नाते मैं और हर एक बॉस यही चाहता है कि सबको अपने से जोड़कर रखे और किसी के मन में बुरे ख्यालों के रूप में वह न पनपे।

एक सफल बिज़नेस और अच्छा स्टाफ एक ही सिक्के के दो पहलू हैं। इसके लिए बॉस या आंत्रप्रेन्योर में ऐसे गुण होने चाहिए, जिससे वह अपने स्टाफ से खूब वाहवाही बटोरे और सबका पसंदीदा बॉस बन जाए। याद रहे कि किसी भी कर्मचारी की सफलता आपकी बेहतरीन लीडरशिप पर निर्भर करती है। अगर आप एक बेहतर लीडर हैं और टीम को आगे बढ़ने के लिए प्रेरित करते हैं, तो स्टाफ हमेशा आपका साथ देता है।

एक अच्छा वातावरण बेशक कैंपस में अहम् भूमिका निभाता है, लेकिन महज़ वातावरण तक ही ऑफिस सीमित नहीं है। समय-समय पर छोटी-छोटी एक्टिविटीज़ न सिर्फ स्टाफ को खुश कर जाती है, बल्कि काम करने की एक नई स्फूर्ति उन्हें उपहार में दे जाती हैं। मैं अक्सर मेंबर्स को इस तरह की एक्टिविटीज़ के जरिए जोड़कर रखने में विश्वास रखता हूँ।

बेहतर काम करने पर मेंबर्स की वाहवाही और तारीफ उन्हें आपके करीब लाने का काम करेगी। "तुमने बहुत शानदार काम किया है", "यह काम तुम चुटकियों में कर लोगे, मुझे तुम पर पूरा भरोसा है", "तुम हो, तो फिर किस बात की चिंता", "मैं कैसे तुम्हारा साथ दे सकता हूँ", "मुझे पता था, तुम यह कर लोगे" जैसे शब्द कब गागर में सागर का काम कर देंगे, पता भी नहीं चलेगा।

मैं मानता हूँ कि भले ही आपके और टीम मेंबर के बीच कुछ खटपट चल रही हो, बात बंद नहीं होना चाहिए। उसने डिनर लिया या नहीं, स्वास्थ्य ठीक है या नहीं, जैसे बिंदुओं पर उसका पर्सनल अटेंशन कभी आपको उस मेंबर से दूर नहीं कर सकेगा।

यदि आप टीम के किसी मेंबर की गलती की जिम्मेदारी खुद पर ले लेते हैं, और अपने द्वारा किए गए किसी अच्छे काम का श्रेय टीम मेंबर को देना जानते हैं, तो बेशक आप सबसे अच्छे और भरोसेमंद बॉस हैं। इसके विपरीत यदि अपनी गलतियों का जिम्मा आप टीम या इसके किसी मेंबर पर थोप देते हैं और उनके द्वारा किए गए अच्छे काम का श्रेय यह कहकर खुद पर ले लेते हैं कि "यह तो मैंने किया", "यह मेरी वजह से हो सका है", "इसे करना तुम्हारे बस की बात नहीं थी", "मैं नहीं होता, तो आज कंपनी का बहुत बड़ा नुकसान हो जाता" यकीन मानिए, उस दिन आप टीम पर से अपना भरोसा खो चुके होंगे।

जाहिर सी बात है कि आप बॉस हैं, तो आपको अपनी बात रखने का अधिकार है। लेकिन यहाँ तक एक बॉस का दायरा सीमित नहीं होता है, यानि यदि आप में बोलने की प्रेरणा है, तो सुनने की क्षमता भी बेशक होना ही चाहिए। यदि टीम मेंबर आप तक कोई बात लेकर आया है, तो पहले शांत मन से उसकी पूरी बात सुनें। अपनी बात को पुरजोर तरीके से तो हर कोई रख सकता है, लेकिन किसी की बात धैर्य से सुनना हर किसी के बस की बात नहीं है। यकीन मानिए, यदि सुनने की क्षमता आप में नहीं है, तो मेंबर अपनी समस्या कभी आपके पास लेकर नहीं आएगा।

कई दफा यह भी हो सकता है कि आपसे अच्छा आईडिया टीम मेंबर के पास हो, इस स्थिति में यह कहने के बजाए कि मैंने जो कह दिया वही सही है, उनके आईडिया को अपनाएँ। टीम उस बॉस को बेहद पसंद करती है, जो बॉस होने के साथ ही एक अच्छा और सच्चा दोस्त बनने का रवैया रखता हो। एक बॉस और टीम का रिश्ता कुछ ऐसा होना चाहिए, जिसकी छाव में कोई भी अपनी बात कहने में झिझके नहीं। टीम से दोस्ताना बनाए रखना, सबके हाल-चाल लेना, परिवार की खैरियत पूछना, यदि मेंबर किसी तकलीफ में हैं, तो उसका साथ देना, ये कुछ ऐसे गुण हैं, जो अनचाहे ही आपका सम्मान बढ़ा देंगे।

बॉस का दायरा यदि बॉस तक सीमित न रखा जाए, तो बेशक एम्प्लॉयीज़ भी एम्प्लॉयीज़ तक सीमित न रहकर परिवार के सदस्य की तरह पेश आएँगे। यही है एक सफल बॉस की बेशकीमती पहचान..

एम्प्लॉयीज़ से चलती है कंपनी

03

एम्प्लॉयीज़ से चलती है कंपनी

यह शत-प्रतिशत सत्य है। जब भी कोई कंपनी अपनी नींव रखने के बाद नए आयाम छूती है, तरक्की करती है, नई दिशाओं में आगे बढ़ती है और सफल होती है, तो बेशक उसमें बॉस का अहम् योगदान होता है। लेकिन सबसे बड़ा योगदान होता है, उसमें काम करने वाले एम्प्लॉयीज़ का, जो इसे अपनी कर्मस्थली मानते हैं। और सही मायने में अपने घर से अधिक समय अपनी कंपनी में बिताते हैं, यदि इन 24 घंटों में से सोने के 6 से 8 घंटों को न जोड़ा जाए।

इसमें कोई दो राय नहीं है कि बॉस को गुरु की उपाधि प्राप्त है और एम्प्लॉयीज़ को शिष्यों की, क्योंकि काम के तौर-तरीके और लम्बे समय तक अपने क्लाइंट्स को जोड़कर रखने का हुनर आखिरकार बॉस से ही सीखने को मिलता है। कंपनी की ग्रोथ में एम्प्लॉयीज़ का सबसे अधिक योगदान होता है। इनकी तुलना उन पहियों से की जा सकती है, जिनके बिना किसी गाड़ी का चल पाना भी लगभग नामुमकिन है। कॉर्पोरेट के इस लेख को अध्यात्म के उदाहरण से जोड़कर आपके समक्ष पेश करना चाहता हूँ, जो पूज्य राजन जी के मुखमण्डल से मैंने सुनी है। यह कहानी बताती है कि शिष्य की वजह से गुरु को सब कुछ मिल जाता है।

एक व्यक्ति बहुत ही अधिक मात्रा में भोजन करता था। एक बार खाने बैठता था, तो उसे उठने की सुध ही नहीं मिलती थी। उसकी इस आदत से उसके घरवाले बहुत परेशान थे। एक बार बहुत अधिक खाने की उसकी इस आदत की वजह से घरवालों ने गुस्से में उसे घर से निकाल दिया। भोजन की तलाश में वह एक आश्रम जा पहुँचा, जहाँ एक बहुत मोटा साधु बैठा था। उसने सोचा कि जरूर यहाँ भर पेट भोजन मिलता होगा, जब ही यह इतना मोटा है। भीतर कैसे जाना है, इसकी जानकारी लेने पर पता चला कि सिर्फ राम-राम जपना है और बदले में भर पेट भोजन मिल जाएगा।

बस फिर क्या था महाशय खूब खाते और आराम फरमाते। कुछ दिनों में एकादशी आ गई और आश्रम में भोजन बना ही नहीं। उस दिन सभी का उपवास था। भोजन की अति इच्छा जताने पर गुरूजी ने उसे अनाज देकर कहा कि नदी के पास चले जाओ और बना लो, लेकिन राम को भोग लगाने के बाद ही खाना खाना।

बड़ी मिन्नतों के बाद राम आए, लेकिन सीता माता के साथ। अब भोजन कम पड़ गया। अगली एकादशी पर महाशय अधिक अनाज लेकर आए, लेकिन इस बार लक्ष्मण जी भी आ गए। फिर भोजन कम पड़ गया।

हर बार अधिक अनाज की माँग करने पर गुरूजी को कुछ संदेह हुआ कि यह राशन बेचने लगा है। और इस बार वे पहले से ही नदी के पास पेड़ के पीछे छिपकर बैठ गए। लेकिन इस बार गुस्से में उस व्यक्ति ने खाना ही नहीं बनाया कि हर बार पिछली बार से अधिक लोग आ जाते हैं। इस राम और सीता के साथ ही सभी भाई और हुनमत भी आ गए। वह नाराज़ हो उठा और प्रभु से कहने लगा कि आप स्वयं बना लीजिए भोजन, मैं नहीं बना रहा, क्योंकि मुझे तो आज कुछ मिलने वाला है नहीं। गुरूजी सब कुछ देख पा रहे हैं, लेकिन भगवान को नहीं। आखिरकार वे सामने आए और पूछ बैठे कि क्या बात है? इस पर शिष्य ने सारा वाक्या कह सुनाया और बताया कि देखिए कितने सारे लोग आ गए हैं। जब गुरूजी ने कहा कि उन्हें कुछ भी नहीं दिख रहा, तब शिष्य प्रभु श्री राम के चरण पकड़कर मिन्नतें करने लगा कि मेरे गुरूजी यही समझेंगे कि मैं चोरी कर रहा हूँ, आप कृपया कर उन्हें एक बार दिख जाइए। इस पर प्रभु ने गुरु को दर्शन दिए और उनका शिष्य की वजह से उद्धार हुआ।

इस कहानी को यदि कॉर्पोरेट से जोड़कर देखा जाए, तो लगभग समान ही परिणाम देखने को मिलते हैं। एम्प्लॉयीज़ का सरल स्वभाव और सहज कार्यक्षमता ही बॉस के उद्धार यानि सफलता की सबसे बड़ी और महत्वपूर्ण वजहों में से एक बनते हैं और उसके साथ ही उसके एम्प्लॉयीज़ की सफलता की कहानी भी रचते हैं। अपने परिवार के सदस्यों से अधिक समय कलीग्स के साथ बिताना, उन्हीं के साथ उठना-बैठना और खाना-पीना ऑफिस को परिवार का ही रूप दे जाता है, एक ऐसा परिवार, जिसके एक सदस्य को समस्या होने पर परेशान पूरा परिवार होता है, एक ऐसा परिवार, जिसमें सब साथ मिलकर एक मुट्ठी की तरह रहते हैं और सुदृढ़ता से काम करते हैं। इसलिए यह कहना सर्वथा सत्य ही होगा कि एक कंपनी को कंपनी वास्तव में एम्प्लॉयीज़ ही बनाते हैं। और तो और इसके सफल संचालन का श्रेय भी एम्प्लॉयीज़ को ही जाता है।

वो बातें, जो भगवान श्री कृष्ण से
पीआर प्रोफेशनल्स को जरूर सीखना चाहिए

वो बातें, जो भगवान श्री कृष्ण से पीआर प्रोफेशनल्स को जरूर सीखना चाहिए

पब्लिक रिलेशन्स (पीआर) की दुनिया लगातार विकसित हो रही है। इस विकास के साथ ही साथ अपने क्षेत्र विशेष की जटिलताओं से निपटने के लिए प्रोफेशनल्स को न सिर्फ लगातार प्रेरणा, बल्कि सार्थक मार्गदर्शन की भी जरुरत होती है। गहन ज्ञान और शाश्वत शिक्षाओं का एक ऐसा ही सटीक स्रोत प्राचीन भारतीय महाकाव्य, भगवद्गीता से मिलता है। इस महाकाव्य में भगवान श्री कृष्ण की अर्जुन के साथ विशिष्ट बातचीत एक समृद्ध अंतर्दृष्टि प्रदान करती है, जो पीआर प्रोफेशनल्स को उनकी भूमिकाओं में उत्कृष्टता प्राप्त करने के लिए सशक्त बना सकती है। आइए, उन अमूल्य पाठों पर विचार करते हैं, जिन्हें भगवान श्री कृष्ण की शिक्षाओं से पीआर प्रोफेशनल्स सीख सकते हैं:

1. प्रभावी कम्युनिकेशन

एक सफल पीआर कैंपेन के मूल में हमेशा ही प्रभावी कम्युनिकेशन निहित होता है। अर्जुन को दिया गया भगवान श्री कृष्ण का ज्ञान और प्रवचन स्पष्ट एवं संक्षिप्त कम्युनिकेशन के महत्व का जीता-जागता उदाहरण पेश करता है। कहने का अर्थ यह है कि किसी व्यक्ति विशेष के समक्ष रखी गई बात उस तक पहुँच सकने के योग्य होना चाहिए। इसलिए, पीआर प्रोफेशनल्स को यह सुनिश्चित करना चाहिए कि उनकी बात या संदेश सिर्फ स्पष्ट ही नहीं हों, बल्कि उनके लक्षित दर्शकों तक पहुँच बना पाने की काबिलियत भी रखते हों। जिस तरह श्री कृष्ण ने सटीकता के साथ अर्जुन का मार्गदर्शन किया, उसी तरह पीआर प्रोफेशनल्स को अपने ग्राहकों के समक्ष स्पष्ट और प्रभावी ढंग से बात रखते आना चाहिए।

2. स्ट्रेटेजी और प्लानिंग

अर्जुन को श्री कृष्ण ने जो युद्ध के मैदान पर कार्यों की योजना बनाने और उन्हें क्रियान्वित करने के बारे में मार्गदर्शन दिया, वह पीआर कैम्पेन्स में रणनीतिक योजना के महत्व को उजागर करता है। पीआर प्रोफेशनल्स को चाहिए कि वे सावधानीपूर्वक अपने पीआर प्रयासों की स्ट्रेटेजी बनाएँ, उन्हें ग्राहक के उद्देश्यों के साथ जोड़कर पेश करें और संभावित चुनौतियों का बेहतरी से अनुमान लगाएँ।

श्री कृष्ण की सुविचारित स्ट्रेटेजीस की तरह ही पीआर प्रोफेशनल्स को यह सुनिश्चित करना चाहिए कि उनके द्वारा किए जाने वाले कार्यों से वांछित परिणामों की प्राप्ति हो।

3. अनुकूलन क्षमता

सारथी से लेकर परामर्शदाता तक विभिन्न भूमिकाओं को अपनाने और उन्हें बखूबी निभाने की भगवान श्री कृष्ण की क्षमता, पीआर प्रोफेशनल्स के अनुकूलन और बहुमुखी होने की आवश्यकता पर प्रकाश डालती है। लगातार बदलते पीआर परिदृश्य में, विविध ग्राहकों और परिदृश्यों के प्रति लचीला और उत्तरदायी होना प्रोफेशनल्स के लिए बेहद महत्वपूर्ण है। श्री कृष्ण की अनुकूलन क्षमता एक अनुस्मारक के रूप में कार्य करती है कि पीआर प्रोफेशनल्स को प्रत्येक ग्राहक की विशिष्ट आवश्यकताओं को पूरा करने के लिए अपने दृष्टिकोण को तैयार करने पर विशेष रूप से ध्यान देना चाहिए।

4. विश्वास स्थापित करना

श्री कृष्ण की अर्जुन के साथ बातचीत अटूट ईमानदारी और सत्यनिष्ठा, विश्वास की गहन भावना को बढ़ावा देने का सटीक माध्यम बनी। पीआर में भी यही मूल निहित है। विश्वास ग्राहकों और जनता के बीच सफल संबंधों की आधारशिला है। पीआर प्रोफेशनल्स को चाहिए कि वे अपने प्रोफेशनल संबंध में विश्वास स्थापित करने और इसे बनाए रखने के लिए पारदर्शिता, विश्वसनीयता और प्रामाणिकता को प्राथमिकता दें।

5. समस्या का समाधान

भगवान श्री कृष्ण ने संकट के समय में अर्जुन के लिए समस्या के समाधानकर्ता के रूप में अभूतपूर्व भूमिका निभाई थी, यह सभी जानते हैं। संकट या क्राइसिस के समय समाधानकर्ता की भूमिका पीआर में इस कौशल के महत्व का प्रमाण है। पीआर प्रोफेशनल्स को कुशल समस्या समाधानकर्ता होना जरुरी है, जो अपने क्राइसिस के समय जरुरत पड़ने पर अपने क्लाइंट्स की चुनौतियों का समाधान करने के लिए नवीन समाधान पेश करें। ऐसा करने पर, वे न सिर्फ मुद्दों का समाधान करते हैं, बल्कि स्ट्रेटेजिक पार्टनर्स के रूप में अपना मूल्य भी प्रदर्शित करते हैं।

6. भावनात्मक बुद्धिमत्ता

श्री कृष्ण की सहानुभूति और अर्जुन की भावनात्मक स्थिति की समझ पीआर में भावनात्मक बुद्धिमत्ता के महत्व को बेहद खूबसूरती से दर्शाती है। पीआर प्रोफेशनल्स को चाहिए कि वे अपने ग्राहकों और जनता की भावनाओं और चिंताओं से गहनता से अवगत हों। पीआर प्रैक्टिशनर्स सहानुभूति और संवेदनशीलता के साथ प्रतिक्रिया के माध्यम से न सिर्फ सुदृढ़ संबंध स्थापित कर सकते हैं, बल्कि नाजुक परिस्थितियों को भी अधिक प्रभावी ढंग से संभाल सकते हैं।

7. नेतृत्व

श्री कृष्ण के नेतृत्व के अद्भुत गुण और साथ ही अर्जुन को प्रेरित करने और मार्गदर्शन करने की उनकी क्षमता स्पष्ट रूप से दिखाई देती है। पीआर प्रोफेशनल्स को चाहिए कि सिर्फ अपनी टीमों का नेतृत्व करने में ही नहीं, बल्कि अपने ग्राहकों को उनके लक्ष्यों को प्राप्त करने के लिए मार्गदर्शन करने में भी सुदृढ़ नेतृत्व कौशल प्रदर्शित करें। पीआर की दुनिया में सफलता प्राप्त करने के लिए प्रभावी नेतृत्व की काफी महत्ता है।

8. नीति और नैतिकता

भगवान श्री कृष्ण ने संपूर्ण भगवद्गीता में, नैतिक सिद्धांतों को निरंतर रूप से कायम रखा। पीआर प्रोफेशनल्स को चाहिए कि सकारात्मक प्रतिष्ठा बनाए रखने के लिए वे अपनी कार्यशैली में नैतिक आचरण और नैतिक मूल्यों को प्राथमिकता दें। इंडस्ट्री में विश्वास और विश्वसनीयता को बढ़ावा देने के लिए नैतिक मानकों को कायम रखना सबसे अधिक जरुरी है।

9. धैर्य और दृढ़ता

भगवान श्री कृष्ण ने अर्जुन के संदेह और भय को दूर करने में धैर्य का जो अद्भुत प्रदर्शन किया, वह पीआर में धैर्य और दृढ़ता के महत्व को रेखांकित करता है। पीआर में जटिल परिस्थितियाँ और चुनौतीपूर्ण क्लाइंट्स असामान्य नहीं हैं; इसलिए, प्रोफेशनल्स को चाहिए कि ऐसी परिस्थितियों में संयम और दृढ़ता बनाए रखें।

10. आत्म-जागरूकता

श्री कृष्ण की गहन आत्म-जागरूकता और उनके उद्देश्य का ज्ञान पीआर प्रोफेशनल्स को अपनी ताकत, कमजोरियों और लक्ष्यों को समझने के लिए एक अनुस्मारक के रूप में काम करता है। आत्म-जागरूकता सही मायने में आगे की दिशा का मार्गदर्शन करती है, जो पीआर प्रैक्टिशनर्स को उनके करियर में उत्कृष्टता की ओर अग्रसर होने में महत्वपूर्ण योगदान देती है।

11. क्राइसिस मैनेजमेंट

चुनौतीपूर्ण परिस्थितियों में शांत रहने और मार्गदर्शन प्रदान करने की श्री कृष्ण की क्षमता पीआर प्रोफेशनल्स की उस आवश्यकता को दर्शाती है, जो क्राइसिस मैनेजमेंट की स्थिति में उत्कृष्टता प्राप्त करने पर आधारित है। कठिन समय के दौरान संयम बनाए रखना और समाधान पेश करना ग्राहक की प्रतिष्ठा की रक्षा के लिए महत्वपूर्ण है।

12. निरंतरता

भगवान श्री कृष्ण ने पीआर प्रयासों और संदेश में निरंतरता के महत्व पर जोर देते हुए, भगवद्गीता में लगातार अर्जुन का समर्थन किया।

पीआर प्रोफेशनल्स को यह सुनिश्चित करना चाहिए कि उनके संदेश और कार्य समय के साथ लगातार उनके क्लाइंट के ब्रांड और मूल्यों के अनुरूप हों।

निष्कर्ष:

भगवद्गीता अनेक कालातीत पाठों की पेशकश करती है, जिन्हें पीआर प्रोफेशनल्स अपने क्षेत्र में उत्कृष्टता प्राप्त करने के लिए अपने करियर में शामिल कर सकते हैं। प्रभावी कम्युनिकेशन, स्ट्रेटेजी और प्लानिंग, अनुकूलन क्षमता, विश्वास-निर्माण, समस्या-समाधान, भावनात्मक बुद्धिमत्ता, नेतृत्व, नैतिकता, धैर्य, आत्म-जागरूकता, क्राइसिस मैनेजमेंट और निरंतरता में भगवान श्री कृष्ण का ज्ञान पीआर प्रैक्टिशनर्स को उनके प्रोफेशन की जटिलताओं को सफलतापूर्वक नेविगेट करने में मदद कर सकता है और उनका मार्गदर्शन कर सकता है। इन पाठों को अपनाकर, पीआर प्रोफेशनल्स क्लाइंट्स और जनता के साथ सुदृढ़ संबंध स्थापित कर सकते हैं, और साथ ही अपने क्षेत्र में उत्कृष्टता भी हासिल कर सकते हैं। भगवान श्री कृष्ण की शिक्षाएँ समय और संस्कृति से परे हैं, जो पीआर प्रोफेशनल्स को प्रेरणा और मार्गदर्शन का एक कालातीत स्रोत प्रदान करती हैं।

विष्णु, शिव और पार्वती जैसे व्यक्तित्व ही
कॉर्पोरेट के पूरक

05

विष्णु, शिव और पार्वती जैसे व्यक्तित्व ही कॉर्पोरेट के पूरक

शिव पुराण के अनुसार, दक्ष-प्रजापति अपनी पुत्रियों के लिए ऐसे योग्य और धनवान वर चाहते थे, जो देवता हों, पृथ्वी पर जीवन को आसान बनाने में सहायक हों, जैसे कि वर्षा-देवता देवराज इंद्र या फिर अग्नि देव।

वर्तमान समय में कॉर्पोरेट जगत की स्थिति भी यही है, जहाँ सबसे योग्य, सबसे कुशल और सबसे दक्ष टीम मेंबर्स की तलाश को प्रखरता दी जाती है। आज के समय में हम अपनी टीम में सर्वगुण संपन्न और विभिन्न कारकों के लिए सहायक और निपुण व्यक्तियों को चाहते हैं। यदि टीम में एक भी व्यक्ति ऐसा शामिल होता है, जो हमारी विचारधारा से अलग हो या फिर सबसे हटकर हो, तो स्वाभाविक-सी बात है कि हम असहज हो जाते हैं।

दक्ष-प्रजापति के साथ भी यही हुआ। उनकी सबसे छोटी पुत्री सती ने पिता के विरुद्ध जाकर साधु का चयन अपने पति के रूप में कर लिया। एक ऐसा तपस्वी, जिसके शरीर पर हमेशा राख लिपटी रहती है, एक ऐसा तपस्वी, जिसके साथी भूत और प्रेत हैं और बर्फ से ढके पहाड़ ही उनके निवास स्थान हैं, एक ऐसा तपस्वी, जिसे शिव के नाम से जाना जाता है। इस बात से राजा का मन बहुत दुःखी हो गया।

कॉर्पोरेट जगत में हममें से कई लोगों की तुलना दक्ष-प्रजापति से की जा सकती है, जो कॉर्पोरेट लक्ष्य की दिशा में काम करने वाले सहयोगात्मक और सकारात्मक कार्य वातावरण स्थापित करने की इच्छा और उत्सुकता के चलते टीम्स में सिर्फ और सिर्फ सबसे उपयुक्त लोगों को शामिल करना चाहते हैं, और यहाँ तक कि करते भी यही हैं। कॉर्पोरेट में ऐसे लोगों को टीम में शामिल किए जाने को प्रखरता दी जाती है, जिनकी ऊर्जा और काम करने के तरीका हमारे तौर-तरीकों से मेल खाता है। हम कभी-भी मनमौजी, अलग तौर-तरीकों वाले, सबसे अलग सोच रखने वाले और विचित्र प्रतीत होने वाले शिव यानि सहकर्मी को अपने आस-पास आने ही नहीं देते हैं।

दक्ष-प्रजापति ने शिव को कभी-भी अपना जमाता स्वीकार नहीं किया, क्योंकि शिव ऐसे भगवान हैं, जो कभी-भी दक्ष-प्रजापति की भगवान वाली परिभाषा में फिट नहीं बैठे। कारण कि शिव सबसे अलग हैं, उनका रहन-सहन, तौर-तरीके सब कुछ सबसे अलग हैं। विरोधाभास से ग्रसित लोग भगवान शिव को अक्सर गलत ही समझते हैं, लेकिन शिव ऐसे भगवान हैं, जो विरोध के लिए विरोध करते हैं या यूँ कहें कि वे विद्रोही को भी अपना बना लेने की ताकत रखते हैं और उसे अस्तित्व के मौजूदा तरीके के साथ तालमेल बिठाने के लिए तैयार कर देते हैं। तथ्य यह है कि शिव इस विश्व में सबसे अलग हैं। वे पहनावे से व्यक्ति विशेष की पहचान होने में विश्वास नहीं रखते, सोने-चाँदी के गहने नहीं पहनते, बल्कि रुद्राक्ष और सर्पों की माला ही उनके असली आभूषण हैं। भूत-प्रेत ही उनकी सबसे सच्ची और सार्थक टोली है। कुल मिलाकर उन्होंने सांसारिक मापदंडों से खुद को बिल्कुल अलग रखा हुआ है।

भले ही अलग विचार रखने वाले व्यक्ति सबसे अलग जान पड़ते हैं, लेकिन वह कहते हैं न कि पाँचों उँगलियाँ कभी-भी बराबर नहीं होती हैं। कॉर्पोरेट्स को चाहिए कि वे इस बात की महत्ता को समझें और सभी तरह के लोगों को तवज्जो दें।

एक बार भगवान शिव के जीवन काल में एकाएक ही बहुत बड़ा संकट आ गया। तो तथ्य कुछ ऐसा है कि दक्ष-प्रजापति ने एक बार एक विशेष यज्ञ का आयोजन किया। उन्होंने सम्पूर्ण देव लोक को यज्ञ में शामिल होने के लिए आमंत्रित किया, सिवाए अपने जमाता शिव के। जब सती अपने मायके पहुँची और नाना प्रकार के मेहमानों के बीच अपने पति को यज्ञ स्थल पर न पाकर अपने पिता से इसका कारण जानना चाहा, तब उन्होंने बताया कि उन्होंने शिव को आमंत्रित नहीं किया। इसे अपने पति का अपमान जानकार सती क्रोधित होकर अग्नि कुंड में समा गईं। उधर शिव को इसकी जानकारी लगते ही वे यज्ञ स्थल पर पहुँच गए और सती को उठा यहाँ-वहाँ तांडव करने लगे। यह एक ऐसा विनाशकारी टकराव था, जिसमें दक्ष-प्रजापति और उनके मेहमानों ने शिव के अति क्रोध और अखंड शक्ति को देखा। विष्णु द्वारा उनके चक्र से माँ सती के शरीर के 52 टुकड़े कर दिए गए और जहाँ-जहाँ उनके शरीर के अंग गिरे, वहाँ-वहाँ शक्तिपीठों का निर्माण हुआ। अंततः एक असहज शांति बहाल हुई, जिसके बाद दक्ष-प्रजापति ने अपने जमाता शिव से माफी माँगी और शिव लम्बे समय के लिए ध्यान मग्न हो गए।

संकट में ही शिव की कीमत का एहसास होता है। संकट तब उभर कर सामने आता है, जब काम करने के पारंपरिक तरीके उचित परिणाम देने में विफल हो जाते हैं। जब समस्याएँ सामान्य की परिभाषा से परे चली जाती हैं, उस स्थिति में हमें अपरंपरागत सोच की आवश्यकता होती है, यही वह स्थिति है, जब हमें वास्तव में शिव की आवश्यकता होती है। शिव एक ऐसे कारक हैं, जो उलझी हुई स्थितियों में एक नए दृष्टिकोण का सृजन करने की क्षमता रखते हैं।

यहाँ शिव से तात्पर्य हर उस व्यक्ति से है, जो अलग सोच रखता है, लेकिन उसे कॉर्पोरेट में हमेशा ही अलग-थलग रखा जाता है, उसे वह तवज्जो कभी दी ही नहीं जाती, जिसका वह वास्तव में हकदार होता है। एक ऐसा व्यक्ति, जो सबकी सोच से परे कुछ नया करने की ताकत रखता है, लेकिन कहीं न कहीं खुद को साबित करने में असमर्थ पाता है, कारण कि वह जानता है कि उसे उसके कार्य के एवज में उचित महत्व नहीं दिया जाएगा, या फिर उसकी बात कोई नहीं सुनेगा। इस स्थिति में हो सकता है कि वह एक उद्यमी के रूप में अपनी बुद्धि के उचित मूल्य से दरकिनार होने लगे, या फिर उसे दूसरों को समझाने की प्रक्रिया बहुत अधिक परेशान करने वाली प्रतीत होने लगे।

जब राक्षस-राजा तारक ने सत्ता संभाली, तब भी एक संकट उत्पन्न हुआ, देवता तमाम पारंपरिक हथियारों से परिपूर्ण होने के बावजूद उसे नष्ट करने में असमर्थ थे। उसे समय एक ऐसे शासक की आवश्यकता थी, जो सारा का सारा पदभार संभाल ले और जिसके पिता शिव हों।

हजारों वर्षों की कठोर तपस्या से ब्रह्मा जी को प्रसन्न करके तारक ने उनसे देवी-देवता, दानव, मानव और पुरे ब्रह्माण्ड में किसी के हाथों न मारे जाने का वरदान माँग लिया। लेकिन ब्रह्मा जी ने इसे नीति के विरुद्ध बता कर उसे किसी विशिष्ट व्यक्ति के हाथों मारे जाने का वरदान दिया, जिसका चुनाव उन्होंने तारक के ऊपर ही छोड़ दिया। तब तारक ने अपनी चतुराई का इस्तेमाल कर शिव पुत्र के हाथों मारे जाने की इच्छा प्रकट की, जिस पर ब्रह्मा जी ने तथास्तु कह दिया।

यह उस समय की बात है, जब माता सती के अग्नि कुंड में समा जाने के बाद भगवान शिव वैराग्य धारण कर चुके थे। ऐसे में, भगवान शिव का पुत्र होना असंभव था। वरदान प्राप्ति के बाद तारक तारकासुर बन गया और समस्त लोकों में अपना भय पैदा करने लगा। इस दौरान, पहाड़ों के राजा हिमवत को लम्बे अरसे के बाद संतान प्राप्ति हुई, जो और कोई नहीं, बल्कि माता पार्वती थीं।

सालों बीत गए, लेकिन असुर राजा तारकासुर का आतंक और अत्याचार रुकने का नाम ही नहीं ले रहा था। माँ पार्वती यौवन धारण कर चुकी थीं। सभी देवताओं ने प्रेम के देवता कामदेव को भगवान शिव का ध्यान भंग कर उनके मन में माता पार्वती के प्रति प्रेम भावना जाग्रत करने की प्रार्थना की। विनती सुनकर कामदेव ने धनुष के माध्यम से भगवान शिव पर प्रेम पुष्प बाण चलाया, जिससे भगवान शिव का ध्यान भंग हो गया और वे क्रोधित हो गए। शिव के मन में माता पार्वती के प्रति प्रेम भावना जागृत होने के बावजूद उनका क्रोध शांत नहीं हुआ और उनके क्रोध की ऊष्मा से छः सिर वाले एक बालक की उत्पत्ति हुई, जिसे छः अप्सराओं ने पाला। अप्सराओं (कृतिकाओं) द्वारा लालन-पालन होने के कारण बालक का नाम कार्तिकेय पड़ा, जिन्होंने बाद में देवताओं की सेना का नेतृत्व करते हुए तारकासुर का वध किया।

हममें से कई लोग मानते हैं कि हम किसी को भी अच्छे वेतन पैकेज और उच्च पदनाम के वादे के साथ टीम में जोड़ सकते हैं। जबकि हम ऐसे व्यक्ति को शामिल करने में विश्वास करते हैं, जो सब कुछ जानता हो, काम करता हो, लेकिन किसी पर हावी न हो। लेकिन ध्यान देने वाली बात है कि हम में से कोई भी नेतृत्व के कुशल गुणों वाले कार्तिकेय के समान व्यक्ति को अपनी टीम में शामिल करने पर कभी विचार नहीं करता। जो व्यक्ति समस्या उत्पन्न करने वाले व्यक्ति से भी बखूबी काम लेना जानता है, वही कार्तिकेय है।

उसे टीम में शामिल करने के लिए एक अलग दृष्टिकोण की आवश्यकता होती है। देवताओं ने भी यही किया, उन्होंने शक्ति की ओर रुख किया। शक्ति वहीं हैं, जिन्होंने एक पर्वत राजकुमारी गौरी के रूप में जन्म लिया। वे शिव की इंद्रियों को जगाने या उनके क्रोध को शांत करने के लिए ही नहीं, बल्कि अपने दृढ़ संकल्प का प्रदर्शन करने के लिए उनके साथ जुड़ीं। उन्होंने वर्षों शिव को पति रूप में प्राप्त करने के लिए ध्यान किया, जिससे शिव भी उनके सम्मुख आए। करुणा की अपील करने के साथ ही माता पार्वती ने शिव के समक्ष विवाह का प्रस्ताव रखा। पार्वती वही उदाहरण बनीं, जिनकी वजह से देवताओं को दिव्य शासक कार्तिकेय मिले, और जिन्होंने तारक को नष्ट करने में उनकी मदद की। यहाँ पार्वती की तुलना एक सर्वश्रेष्ठ टीम लीडर से की जा सकती है, जिसकी आज के समय में कॉर्पोरेट्स में बहुत जरुरत है।

गौरी के साथ, शिव शंकर बन गए। जबकि शिव के रूप में, वे पूरी तरह शांत, चुप और स्थिर थे, उस समय उनकी आँखें बंद थीं। लेकिन शंकर का रूप धारण करके उन्होंने न सिर्फ दृढ़ता से अपनी कथनी प्रकट की, बल्कि सत्य को सत्य साबित करने के लिए हर संभव कदम उठाए, फिर भले ही उन्हें क्रोध व्यक्त करने वाले तांडव का सहारा ही क्यों न लेना पड़ा हो। यह वही समय था, जब उन्होंने अपनी आँखें खोलीं। उन्होंने अपने भक्तों की पुकार सुनी और उन्हें उत्तर दिया। वे परोपकारी, आसानी से प्रसन्न होने वाले और वरदान देने वाले बन गए। वे अब किसी से भी दूर नहीं थे। आज के समय में कॉर्पोरेट्स में शंकर नहीं, तो उसकी सफलता किसी काम की नहीं। एक लीडर ऐसा हो, जो सामने वाले की गलती पर उसे एहसास दिलाना बेहतरी से जानता हो और आखिर में उसे माफ करते हुए कंपनी को संकट से बाहर लाने का गुण भी रखता हो, तो कंपनी के प्रत्येक काम-काज संतुलित बने रहते हैं।

सूझ-बुझ और कार्य कुशलता की जरुरत होती है भी कॉर्पोरेट में। एक व्यक्ति जरूर ऐसा हो, जो बिगड़ती स्थिति को संभालने में अकेला ही सब पर भारी हो। इस स्थिति में कंपनी को सफल होने से कोई नहीं रोक सकता है। दक्ष-प्रजापति सत्तावादी हैं, जो एक व्यवस्था में सटीकता की माँग करते हैं। वहीं, कामदेव की तुलना एक मित्र, जादूगर, सम्मोहक या सहायक से की जा सकती है, जो आपको स्वेच्छा से किसी तंत्र विशेष का मजबूत हिस्सा बनने के लिए तैयार करता है।

यहाँ तंत्र से तात्पर्य टीम से है। गौरी को एहसास हुआ कि शिव को किसी तंत्र में जबरदस्ती शामिल करने या बहकाने से सिवाए विनाश के कुछ भी हासिल नहीं होगा। इसके परिणाम के रूप में या तो वे अंततः पीछे हट जाएँगे या फिर पूरी दुनिया में तबाही मचा देंगे। इसलिए, शिव की पत्नी होने के बाद भी उन्होंने शिव को भिक्षुक बने रहने की अनुमति दी। शिव के मूल व्यक्तित्व को बदले बिना ही वे सूझ-बुझ, समझ, दृढ़ संकल्प और दृढ़ता के माध्यम से दुनिया के हित के लिए उनकी प्रतिभा का उपयोग करने में सक्षम थीं।

हम भी शिव व्यक्तिवादी, रचनात्मक विचारकों की तरह हैं, जो स्वतंत्रता की स्थिति में सबसे अच्छा कार्य करते हैं। समय के साथ हम सभी शंकर बन जाते हैं, दूसरों के साथ काम करने वाली प्रणाली में शामिल हो जाते हैं और इस तरह एक कुशल टीम का हिस्सा बन जाते हैं। यही वजह है कि विविधता का मूल्य जानने वाली कंपनी में कई विष्णु, बड़ी संख्या में शंकर और कुछ शिव ही वास्तव में इसे कंपनी बनाते हैं।

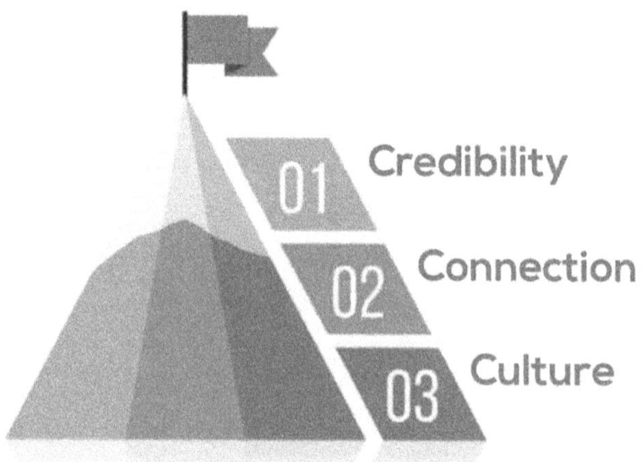

कल्चर, कनेक्शन और क्रेडिबिलिटी: भारत में रीजनल पीआर के लिए सफलता के पिलर्स

06

कल्चर, कनेक्शन और क्रेडिबिलिटी: भारत में रीजनल पीआर के लिए सफलता के पिलर्स

आज की परस्पर जुड़ी दुनिया में, प्रभावी पब्लिक रिलेशन्स की महत्ता पहले से कहीं अधिक है, खासकर तब, जब बात भारत के विविध और जीवंत बाजार को नेविगेट करने की आती है। सांस्कृतिक रूप से समृद्ध भारत में किसी भी पीआर कैंपेन की सफलता कल्चर (संस्कृति), कनेक्शन (संपर्क) और क्रेडिबिलिटी (विश्वसनीयता) की तिकड़ी में महारत हासिल करने पर निर्भर करती है। रीजनल ऑडियंस के साथ मजबूत संबंध स्थापित करने के लिए कल्चर संबंधी उनकी बारीकियों को गहराई से समझने की आवश्यकता होती है। साथ ही, प्रमुख स्टेकहोल्डर्स के साथ वास्तविक संबंध स्थापित करना और विश्वसनीय कम्युनिकेशन स्ट्रेटेजीस के माध्यम से उनका विश्वास अर्जित करना भी होता है।

कल्चर, कनेक्शन और क्रेडिबिलिटी ऐसे पिलर्स हैं, जो एक-दूसरे से जुड़े हुए हैं। ये भारत में सफल पीआर प्रयासों को रेखांकित करने वाली आवश्यकता को उजागर करते हैं। इन तीन पिलर्स को अपनाकर, बिज़नसेस भारत की अपार संभावनाओं पर प्रकाश डाल सकते हैं और साथ ही अपने पीआर प्रयासों में उल्लेखनीय सफलता प्राप्त कर सकते हैं।

पहला 'सी' कल्चरल नेविगेशन का

आज के मॉडर्न युग में, पब्लिक रिलेशन्स (पीआर) की भूमिका क्षेत्रों और कल्चर से परे है, जो कम्युनिकेशन के लिए एक सूक्ष्म दृष्टिकोण की माँग करती है। विभिन्न क्षेत्रों की पहचान के रूप में व्याप्त (कल्चरल डाइवर्सिटी) सांस्कृतिक विविधता, पीआर प्रोफेशनल्स के लिए चुनौतियाँ और अवसर दोनों प्रस्तुत करती है। किसी विशिष्ट क्षेत्र के भीतर संस्कृतियों, भाषाओं और मूल्यों की जटिल टेपेस्ट्री को समझना पहला कदम है। यह समझ नींव के रूप में संदेशों को तैयार करती है, जो विविध दर्शकों के साथ प्रामाणिक रूप से संबंधित है।

फिर भी, सांस्कृतिक विविधता की माँग परंपराओं की सतही समझ से कहीं अधिक होती है। कम्युनिकेशन में संवेदनशीलता सर्वोपरि है।

गैर-मौखिक संकेतों को स्वीकार करना, रूढ़ियों से बचना और सांस्कृतिक बारीकियों का सम्मान करने वाली भाषा का उपयोग करना, ये सभी प्रभावी क्रॉस-कल्चरल संदेश भेजने में योगदान करते हैं। लोकलाइजेशन और स्टैंडर्डाइजेशन के बीच के नाजुक संतुलन में अधिकता देखने को मिलती है। पीआर स्ट्रेटेजीस को सुसंगत ब्रैंड पहचान बनाए रखते हुए स्थानीय संवेदनाओं को प्रतिबिंबित करने के लिए पर्याप्त रूप से तैयार किया जाना चाहिए।

इस नेविगेशनल यात्रा का केंद्र क्रॉस-कल्चरल संबंध बनाने में निहित है। विभिन्न संस्कृतियों में संबंध-निर्माण प्रथाओं की विभिन्नता को ध्यान में रखते हुए, पीआर प्रोफेशनल्स को चाहिए कि वे मीडिया, इन्फ्लुएंसर्स और स्टेकहोल्डर्स के साथ कुशल संबंध विकसित करें। सफल कैम्पेन्स मार्गदर्शक का कार्य करते हैं। वे विभिन्न दृष्टिकोणों का सम्मान करते हुए और व्यापक दर्शकों तक अपनी पहुँच स्थापित करते हुए रचनात्मकता और सांस्कृतिक अंतर्दृष्टि के सुदृढ़ विलय का उदाहरण पेश करते हैं।

दूसरा 'सी' कनेक्शन का

भारत के विशाल परिदृश्य में, महत्वपूर्ण कनेक्शन (संपर्क) स्थापित करना अपने आप में एक बहुत बड़ी चुनौती है। यहाँ आकर ही रीजनल पब्लिक रिलेशन्स (पीआर) की भूमिका महत्वपूर्ण हो जाती है, जो इंटरप्राइजेस और उनकी वांछित जनसांख्यिकी के बीच एक महत्वपूर्ण कड़ी के रूप में कार्य करता है। हलचल भरे शहरी केंद्रों और शांत भीतरी इलाकों में, कुशल रीजनल पीआर संचार माध्यमों की एक जटिल पहुँच स्थापित करता है, जो न सिर्फ कम्युनिकेशन को बढ़ावा देता है, बल्कि व्यापक डोमेन में ब्रैंड विशेष के संदेश को बढ़ावा देने की ग्यारंटी भी देता है। स्वदेशी मीडिया आउटलेट्स, इन्फ्लुएंसर्स और सामुदायिक प्रमुखों के कुशल उपयोग के माध्यम से, कम्पनियाँ ऐसे संबंध स्थापित करती हैं, जो परिचित और प्रभावशाली दोनों होते हैं।

रीजनल पीआर एक कल्चरल ट्रांसलेटर के रूप में कार्य करता है, जो विविध समुदायों और व्यवसायों के बीच के अंतर को खत्म करता है। स्थानीय भावनाओं, रीति-रिवाजों और भाषाओं की गहनता को बरकरार रखते हुए, यह संदेश को प्रामाणिक रूप से प्रतिध्वनित करने के लिए तैयार करता है। लोकल मीडिया का उपयोग उचित कॉन्टेंट डिलीवरी सुनिश्चित करता है, जो विशिष्ट क्षेत्रों की प्राथमिकताओं के अनुरूप होता है। इससे सापेक्षता की भावना को बढ़ावा मिलता है, जिसकी ग्लोबल कैम्पेन्स में अक्सर कमी देखने को मिलती है।

भारत भर में अपनी पहचान बनाने में और गहन पहुँच स्थापित करने में, रीजनल पीआर एक गतिशील शक्ति के रूप में कार्य करता है, जो विभिन्न क्षेत्रों के लोगों के साथ इंटरप्राइजेस को जोड़ता है।

प्रत्येक क्षेत्र की अनूठी आकांक्षाओं और चुनौतियों को संबोधित करके यह ब्रैंड्स को जीवंत बनाने का कार्य करता है, और इस प्रकार मात्र लेनदेन को वास्तविक संपर्कों में तब्दील कर देता है।

तीसरा 'सी' क्रेडिबिलिटी का

स्थानीय रीति-रिवाजों, भाषाओं और भावनाओं का पालन करके, व्यवसाय कमर्शियल एंटीटीज़ की स्थिति से आगे निकल जाते हैं और साथ ही सामुदायिक परिदृश्य के अभिन्न अंग में तब्दील हो जाते हैं। कुशल रीजनल पीआर के माध्यम से यह कल्चरल कनेक्शन बिज़नेस के प्रति विश्वास उत्पन्न करने का काम करता है जो कंज्यूमर्स के निर्णयों को प्रभावित करता है और स्थायी एसोसिएशन्स को सुदृढ़ करता है। चूँकि, बिज़नसेस उन क्षेत्रों के मूल्यों और आकांक्षाओं को दर्शाते हैं, जिनमें वे काम करते हैं, वे अंततः प्रामाणिकता की पेशकश करते हुए पारस्परिक रूप से लाभप्रद बातचीत का मार्ग प्रशस्त करते हैं।

भारत के विविध परिदृश्यों की जटिल टेपेस्ट्री में, रीजनल पीआर आपसी समझ के लिए एक आदर्श माध्यम के रूप में कार्य करता है। इसकी क्षमता व्यवसायों और स्थानीय आबादी के बीच की दूरी को पाटने की क्षमता में निहित है, जो विश्वास के माहौल, ब्रैंड के प्रति भरोसे और निरंतर विकास को बढ़ावा देती है, और सहयोगी व्यापार संदेश को रेखांकित करता है।

भारत के बहुमुखी परिदृश्य को नेविगेट करने में, तीनों सी- कल्चर, कनेक्शन और क्रेडिबिलिटी एक सुदृढ़ मिश्रण बनाते हैं। विविध संस्कृतियों को अपनाकर, वास्तविक संबंध विकसित करके और अटूट विश्वसनीयता बनाकर, बिज़नसेस भारत के जीवंत और आकर्षक बाजार के द्वार खोल सकते हैं। जैसे-जैसे दुनिया इस आर्थिक महाशक्ति की ओर ध्यान केंद्रित कर रही है, वैसे-वैसे यह स्पष्ट हो रहा है कि भारत में रीजनल पीआर के साथ सफलता के तीनों पिलर्स सिर्फ एक स्ट्रेटेजी नहीं है, बल्कि यह एक आवश्यकता है।

पीआर परिदृश्य में किस तरह क्राँति ला रही है
क्रिएटर इकॉनमी?

07

पीआर परिदृश्य में किस तरह क्राँति ला रही है क्रिएटर इकॉनमी?

कहानी कहने की कला और आकर्षक कॉन्टेंट हमेशा ही दर्शकों के मन-मस्तिष्क में विशेष स्थान रखते हैं। सोशल मीडिया के आगमन ने इस विशेष कला को ऊँचा उड़ने के लिए नए पंख दिए हैं, जिसके माध्यम से स्टोरीटेलिंग आर्टिस्ट्स को बतौर ऑनलाइन खुद को अभिव्यक्त करने के असीमित अवसरों की सौगात मिली है। पहले के समय में ऑनलाइन प्लेटफॉर्म्स सिर्फ और सिर्फ दर्शकों का मनोरंजन करने या समय व्यतीत करने के माध्यम तक ही सीमित थे, लेकिन देखते ही देखते इसमें बड़ी क्राँति आई और यह उन आर्टिस्ट्स के लिए धन अर्जित करने का महत्वपूर्ण स्रोत बन गया, जो दर्शकों का मनोरंजन करने के लिए एक नहीं, बल्कि विभिन्न तरीके अपनाना और विशेष रूप से मनोरंजन से अधिक ज्ञानवर्धक कॉन्टेंट की पेशकश शामिल करते थे। और इस तरह, एक नए युग का आरंभ हुआ। एक तरह से, हम क्रिएटर इकॉनमी की उस दुनिया में प्रवेश कर चुके हैं, जहाँ ब्रांड्स तेजी से अपने दर्शकों तक पहुँचने के लिए बेहतर क्रिएटर्स के साथ जुड़ रहे हैं। एंटरटेनमेंट-सेंट्रिक इस प्लेटफॉर्म की बिज़नेस-सेंट्रिक क्षेत्र में तब्दीली नई सोच को दर्शाती है। साथ ही, क्रिएटर्स की इस सराहनीय विचारधारा से पीआर और मार्केटिंग इंडस्ट्री को भी लाभ के नए स्तर प्राप्त हुए हैं।

क्रिएटर इकॉनमी क्या है?

सरल शब्दों में, क्रिएटर इकॉनमी, कई स्वतंत्र कॉन्टेंट क्रिएटर्स, क्यूरेटर्स और कम्युनिटी बिल्डर्स द्वारा निर्मित व्यवसायों का एक वर्ग है, जिसमें सोशल मीडिया इन्फ्लुएंसर्स, ब्लॉगर्स और वीडियोग्राफर्स के साथ ही साथ सॉफ्टवेयर और फाइनेंस टूल्स शामिल हैं। इन्हें डिज़ाइन करने का कारण विकास और मुद्रीकरण को बढ़ावा देने के लिए मदद करना है।

क्रिएटर इकॉनमी ने नए फुल टाइम और पार्ट टाइम प्रोफेशनल अवसरों को अनलॉक किया है, इनमें से अधिकतर जेन जेड और मिलेनियल्स के लिए हैं, जो पारंपरिक करियर में कम रुचि रखते हैं। इस बात से इनकार नहीं किया जा सकता है कि कॉन्टेंट क्रिएशन आय का एक प्रबल स्रोत हो सकता है, लेकिन इसमें सफल होने के लिए समय और प्रतिबद्धता बेहद आवश्यक हैं।

कई मायनों में, क्रिएटर इकॉनमी लोगों को वह सब करने का अवसर देती है, जिसके लिए वे जुनूनी होते हैं। इसके माध्यम से उन्हें न सिर्फ अपनी पसंदीदा फुर्सत वाली गतिविधि को करने का मौका मिलता है, बल्कि वे इससे धन भी अर्जित कर पाते हैं। उदाहरण के तौर पर समझें, तो क्या कभी किसी ने इसके बारे में था कि घर बैठे मेकअप कैसे किया जाता है, या ब्रश कैसे पकड़ा जाता है, यह सिखाकर, या फैशन और मौजूदा ट्रेंड्स के बारे में दर्शकों को सलाह देकर भी आप धन कमा सकते हैं।

हाल के समय में ऐसे कई मीडिया प्लेटफॉर्म्स मौजूद हैं, जहाँ आप अपने क्रिएटिव टैलेंट को ऑनलाइन बेच सकते हैं। टंबलर और वर्डप्रेस (ब्लॉगर्स के लिए), ट्विच और मिक्सर (लाइव स्ट्रीमर्स के लिए), इंस्टाग्राम और पिंटरेस्ट (फोटोग्राफर्स और फैशनपरस्त लोगों आदि के लिए), और यूट्यूब और टिकटॉक (फिल्ममेकर्स के लिए) जैसे प्लेटफॉर्म्स के माध्यम से आज घर बैठे धन कमाने की जैसे होड़ लगी हुई है।

क्रिएटर इकॉनमी और ब्रांड इंगेजमेंट

भारतीय इन्फ्लुएंसर इकॉनमी 900 करोड़ रुपए के व्यवसाय तक विस्तार कर चुका है। ग्रुपएम आईएनसीए की इंडिया इन्फ्लुएंसर मार्केटिंग रिपोर्ट के अनुसार, वर्ष 2025 तक, इसके 25% सीजीएआर पर 2,200 करोड़ रुपए तक बढ़ने की उम्मीद है।

आज जनता इन कॉन्टेंट क्रिएटर्स को बेहद प्रभावशाली लोगों के रूप में देखती है। यहाँ तक कि कुछ सफल कॉन्टेंट क्रिएटर्स को अक्सर पॉप आइडल्स या फिल्मी हस्तियों की तरह ही सम्मान दिया जाता है, जिन्हें उनके फैंस और फॉलोअर्स के बीच खूब प्रसिद्धि, प्रशंसा और समर्थन प्राप्त होता है। इसके बावजूद ये "हस्तियाँ" जिन्हें नेटिज़न्स पसंद करते हैं या प्रशंसा करते हैं, वे उनके साथ हस्तियों की तरह पेश नहीं आते हैं। वे अपने फॉलोअर्स के साथ नियमित रूप से बातचीत करते हैं और जीवन की वास्तविकताओं के आधार पर उन्हें कॉन्टेंट परोसते हैं।

यकीनन, हाल के वर्षों में कॉन्टेंट क्रिएटर्स और उनके फैंस के बीच संबंध और भी गहरे हो गए हैं, क्योंकि आय के स्रोत के रूप में ये क्रिएटर्स सब्सक्रिप्शन पेमेंट्स के आधार पर अपने दर्शकों से जुड़ने पर अधिक भरोसा करने लगे हैं।

ब्रांड्स भी विश्वास, प्रशंसा और मित्रता के साथ बनाए गए इन संबंधों के मूल्य को समझने लगे हैं। यही कारण है कि वे लक्षित दर्शकों के बीच अपने ब्रांड मूल्य को बढ़ाने के लिए इन प्रभावशाली लोगों तक पहुँच रहे हैं।

हाल के वर्षों में उपभोक्ताओं के मीडिया कंज़म्प्शन पैटर्न्स में बड़े बदलाव देखने को मिले हैं। दर्शक प्रासंगिक, विविध और संदर्भित कॉन्टेंट चाहते हैं। वे सीधा जुड़ाव चाहते हैं। दर्शकों के साथ गहरे संबंध स्थापित करने में ब्रांड की मदद करने के लिए क्रिएटर्स अपने आकर्षक कॉन्टेंट के साथ अत्यधिक विश्वसनीय होते जा रहे हैं। उनके फॉलोअर्स उन्हें एक मित्र के रूप में देखते हैं, इसलिए यदि वे जब भी किसी प्रोडक्ट की सिफारिश करते हैं, तो उनके द्वारा इसे आज़माने की संभावना अत्यधिक बढ़ जाती है।

मीडिया के विकास ने पब्लिक रिलेशन्स के आयामों को जन्म दिया है। आज, पीआर टूल्स समाचार पत्रों या पत्रिकाओं जैसे ट्रेडिशनल मीडिया तक ही सीमित नहीं हैं। दर्शकों की पसंद में बदलाव को देखते हुए ब्रांड्स अपने संचार के माध्यमों में भी बदलाव कर रहे हैं। क्रिएटर इकॉनमी कम्युनिकेशन्स इंडस्ट्री का एक अपरिवर्तनीय हिस्सा बन गई है। ग्राहक का रुख हमेशा पीआर और मार्केटिंग की सबसे शक्तिशाली अवधारणाओं की तरफ ही रहा है, और क्रिएटर इकॉनमी का उदय इसका सार्थक उदाहरण है।

व्यवसायों के लिए केवल लाभ का विषय
'बार्टर डील'

व्यवसायों के लिए केवल लाभ का विषय 'बार्टर डील'

एक ऐसी दुनिया, जहाँ रुपया-पैसा या करंसी ही एक्सचेंज का प्राथमिक माध्यम है, वहाँ बार्टरिंग का कॉन्सेप्ट काफी पुराना मालूम पड़ता है। हालाँकि, मौजूदा बिज़नेस परिदृश्य में देखें, तो नकदी का उपयोग किए बिना, अपना क्लाइंट बेस बढ़ाने के साथ-साथ रेवेन्यू में जरुरी वृद्धि के लिए, बार्टर सिस्टम एक प्रभावी रणनीति साबित हुई है।

दो दशकों से अधिक के अनुभव रखने और एक पीआर कंसल्टेंट होने के नाते, मैं बार्टरिंग या वस्तु विनिमय से जुड़े कुछ विशेष पहलुओं पर ध्यान आकर्षित करना चाहता हूँ।

सेल्स और पर्चेसिंग पॉवर में वृद्धि

बार्टरिंग, किसी भी बिज़नेस को उन प्रोडक्ट और सर्विसेस को खरीदने की अनुमति देता है, जिनकी ब्याज मुक्त ट्रेड क्रेडिट के साथ आवश्यकता होती है। यह न केवल आपकी अन्य प्राथमिकताओं के लिए कैश और वर्किंग कैपिटल को संरक्षित या सुरक्षित रखता है, बल्कि पर्चेसिंग पॉवरर यानी आपकी खरीदारी की शक्ति को भी बढ़ाता है। बार्टरिंग के माध्यम से खरीदे गए प्रोडक्ट्स या सर्विसेस की वास्तविक लागत, प्राप्त बार्टर ट्रेड क्रेडिट्स के थोक मूल्य के बराबर होती है, जो खरीद या परचेज को और अधिक किफायती बनाता है।

कैश का संरक्षण और इन्वेंटरी मैनेजमेंट में सुधार

बार्टरिंग का उपयोग करके व्यवसाय, कैश फ्लो, ओवरहेड कॉस्ट और ऑपरेशनल कॉस्ट को कम किया जा सकता है। बार्टर के माध्यम से दी जाने वाली कई सेवाएँ, जैसे-हाउसकीपिंग, ट्रेवल, एडवर्टाइज़िंग, एकाउंटिंग सर्विसेस आदि व्यवसायों को कैश बचाने में मदद कर सकती हैं। इसके अलावा बार्टरिंग, अतिरिक्त इन्वेंट्री को महत्वपूर्ण प्रोडक्ट्स या सर्विसेस में परिवर्तित करके, भारी छूट या लिक्विडेशन से बचने में मदद करते हुए, इन्वेंट्री मैनेजमेंट में सुधार करता है।

प्रतिस्पर्धियों से आगे, मार्केटिंग के अधिक अवसर

बार्टरिंग, खासकर व्यवसायों को अपने कस्टमर बेस को बढ़ाने, अतिरिक्त सेल्स बढ़ाने, कैश लिक्विडिटी में सुधार करने और मुख्य रूप से मुनाफे में बढ़ोतरी करने में सक्षम बनाता है, जो उन्हें प्रतिस्पर्धा में आगे बने रहने में सहायक होता है। यह अधिक से अधिक मार्केटिंग के अवसर भी प्रदान करता है। इसका एक मुख्य कारण यह है कि कोई भी व्यवसाय अपने प्रोडक्ट्स व सर्विसेस को बार्टरिंग नेटवर्क के माध्यम से, हजारों व्यवसायों के साथ जोड़ सकता है, जो लगभग सभी संभावित कस्टमर भी हो सकते हैं।

कुल मिलाकर देखें, तो बार्टर सिस्टम, व्यवसायों के लिए लॉन्ग-टर्म रिलेशनशिप बनाने, रिवेन्यू बढ़ाने और कैशफ्लो में सुधार करने का एक शक्तिशाली टूल साबित हुआ है। बिज़नेस स्ट्रैटेजी के रूप में बार्टरिंग का उपयोग करके, कम्पनियाँ अपने क्लाइंट्स बेस का विस्तार कर सकती हैं, इन्वेंट्री मैनेजमेंट में सुधार कर सकती हैं और अपने प्रतिस्पर्धियों से आगे निकल सकती हैं। तो, क्यों न इसे आजमाएँ और इसका परिणाम खुद देख लें?

एक कप गरमा-गरम चाय की चुस्की और मजबूत संबंध

09

एक कप गरमा-गरम चाय की चुस्की और मजबूत संबंध

4,750 वर्ष पहले सम्राट शेन नोंग ने जब चाय की आकस्मिक खोज की, तब उन्होंने सोचा भी नहीं होगा कि उनकी यह खोज एक दिन न सिर्फ दो लोगों के संबंधों के सृजन, बल्कि उन्हें मजबूत करने का एक प्रतिभाशाली सूत्र बन जाएगी। आज के डिजिटल युग में, जहाँ लोग अक्सर अपने फोन और ई-मेल के माध्यम से अपनी व्यस्तता की परिभाषा बुनते हैं, एक कप चाय और उसकी चुस्की में किसी की भागदौड़ भरी जिंदगी में कुछ पल की राहत पाने, थोड़ा-सा समय चुराने और एक साझा अनुभव बनाने की ताकत होती है।

एक राजनीतिक रणनीतिकार और पीआर कंसल्टेंट होने के नाते, मैं हमेशा मजबूत व्यावसायिक संबंधों के निर्माण के महत्व पर जोर देता हूँ। मेरा मानना है कि एक साझा अनुभव ही सफल रिश्ते स्थापित करने की कुँजी हैं, और इसे सूत्र में बाँधने के लिए एक कप चाय की चुस्की से बेहतर और कुछ भी नहीं हो सकता है।

कभी-कभी मैं सोचता हूँ कि व्यस्त दिनचर्या का एक-एक दिन काम के सिलसिले में ही बीत जाया करता है, और सालभर में कुछेक बार ही अपनों से और व्यवसाय आदि से जुड़े व्यक्तियों से मिलना हो पाता है। मेरे पास जब भी किसी का कॉल आता है, तो हाल-चाल जानने के बाद मेरा उनसे एक ही सवाल होता है, “और, चाय पर कब मिल रहे हों?” बेशक, वे भी अपनी दिनचर्या में व्यस्त हैं, लेकिन चाय उन्हें निकट भविष्य में मुलाकात करने के लिए बाँध देती है और हमें विशेष समय मिल जाता है साझा करने के लिए।

चाय की एहमियत का एहसास मुझे तब हुआ, जब पिछले पाँच वर्षों से पुराने दोस्त से किसी पुरानी गलतफहमी को लेकर बातचीत बंद थी। वह मुंबई और मैं इंदौर में रहता हूँ। दोनों अपने-अपने कामों में व्यस्त रहते हैं। एक दिन सहज ही उसका फोन आया, मैंने जैसे ही उसका फोन उठाया, वह कहता है, “काम के सिलसिले में इंदौर आया हूँ। तू कहे, तो चाय पर मिले?” उसने मुझसे ऐसे बात की जैसे कुछ हुआ ही न हो।

मैं कुछ पल के लिए थम गया और बीती बातें, जो मैं इतने वर्षों से पालकर बैठा था, सब भूलकर उसे मेरे दफ्तर में चाय के लिए आमंत्रित किया। चाय की कीमत मुझे उस दिन समझ आई, जिसकी सुगंध एक घंटे साथ में बैठने के बाद भी बरकरार थी।

पुराने सभी गिले-शिकवे दूर हो गए और हमने साथ मिलकर काम करने के लिए एक बिज़नेस प्लान किया।

चाय दूसरों के साथ खुलकर पेश आने, बातचीत शुरू करने और अंततः मजबूत संबंध स्थापित करने की अद्भुत कला है। चाहे बात इन्फॉर्मल वन-ऑन-वन मीटिंग की हो या फिर किसी मुद्दे पर लम्बी बैठक की, चाय का एक गरमा-गरम कप कई विचारों को सामने वाले के समक्ष रखने और व्यक्तिगत संबंध मजबूत करना बेहद आसान बना सकता है। तनावपूर्ण बैठकों में, जहाँ एक तरफ इसकी सुगंध मूड को हल्का कर देती है, वहीं दूसरी तरफ एम्प्लॉयीज़ को बिज़नेस कन्वर्सेशन में समान रूप से हिस्सा लेने के साथ ही साथ अपने अनूठे विचारों को सामने रखने में यह खूब मदद करती है।

डिजिटल युग की तेजी से भागती-दौड़ती जिंदगी में कुछ पल ठहरकर राहत की साँस लेने की कला का दूसरा नाम चाय है। काम से लेकर व्यक्तिगत मामलों तक हर बात पर चर्चा करने का सटीक जरिया चाय है और यहाँ तक कि अजनबियों के बीच मजबूत दोस्ती बनाने में भी चाय खूब बढ़िया भूमिका अदा करती है।

सबसे महत्वपूर्ण बात, जो चाय हमें सिखाती है, वह यह है कि सही इंग्रेडिएंट्स और थोड़े धैर्य का उपयोग करके जीवन को सार्थक बनाया जा सकता है। जिस तरह इंग्रेडिएंट्स का एक गलत हिसाब और जल्दबाजी चाय का स्वाद खराब कर देती है, उसी तरह जिंदगी के गलत फैसले भी चाय का स्वाद बिगाड़ देते हैं। जरुरत है, तो सिर्फ धैर्य रखते हुए बातों को सँभालने की, क्योंकि बेहतरी से तैयार होने और अच्छा स्वाद देने के लिए चाय को भी तपना पड़ता है, जितनी अधिक तपती है, स्वाद में उतनी ही खरी होती है चाय, यही जीवन और संबंधों की भी कहानी है।

कुल मिलाकर, एक कप गरमा-गरम चाय मिसाल है उस शक्ति की, जो विश्वास, आपसी समझ और पारदर्शिता स्थापित करने वाला माहौल स्थापित करके दीर्घकालिक व्यापार संबंध बनाने में मदद कर सकती है। तो, चलिए एक कप चाय पर अपनों को बुलाकर अपने रिश्ते मजबूत करते हैं।

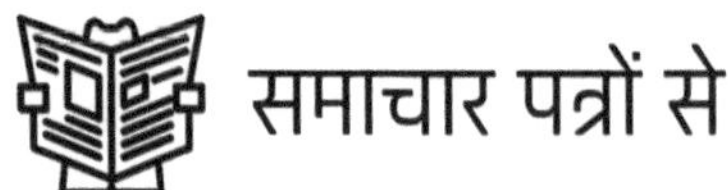

समाचार पत्रों से

बॉस या.....- अतुल मलिकराम (फाउंडर, पीआर 24×7)

Print media's timeless might

■ Atul Malikram

एक कप गरमा-गरम चाय और मजबूत संबंध

आज के डिजिटल युग में, जहाँ लोग अक्सर अपने फोन और ई-मेल के माध्यम से अपनी व्यस्तता की परिभाषा बुनते हैं, एक कप चाय और उसकी चुस्की में किसी की भागदौड़ भरी जिंदगी में कुछ पल की राहत पाने, थोड़ा-सा समय चुराने और एक साझा अनुभव बनाने की ताकत होती है। एक राजनीतिक रणनीतिकार और पीआर कंसल्टेंट होने के नाते, मैं हमेशा मजबूत व्यावसायिक संबंधों के निर्माण के महत्व पर जोर देता हूँ। मेरा मानना है कि एक साझा अनुभव ही सफल रिश्ते स्थापित करने की कुंजी है, और इसे सूत्र में बाँधने के लिए एक कप चाय की चुस्की से बेहतर और कुछ भी नहीं हो सकता है।

कभी-कभी मैं सोचता हूँ कि व्यस्त दिनचर्या का एक-एक दिन काम के सिलसिले में ही बीत जाया करता है, और सालभर में कुछेक बार ही अपनों से और व्यवसाय आदि से जुड़े व्यक्तियों से मिलना हो पाता है। मेरे पास जब भी किसी का कॉल आता है, तो हाल-चाल जानने के बाद मेरा उनसे एक ही सवाल होता है,''और, चाय पर कब मिल रहे हो?'' बेशक, वे भी अपनी दिनचर्या में व्यस्त हैं, लेकिन चाय उन्हें निकट भविष्य में मुलाकात करने के लिए बाँध देती है और हमें विशेष समय मिल जाता है साझा करने के लिए।

चाय की एहमियत का एहसास मुझे तब हुआ, जब पिछले पाँच वर्षों से पुराने दोस्त से किसी पुरानी गलतफहमी को लेकर बातचीत बंद थी। वह मुंबई और मैं इंदौर में रहता हूँ। दोनों अपने-अपने कामों में व्यस्त रहते हैं। एक दिन सहज ही उसका फोन आया, मैंने जैसे ही उसका फोन उठाया, वह कहता है, ''काम के सिलसिले में इंदौर आया हूँ। तू कहे, तो चाय पर मिलें?'' उसने मुझसे ऐसे बात की जैसे कुछ हुआ ही न हो। मैं कुछ पल के लिए थम गया और बीती बातें, जो मैं इतने वर्षों से पालकर बैठा था, सब भूलकर उसे मेरे दफ्तर में चाय के लिए आमंत्रित किया। चाय की कीमत मुझे उस दिन समझ आई, जिसकी सुगंध एक घंटे साथ में बैठने के बाद भी बरकरार थी। पुराने सभी गिले-शिकवे दूर हो गए और हमने साथ मिलकर काम करने के लिए एक बिजनेस प्लान किया। चाय दूसरों के साथ खुलकर पेश आने, बातचीत शुरू करने और अंततः मजबूत संबंध स्थापित करने की अद्भुत कला है। चाहे बात इन्फॉर्मल वन-ऑन-वन मीटिंग की हो या फिर किसी मुद्दे पर लम्बी बैठक की, चाय का एक गरमा-गरम कप कई विचारों को सामने वाले के समक्ष रखने और व्यक्तिगत संबंध मजबूत करना बेहद आसान बना सकता है। तनावपूर्ण बैठकों में, जहाँ एक तरफ इसकी सुगंध मूड को हल्का कर देती है, वहीं दूसरी तरफ एम्प्लॉयीज को बिजनेस कन्वर्सेशन में समान रूप से हिस्सा लेने के साथ ही साथ अपने अनूठे विचारों को सामने रखने में यह खूब मदद करती है।

डिजिटल युग की तेजी से भागती-दौड़ती जिंदगी में कुछ पल ठहरकर राहत की साँस लेने की कला का दूसरा नाम चाय है। काम से लेकर व्यक्तिगत मामलों तक हर बात पर चर्चा करने का सटीक जरिया चाय है और यहाँ तक कि अजनबियों के बीच मजबूत दोस्ती बनाने में भी चाय खूब बढ़िया भूमिका अदा करती है। सबसे महत्वपूर्ण बात, जो चाय हमें सिखाती है, वह यह है कि सही इंग्रेडिएंट्स और थोड़े धैर्य का उपयोग करके जीवन को सार्थक बनाया जा सकता है। जिस तरह इंग्रेडिएंट्स का एक गलत हिसाब और जल्दबाजी चाय का स्वाद खराब कर देती है, उसी तरह जिंदगी के गलत फैसले भी चाय का स्वाद बिगाड़ देते हैं। जरूरत है, तो सिर्फ धैर्य रखते हुए बातों को सँभालने की, क्योंकि बेहतरी से तैयार होने और अच्छा स्वाद देने के लिए चाय को भी तपना पड़ता है, जितनी अधिक तपती है, स्वाद में उतनी ही खरी होती है चाय, यही जीवन और संबंधों की भी कहानी है।

अतुल मालिकराम

राजनीतिक विशेषज्ञ

एम्प्लॉयीज से चलती है कंपनी

यह शत-प्रतिशत सत्य है। जब भी कोई कंपनी अपनी नींव रखने के बाद नए आयाम छूती है, तरक्की करती है, नई दिशाओं में आगे बढ़ती है और सफल होती है, तो बेशक उसमें बॉस का अहम योगदान होता है।

लेकिन सबसे बड़ा योगदान होता है, उसमें काम करने वाले एम्प्लॉयीज का, जो इसे अपनी कर्मस्थली मानते हैं। और सही मायने में अपने घर से अधिक समय अपनी कंपनी में बिताते हैं, यदि इन 24 घंटों में से सोने के 6 से 8 घंटों को न जोड़ा जाए। इसमें कोई दो राय नहीं है कि बॉस को गुरु की उपाधि प्राप्त है और एम्प्लॉयीज को शिष्यों की, क्योंकि काम के तौर-तरीके और लम्बे समय तक अपने क्लाइंट्स को जोड़कर रखने का हुनर आखिरकार बॉस से ही सीखने को मिलता है। कंपनी की ग्रोथ में एम्प्लॉयीज का सबसे अधिक योगदान होता है। इनकी तुलना उन पहियों से की जा सकती है, जिनके बिना किसी गाड़ी का चल पाना भी लगभग नामुमकिन है। कॉर्पोरेट के इस लेख को अध्यात्म के उदाहरण से जोड़कर आपके समक्ष पेश करना चाहता हूँ, जो पूज्य राजन जी के मुखमण्डल से मैंने सुनी है। यह कहानी बताती है कि शिष्य की वजह से गुरु को सब कुछ मिल जाता है।

एक व्यक्ति बहुत ही अधिक मात्रा में भोजन करता था। एक बार खाने बैठता था, तो उसे उठने की सुध ही नहीं मिलती थी। उसकी इस आदत से उसके घरवाले बहुत परेशान थे। एक बार बहुत अधिक खाने की उसकी इस आदत की वजह से घरवालों ने गुस्से में उसे घर से निकाल दिया। भोजन की तलाश में वह एक आश्रम जा पहुँचा, जहाँ एक बहुत मोटा साधु बैठा था। उसने सोचा कि जरूर यहाँ भर पेट भोजन मिलता होगा, जब ही यह इतना मोटा है। भीतर कैसे जाना है, इसकी जानकारी लेने पर पता चला कि सिर्फ राम-राम जपना है और बदले में भर पेट भोजन मिल जाएगा। बस फिर क्या था महाशय खूब खाते और आराम फरमाते। कुछ दिनों में एकादशी आ गई और आश्रम में भोजन बना ही नहीं। उस दिन सभी का उपवास था। भोजन की अति इच्छा जताने पर गुरूजी ने उसे अनाज देकर कहा कि नदी के पास चले जाओ और बना लो, लेकिन राम को भोग लगाने के बाद ही खाना खाना। बड़ी मिन्नतों के बाद राम आए, लेकिन सीता माता के साथ। अब भोजन कम पड़ गया। अगली एकादशी पर महाशय अधिक अनाज लेकर आए, लेकिन इस बार लक्ष्मण जी भी आ गए। फिर भोजन कम पड़ गया। हर बार अधिक अनाज की माँग करने पर गुरूजी को कुछ संदेह हुआ कि यह राशन बेचने लगा है। और इस बार वे पहले से ही नदी के पास पेड़ के पीछे छिपकर बैठ गए। लेकिन इस बार गुस्से में उस व्यक्ति ने खाना ही नहीं बनाया कि हर बार पिछली बार से अधिक लोग आ जाते हैं। इस राम और सीता के साथ ही सभी भाई और हनुमत भी आ गए। वह नाराज हो उठा और प्रभु से कहने लगा कि आप स्वयं बना लीजिए भोजन, मैं नहीं बना रहा, क्योंकि मुझे तो आज कुछ मिलने वाला है नहीं। गुरूजी सब कुछ देख पा रहे हैं, लेकिन भगवान को नहीं। आखिरकार वे सामने आए और पूछ बैठे कि क्या बात है? इस पर शिष्य ने सारा वाक्या कह सुनाया और बताया कि देखिए कितने सारे लोग आ गए हैं। जब गुरूजी ने कहा कि उन्हें कुछ भी नहीं दिख रहा, तब शिष्य प्रभु श्री राम के चरण पकड़कर मिन्नतें करने लगा कि मेरे गुरूजी यही समझेंगे कि मैं चोरी कर रहा हूँ, आप कृपया कर उन्हें एक बार दिख जाइए। इस पर प्रभु ने गुरु को दर्शन दिए और उनका शिष्य की वजह से उद्धार हुआ।

इस कहानी को यदि कॉर्पोरेट से जोड़कर देखा जाए, तो लगभग समान ही परिणाम देखने को मिलते हैं। एम्प्लॉयीज का सरल स्वभाव और सहज कार्यक्षमता ही बॉस के उद्धार यानि सफलता की सबसे बड़ी और महत्वपूर्ण वजहों में से एक बनते हैं और उसके साथ ही उसके एम्प्लॉयीज की सफलता की कहानी भी रचते हैं। अपने परिवार के सदस्यों से अधिक समय कलीग्स के साथ बिताना, उन्हीं के साथ उठना-बैठना और खाना-पीना ऑफिस को परिवार का ही रूप दे जाता है, एक ऐसा परिवार, जिसके एक सदस्य को समस्या होने पर परेशान पूरा परिवार होता है, एक ऐसा परिवार, जिसमें सब साथ मिलकर एक मुट्ठी की तरह रहते हैं और सुदृढ़ता से काम करते हैं। इसलिए यह कहना सवर्था सत्य ही होगा कि एक कंपनी को कंपनी वास्तव में एम्प्लॉयीज ही बनाते हैं। और तो और इसके सफल संचालन का श्रेय भी एम्प्लॉयीज को ही जाता है।

अतुल मालिकराम
पी आर कंसलटेंट

कल्चर, कनेक्शन और क्रेडिबिलिटी : भारत में रीजनल पीआर के लिए सफलता के पिलर्स

अतुल मलिकराम

विष्णु, शिव और पार्वती जैसे व्यक्तित्व ही कॉर्पोरेट के पूरक

www.ingramcontent.com/pod-product-compliance
Lightning Source LLC
LaVergne TN
LVHW021153160826
845679LV00024B/2101

* 9 7 9 8 8 9 4 7 5 1 5 8 0 *